KBI06309

일본에 관한
12가지 질문

일본은 왜?

일본에 관한
12가지 질문

조문주 지음

좋은책

일본은 왜 그럴까?

90년대 중반에 일본에서 5년을 보냈다. 당시 일본인은 한국에 관심이 없었다. 독도 문제로 한국이 들끓어도 대부분 일본인은 '다케시마'가 어디에 있는지 알지 못했다.

1996년 이후 한국어를 제2외국어로 채택하는 학교가 늘기 시작했지만, 한국은 일본인에게 여전히 몰라도 되는 나라였고 '혐한'이라는 말도 없었다.

2002년 월드컵 공동 개최를 위해 한일 정부는 문화 교류를 지원하고 화해 분위기를 조성했다.

'겨울연가', '욘사마', '동방신기', '보아', 'K팝'을 통해 일본인은 한국에 대해 관심을 가지게 되었고, 한국의 젊은이는 일본의 애니메이션, 만화, 소설에 빠져들었다.

지금은 어떤가? 일본을 여행하는 한국인은 매년 증가하고, 한국의 음식과 문화는 일본인을 매료시키고 있다.

그러나 이런 진전에도 불구하고 일본은 여전히 '가깝고도 먼 나라'인 채로 남아있고, 한국의 반일 감정과 일본의 혐한은 과거 어느 때보다 심각하다.

강의실에서 만나는 학생들은 일본인은 괜찮은데 일본은 싫다고 하거나, 일본 음식은 좋은데 사람은 마음에 들지 않는다고 말한다. 그들은 앞뒤를

5

생략하고 '일본인은 도대체 왜 그래요?'라는 질문을 많이 한다.

일본인이 상대를 의식하고 배려하면서도 정작 마음을 터놓지 않는 것, 지나치게 친절한 것, 뭐든지 좋다고 하니까 진심을 모르겠다는 등등, 자신이 만난 일본인의 모습을 하나하나 예로 들면서 질문을 쏟아낸다. 그리고 이런 이야기는 자연스럽게 역사 이야기로 이어지고, '이상하다', '속을 모르겠다', '이해가 안 된다'라는 결론으로 끝이 난다.

학생들의 "도대체 일본인은 왜 그런가?"라는 의문에는 '우리와 다르게'라는 문장이 생략되어 있다.

그래서 이 책의 일본에 대한 담론은 일본이 우리와 다르다는 전제에서 시작한다.

일본이 우리와 다르다는 것은 당연한 일인데 굳이 그것을 이야기할 필요가 있느냐고 하겠지만, 의외로 일본인이 우리와 비슷할 것으로 생각하는 사람이 많다. 한국과 일본은 지리적으로 가까울 뿐 아니라 생활 환경도 유사하니 그렇게 짐작하는 것이 어쩌면 당연하다.

한국과 일본이 아닌 다른 나라에서 유학한 경험이 있는 사람은 잘 알겠지만, 일본인 유학생과 가장 잘 지내는 것이 한국인 유학생이다. 세계의 기준으로 보면 음식문화도 비슷하고, 언어 체계도 비슷하다. 언어의 유사성은 사고의 유사성으로 연결되는 측면이 있지 않은가.

그런데 일본인을 처음 만난 한국인, 한국인을 처음 만난 일본인은 금방 서로의 이질성을 깨닫게 된다. 한국인의 눈에는 악수하지 않는 일본인이 이상하고, 일본인은 거침없이 다가오는 한국인이 부담스럽기만 하다.

한국문화와 일본문화의 차이를 설명하는 키워드에 '거리(distance)'라는 개념이 있다.

일본과 한국은 이 거리에 대한 생각이 다르다. 한국은 가능한 한 사람과 사람 사이에 거리를 두지 않으려는 문화이고, 일본은 항상 일정한 거리를 두려고 하는 문화이다. 일본인은 상대와의 물리적, 정신적 거리가 가까워지면 오히려 불안감을 느낀다.

이렇게 조금 더 들여다보면 우리와 일본은 참 다르다. 정말 다르다. 먹고 입고 생활하는 모든 것이 다르다.

선비의 나라와 무사의 나라, 온돌과 다다미, 숟가락과 젓가락, 한복과 기모노, 우측통행과 좌측통행, 하나하나 언급하지 않아도 어쩜 이렇게 다를까 싶을 정도로 다른 점이 많다.

그러니 우리의 의문에서 '도대체'라는 말은 빠져야 한다.

그래서 이 책은 '왜'에 중점을 두고 문화적, 역사적 관점에서 그 이유를 파악하려고 했다.

이 책은 일본에 대한 주제를 현대 일본에 나타나는 문화 현상, 신과 천황, 국민성, 전쟁과 역사 문제로 나누고, 왜 그런지 궁금해하는 것에 대해 다루었다.

각 장의 소주제는 학생들의 질문을 문장으로 바꾼 것이다. 일본에는 왜 오타쿠와 이지메가 많고, 일본인은 왜 고양이를 좋아하고, 왜 사과하지 않느냐는 질문에 대한 답을 찾아가면서 일본과 일본인에 관해 이야기하고자 했다.

일본을 보면 한국이 보인다고 하지 않는가. 일본 사회가 안고 있는 여러 문제, 혼밥, 고독사, 비혼(非婚) 등은 지금 우리의 모습이기도 하다. 그런 의미에서 일본은 우리에게 '사용 설명서'와 같은 나라이다.

이 책이 우리와 일본을 객관적으로 볼 수 있는 작은 시작이 되기를 기대한다.

2017년 8월

조 문 주

머리말　　5

1장 오타쿠의 나라, 일본

일본은 왜 '오타쿠'의 나라가 되었을까?　　17

오타쿠란 어떤 사람일까?　　19

오타쿠는 어떻게 진화해 왔을까?　　24

일본의 문화가 된 오타쿠 문화　　27

모에(萌え)　　30

코스프레(コスプレ)　　32

하쓰네 미쿠(初音ミク)　　36

일본인은 왜 오타쿠가 되었을까?　　40

일본에는 정말 변태가 많은 걸까?　　45

일본에는 정말 변태가 많은 걸까?　　46

일본인은 왜 성(性)에 관대할까?　　49

사고, 팔고, 즐기는 성문화　　54

비뚤어진 현대 일본의 성문화　　58

일본인은 왜 고양이를 좋아할까?　　67

일본인의 고양이 사랑은 무엇이 특별할까?　　　　68

일본인은 왜 고양이에 돈을 쓸까?　　　　74

일본인은 언제부터 고양이를 특별하게 생각했을까?　　　　78

일본 근대 문학자는 고양이를 사랑했다　　　　86

고양이 붐은 처음이 아니었다　　　　89

일본인은 고양이에게 무엇을 구하고 있을까?　　　　92

2장 혼자가 좋은 일본인

일본인은 왜 애매하게 말할까?　　　　101

말하지 않는 것이 멋있다　　　　102

일본인은 속과 겉이 다르다?　　　　105

사람과 사람의 관계에도 안과 밖이 존재한다　　　　108

　　우치(內)와 소토(外)　　　　109
　　엔료(遠慮)와 아마에(甘え)　　　　110

일본인이 가장 무서워하는 것은 자신이 속한 집단이다　　　　114

일본인은 왜 슬픔을 표현하지 않을까?　　　　119

일본인은 정말 잘 울지 않을까?　　　　121

일본인과 눈물　　　　126

빼앗긴 눈물   131

일본에는 왜 이지메가 많을까?   137

이지메의 정의가 바뀌고 있다   138

일본 이지메의 특징   141

일본형 이지메의 문화적 배경   145

무라 하치부(村八分)   146
에타(穢多), 히닌(非人), 부락민(部落民)   149

현대 일본인의 인간관계와 이지메   153

3장 모든 것이 신이 되는 나라, 일본

일본에는 왜 요괴가 많을까?   163

요괴는 일본인의 삶 속에 존재했다   165

요괴는 세기말에 나타났다   167

강력한 요괴 - 오니(鬼), 괴어우(狐), 텐구(天狗)   168
새로운 요괴의 탄생, '쓰쿠모 가미(付喪神)'   173
유령의 등장과 요괴 붐   175
다시 나타난 요괴, 도시 전설   179

요괴는 일본인의 불안을 나타내고 있다   184

일본인은 왜 '마쓰리'에 열광할까?　　　　189

마쓰리의 정의와 역사　　　　191

정말 팔백만의 신이 있을까?　　　　195

　이나리(稲荷)　　　　197
　하치만(八幡)　　　　198
　텐진(天神)　　　　198
　야사카(八坂)　　　　199
　스와(諏訪)　　　　200

일본인은 왜 마쓰리에 열광할까?　　　　200

일본인에게 마쓰리란 무엇일까?　　　　205

일본인은 왜 종교가 없다고 말할까?　　　　213

일본 종교의 역사와 특징　　　　215

　신도(神道)　　　　216
　불교　　　　219
　기독교　　　　222

일본인은 왜 '종교가 없다'라고 말할까?　　　　225

종교 위에 존재하는 국가 신도　　　　230

'종교 같은 것'이 필요한 젊은 세대　　　　234

4장 사무라이가 되고 싶은 일본인

사무라이는 왜 사라지지 않을까?　　　　241

'사무라이'는 어떤 사람이었을까?　　　242

사무라이 해체와 메이지 무사도　　　245

사무라이(侍)에서 Samurai로　　　249

무사도의 변용과 확장 – 주신구라에서 라스트 사무라이까지　　　252

미군기지는 왜 오키나와에 모여 있을까?　　　　261

류큐와 오키나와　　　262

　류큐 왕국　　　263
　오키나와 현　　　266
　미군령 류큐　　　270

기지의 섬 오키나와　　　274

흔들리는 오키나와　　　278

일본은 왜 사과하지 않을까?　　　　285

일본인은 전쟁을 어떻게 생각하고 있었을까?　　　287

신민(神民) 교육과 일본 정신 '야마토 다마시'　　　291

특공(가미카제)은 아름다운 것이다　　　294

패전과 전쟁 책임　　　298

참고 문헌　　　307

1장
오타쿠의 나라,
일본

일본은 왜
'오타쿠'의 나라가 되었을까?

오타쿠 문화

2002년 미야자키 하야오 감독이 만든 애니메이션 '센과 치히로의 행방불명'이 베를린 국제 영화제에서 금곰상을 받으며 전 세계에 '재패니메이션(일본 애니메이션)' 붐을 일으켰다. 다음 해인 2003년, 고이즈미 총리는 시정 연설에서 '영화와 아니메[1](이하 애니로 표기) 등 일본 문화가 세계에서 높게 평가받고, 경제뿐 아니라 다양한 면에서 파급효과를 내고 있다'며 애니를 '자랑스러운 일본 문화(쿨 저팬)[2]'라고 언급했다.[3]

애니에 대한 재평가는 주 소비자인 '오타쿠'에 대한 인식에도 변화를 가져오게 했다. 이런 변화는 정치 경제 분야에도 적용되는데, 2008

---

1 아니메, 애니메 또는 재패니메이션은 일본의 애니메이션을 일컫는 말이다.
2 cool japan은 2002년 미국의 저널리스트 Douglas Mcgray가 논문에서 처음 사용한 말로 일본이 자신들의 문화를 선전할 때 사용하는 용어이다.
3 고이즈미 준이치로의 시정 연설. 日本経済新聞. 2003년 9월 23일.

년 10월 28일 도쿄 '아키하바라 엔터 축제'에 참석한 아소 타로(阿相太郎) 수상은 '재패니메이션은 21세기 일본의 자원이며 그야말로 국익'이라며 '일본 청년들은 진정한 오타쿠가 되라'는 취지의 연설을 했다.[4]

'사회성과 상식이 결여된 사람, 성격이 어둡고 고립되기 쉬운 사람, 소아애자'[5]같은 부정적인 이미지로 경멸의 대상이 되었던 오타쿠가 만화, 애니, 게임, 코스프레 등 쿨 저팬을 선도하는 존재가 된 것이다.

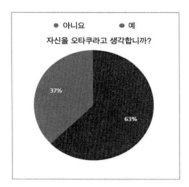

주식회사 DIP에서 2014년에 실시한 '오타쿠에 관한 조사'에서는 대상의 약 40%가 자신이 오타쿠라고 대답했다. 오타쿠에 대해 호감을 가지고 있는 사람도 60%가 넘었다.[6]

2006년에 성인이 된 대학생을 대상으로 실시한 '15년 후의 일본의 모습'을 묻는 설문에는 '세계에 자랑할 일본의 힘'으로 '애니 등의 서브컬처'가 70% 이상의 표를 모았다. 결과를 알리는 신문 기사는 만화와 애니를 '일본의 전통 예술'로 표현하고 있었다.[7]

이렇게 일본의 대중문화를 생각할 때 오타쿠와 관련된 것을 빼고는 이야기할 수 없고, 오타쿠 산업, 오타쿠 문화 같은 용어도 이미 일반적으로 사용되고 있다. 이제 '오타쿠'는 일본 문화를 대표하는 키워드가 되었다.

---

4 2008년 10월 28일 기사. www.famitus.com

5 斎藤環, 『博士の奇妙な成熟, サブカルチャーと社会精神病理』, 日本評論社, 2010년.

6 https://seichimap.jp/site/2014ambition. 10대~40대의 일반 남녀 1,843명을 대상으로 실시.

7 일본경제신문이 2006년에 성인식을 맞이한 19~20세의 대학생 1,030명을 대상으로 한 조사. 2006년 1월 9일 게재.

일본은 어떻게 '오타쿠'의 나라가 되었을까?

오타쿠란 어떤 사람일까?

'오타쿠'는 어떤 사람을 가리키는 말일까?

먼저 사전적 정의를 살펴보자. 일본 국어사전 『고지엔(広辞苑)』과 『현대 용어의 기초 지식』의 '오타쿠' 항목의 설명은 각각 다음과 같다.

> 특정 분야나 물건에만 관심이 있고 그것에 대해서는 이상할 정도로 상세하게 알지만 사회적 상식이 부족한 사람. 서로가 상대를 '오타쿠(御宅)'라고 부르는 것에서 생긴 호칭.(『広辞苑』 제6판. 2006년)

> 원래는 특정 분야에만 강한 흥미와 깊은 조예를 가지는 사회성이 낮은 사람을 가리키며 사회적 비난의 대상이었다. 상대를 '오타쿠'라고 부르는 것에서 이름 붙여졌다고 한다. 처음에는 철도 오타쿠와 아이돌 오타쿠 등 여러 분야의 마니아에게 사용했지만, 현재는 주로 강렬한 애니, 만화 팬에게 사용한다. 최근에는 오타쿠인 것에 자긍심을 가지고 공표하는 사람도 증가하고, 그 흐름은 세계로 퍼지고 있다. 미국에서도 자신을 'OTAKU'라고 당당하게 말하는 사람이 증가했다. 그런 남자 중에서 캐릭터와 사랑을 하는 '모에'가 나타나고, 2차원 연애라고 하는 새로운 경지에 이른 오타쿠가 늘어났다. (『現代用語の基礎知識』, 2008년)

개인의 취미에 몰두하여 이상한 집착을 보이는 사람이나 행동을 가리킨다. 1980년대 전반에 생긴 말로 원래는 만화, 애니 등 특정한 취미에 대해 사용했지만 의미가 확대 변용되어 현재는 마니아와 거의 같은 의미로 사용되며, 여러 취미에 대해 무슨 무슨 오타쿠로 사용하는 일도 있다. 취미에 열중해 사회성이 모자란 예가 눈에 띄어 '니트'나 '파라사이트 싱글' 등 다른 말과 결부해 부정적으로 사용하는 경우도 많다. 구미의 만화, 애니 붐과 오타쿠 남성의 순애를 다룬 영화 '전차남'의 히트로 인격적 개성의 하나로 허용되고 있는 양상도 있다.(『現代用語の基礎知識』, 2010년)

「초시공 요새 마크로스」

'오타쿠'에 관한 최초의 칼럼

20

사전적 정의가 제각각이어서 한마디로 정리하기 어렵지만, 애니나 만화 등에 관심이 많고, 때로는 깊은 지식과 조예를 갖춘 독특한 취미를 가진 사람을 일컫는다는 것을 알 수 있다.

오타쿠의 어원은 중년 여성이 상대를 부를 때 사용하는 가벼운 경칭인 '오타쿠(댁)'이다. 처음 사용한 것은 SF 애니 「초시공 요새 마크로스」[8]를 만든 스태프라고 한다. 스태프들이 현장에서 서로를 '오타쿠'라 부르고, 애니의 등장인물도 서로 '오타쿠'라고 부르게 설정한 것에서 SF 애니 팬 사이에서 '오타쿠'라는 말이 알려졌다.

---

8 「超時空要塞マクロス」. 1982년 10월 3일부터 1983년 6월 26일까지 JNN계열 방송국에서 방영된 SF로봇 만화영화이다. 36화가 방송되었다.

현재의 의미로 '오타쿠'를 사용한 것은 성인만화 잡지 『만화 부리코』에 연재한 나카모리 아키오(中森明夫)의 칼럼 「오타쿠의 연구」(1983년 6월~8월)가 최초이다.

나카모리는 '오타쿠'라는 말을 서브 컬처[9]에 몰두한 사람을 멸시해 부르는 호칭으로 사용했는데, 연재 당시의 칼럼 제목은 「오타쿠 연구, 거리에는 오타쿠가 가득」이었다.

칼럼의 평이 좋지 않아 3회로 끝나버렸기 때문에 나카모리가 사용한 '오타쿠'에 대해 아는 사람은 칼럼을 읽은 일부 독자에 한정되었다.

'오타쿠'라는 말이 일반에 알려진 것은 1988년 8월에서 1989년 7월에 걸쳐 일어난 '도쿄 사이타마 유아 유괴 연쇄살인 사건' 때문이었다.

네 명의 소녀를 살해한 범인, 미야자키 쓰토무는 만화 동인지를 발행하고 코믹 마켓에 출품도 하는 만화, 애니 마니아였다. 언론이 공개한 범인의 방은 4대의 비디오와 6,000개의 비디오테이프, 소녀만화로 가득 차 있었다.

범인의 이상한 취미를 표현할 말을 찾지 못해 고심하던 언론은 나카모리가 사용한 '오타쿠'라는 말을 찾아내어 범인의 변태 취미를 설명하고, 범인을 오타쿠의 전형으로 소개했다.

이때부터 오타쿠는 자신의 욕망을 채우기 위해서는 어떤 범죄라도 아무렇지 않게 저지를 수 있는 잠재적 범죄자 취급을 받게 되었다.

미야자키 사건 이후 '오타키' 같은 신조어도 나타나고, '호비스트(취미생활자)' 같은 말이 일시 사용되기도 했지만, 결국 '오타쿠'는 부정적인 이미지를 지닌 일본어로 정착했다.

9 어느 사회에 지배적으로 보여지는 문화에 대해 그 사회의 일부 사람을 담당자로 하는 독특한 문화, 예를 들면 청년 문화, 도시 문화.

21

언론에 공개된 미야자키 쓰토무의 방과 옴 진리교 교당 '사티안'의 내부.
옴 진리교는 애니메이션을 이용해 신도를 모았다.

시대가 흐름에 따라 '오타쿠'는 '애니 오타쿠', '철도 오타쿠', '카메라 오타쿠'처럼 한 분야에 깊은 조예를 가진 사람을 가리키는 말로 사용되기 시작했다.

오타쿠라는 말이 일반화되어 가던 때인 1995년 3월 옴 진리교에 의한 '도쿄 지하철 사린 사건'[10]이 일어났다.

사건이 발생한 3월부터 교주 아사하라 쇼코(麻原彰晃)가 체포된 5월까지 교단에 대한 조사가 진행되면서 오타쿠는 다시 논란의 중심에 서게 되었다.

TV로 공개된 옴 진리교 건물은 연쇄살인 사건의 범인, 미야자키의 방을 연상시켰다.

공장이나 창고처럼 보이는 건물의 내부에는 신자 제복, 포교 비디오테이프, 교주와 간부의 캐릭터, 교주의 영상이 복잡하게 쌓여있었

---

10 일본의 종교 단체인 옴 진리교가 1995년 3월 20일 도쿄의 지하철에서 테러를 일으킨 사건이다. 신경 가스 사린이 지하철 5개 차량에 살포되어 사망 12명, 부상자 550명의 피해가 일어났다.

다. 교단이 애니, 만화, 영웅 이야기 등을 이용해 신도를 모았고, 신도의 다수가 오타쿠 세대라 불리던 청년이라는 것이 밝혀지면서 옴 신자를 '오타쿠 연합적군(連合赤軍)'이라 부르는 평론가도 나타났다.[11]

오타쿠의 순애보를 그린 「전차남」은 TV 드라마, 애니, 만화, 단행본,연극 등으로 제작되었다.

오타쿠라는 존재를 일본 사회가 받아들이게 된 데는 2005년에 개봉한 영화 「전차남(電車男)」의 영향이 컸다.

「전차남」은 2채널[12] 게시판의 실제 대화를 재구성해 만든 영화로 '역 신데렐라 스토리' 혹은 현대판 '미녀와 야수'로 불리며 흥행에 성공했다. 영화 속 '오타쿠'의 모습은 1983년에 나카모리가 그려낸 '스포츠와 거리가 먼 비만형으로 시장에서 산 것 같은 촌스러운 옷을 입고 애니나 만화를 사려고 줄을 선 젊은이'의 모습이었지만 순수한 사랑 이야기는 일본인에게 감동을 안겨주었다. 실화를 바탕으로 한 오타쿠의 순애보는 이후 만화, 단행본, TV 드라마, 연극으로 제작되어 전국적인 흥행 돌풍을 일으켰다.

「전차남」의 영향으로 2채널에서 사용하는 인터넷 언어가 일반에게 알려지고, 오타쿠가 아닌 사람도 만화와 애니, 인터넷 게시판 등의 오

23

11 소설가이자 평론가는 오오쓰카 에이지(大塚英志)가 『그녀들의 연합적군, 서브컬처와 전후 민주주의』(1996년)에서 젊은이들의 자기 실현과 자기 표현의 수단이 학생 운동에서 서브컬처로 변해갔다는 논리를 전개하며 옴 진리교의 신도를 '오타쿠 연합적군'으로 표현했다. 연합적군은 1971년에서 72년에 걸쳐 활동한 일본의 신좌파 테러조직이다.
12 일본 인터넷 커뮤니티. 익명 게시판을 제공한다.

타쿠 문화에 관심을 보이게 되었다. TV와 잡지에서는 다양한 오타쿠 관련 특집이 편성되었고 사람들은 오타쿠의 모습에서 '순수함', '취미에 대한 열정'이라는 긍정적인 이미지를 찾아내었다. 전자 상가였던 아키하바라(秋葉原)는 영화를 통해 오타쿠 문화를 만들어 낸 오타쿠의 성지가 되었고, 스스로 오타쿠임을 자랑하는 유명인도 나타났다. 차별 용어였던 '오타쿠'가 취미에 조예가 깊은 것을 나타내는 키워드로 변화한 것이다.

오타쿠는 어떻게 진화해 왔을까?

멸시하는 호칭으로 만들어진 조어(造語)인 '오타쿠'는 독특한 취미를 가진 집단을 상징하는 용어가 되어 때로는 잠재적 범죄자 취급을 받을 때도 있었지만, 현재는 '취미나 취향에 애정과 조예를 가지고 있는 사람'이라는 새로운 이미지를 획득했다.

최근의 아키하바라는 오타쿠라는 단어에서 연상되는 모습과는 전혀 다른 세련된 복장을 한 사람이 많이 찾아온다. 애니를 보러 온 커플도 있고, 찻집에서 라이트 노벨[13]을 읽고 있는 젊은 남성도 보인다. 지금까지 오타쿠의 전유물이던 콘텐츠에 그야말로 '멀쩡해 보이는 어

---

13 일본식 영어. 일러스트가 들어 있어 만화를 읽는 느낌을 주는 소설. 캐릭터 중심의 가볍게 읽을 수 있는 소설이라고 해서 라이트 노벨이라 부른다.

른'이 흥미를 느끼고 모여들고 있는 것이다.

이들은 새로운 유형의 '오타쿠'인 것일까? 오타쿠의 변천 과정을 통해 최근의 오타쿠에 대해 생각해보자.

오타쿠라는 용어가 등장한 1983년에 20대였던 1960년대생을 오타쿠 제1세대로 상정하고[14] 오타쿠의 변천을 시대의 흐름을 배경으로 간단히 정리하면 다음과 같다.

오타쿠 제1세대(1960년대 출생)는 기본적으로 SF 애니의 팬으로 만화나 애니는 애들이나 보는 것으로 생각하는 사회 분위기 속에서 자랐다. 소년기에 울트라맨, 가면 라이더, 마징가Z 같은 괴수, 변신 애니를 보았고 특히 '특촬물'[15]을 좋아한다. 학생 운동을 이끌었던 단카이(団塊)세대[16]의 오타쿠에 대한 부정적인 인식에 맞서기 위해 오타쿠 취미를 이론화, 체계화하는 경향이 강하다. 코믹 마켓 등 현재의 오타쿠 이벤트의 기초를 쌓은 것도 이 세대이다.

오타쿠 제2세대는 1970년대에 출생한 사람들로 소년기에 우주 전사 야마토, 기동전사 건담 등의 작품을 보고 자랐다. 이 작품들이 가공의 과학 기술 체계를 구축하는 기법을 사용한 SF였기 때문에 과학 기술에 대한 관심이 높다. 1980년대의 TV 게임, 컴퓨터 게임의 주 소비자이다. 또 로봇 애니 최전성기에 자란 세대이기도 해서 프라모델[17]

---

14 石森秀三, 「オタクが日本の観光を変える！」(『まほろば』オタクツーリズム, 第60号, 旅の文化研究所), 2009년 7월.

15 특수촬영물의 준말로 특수 촬영을 한 매체를 통칭한다. 사람이 특수하게 제작한 옷을 입거나 분장을 하고 미니어처로 꾸민 무대장치 위에서 연기하는 모습을 촬영한 것이다. 대표작으로 고질라, 울트라 맨, 파워 레인저, 가면 라이더 시리즈가 있다.

16 団塊世代, 1947년~1949년 사이에 태어난 베이비 붐 세대를 말한다.

17 플라스틱 모델의 일본식 영어로 '조립식 키트'라 불리는 플라스틱제의 부품과 조립을 위한 설명서, 혹은 완제품 형태로 판매되고 있다.

등의 제품에 관심이 많다.

오타쿠 제3세대인 1980년대생은 신세계 에반게리온으로 대표되는 소위 '세카이계'[18]라고 불리는 작품을 보고 자란 세대이다. 애니와 컴퓨터 게임이 취미의 하나로 인정되고, 메인 컬처와 서브 컬처의 차이가 줄어들던 시대에 자랐다. 그래서 오타쿠 취미에 대해서도 당당하고, 다양한 취미의 하나로 애니나 게임을 즐기는 사람도 많아졌다.

제3세대 이후에는 다양한 장르의 오타쿠 커뮤니티가 생겨났고 숫자도 많아졌기 때문에 하나의 세대로 묶을 수 있을지 의문이 생기지만, 여기서는 1990년대에 태어난 사람을 오타쿠 제4세대로 이름 붙인다. 이들은 이전 세대가 광장이나 공원에서 친구를 만나는 느낌으로 네트워크상의 커뮤니티에서 친구를 찾는 세대이다. 인터넷을 통해 1960~70년대의 캐릭터 완구를 쉽게 구할 수 있게 되었기 때문에 오타쿠 제1세대에 유행했던 작품에 빠진 사람도 많다.

오타쿠의 존재가 눈에 띄게 된 것은 무엇보다 인터넷 보급의 영향이 컸다. 네트워크상에서 쉽게 커뮤니케이션을 할 수 있고, 게다가 익명성이 보장되기 때문에 전자 게시판, 채팅 사이트, 블로그 등의 커뮤니티가 형성되어 오타쿠 활동이 활발해진 것이다. 인터넷으로 정보를 간단하게 수집할 수가 있으니 한 분야에 관심을 가진 사람이 오타쿠가 되어 버리는 경우도 많다.

2000년대 이후에 출생한 제5세대에 해당하는 젊은이들은 어떨까? 그들은 오타쿠라는 단어 자체에 위화감을 느끼고 너무 구식이라고 생각한다. 만화나 애니, 게임을 좋아하는 것 정도로 자신이 오타

---

18 등장 인물의 행동이 세계의 위기, 세상의 종말로 전개되는 작품을 말한다. 세카이(세계)는 주인공이 알고 있는 세계이며, 그 범위는 우주, 지구, 국가 등 작품에 따라 다르다.

쿠라고 생각하지 않지만 따로 적당한 용어가 없어서 오타쿠라는 용어를 사용하고 있다.

작가인 이이다 이치시(飯田一史)가 중고생(일부 대학생. 남녀 같은 비율) 약 200명을 대상으로 한 '신세대 오타쿠 실태 조사'[19]를 보면 지금의 중고생은 애니나 라이트 노벨을 일반적인 드

『Febri Vol.19』 특집
'새로운 오타쿠의 초상'

라마나 소설과 다를 바 없는 장르로 인식하고 있어서, 그런 것을 좋아한다고 해서 이상하게 생각하지 않는다. 그들이 생각하는 오타쿠는 '뚱뚱하고 안경 낀 외모'에 '수집벽'이 있는 사람이지만, 소녀 애니를 좋아하는 자신에게 오타쿠냐고 물으면 딱히 부정도 하지 않는다. SNS의 프로필에 '애니 오타쿠', '디즈니 오타쿠'로 자신을 소개하는 평범한 젊은이, 이들이 제5세대 오타쿠인 것이다.

일본의 문화가 된 오타쿠 문화

이제 일본 문화는 코스프레, 만화, 애니, 피규어, 캐릭터 등의 소위

---

19 『Febri Vol.19』(特集「あたらしいオタクの肖像」), 2013년 10월 10일 발행.

오타쿠 문화를 빼고는 이야기할 수 없게 되었다.

2011년 3월 11일의 대지진 후 일본돕기에 나선 세계의 일본 애니 팬들이 내세운 캐치프레이즈는 '오타쿠가 일본을 구한다(Otakus help Japan)'였다.

일본정부 관광국이 오타쿠 문화를 소개하는 책자를 만들 정도로 오타쿠 문화는 일본의 중요 수출품이 되었다.[20] 애니 산업, 오타쿠 산업, 캐릭터 산업이라는 말이 나올 정도로 오타쿠 시장의 규모도 커지고 있다.

2007년에 1,800억 엔이던 오타쿠 시장 규모는 2015년에 5,000억 엔을 넘어섰고, 애니 산업 규모는 1조 5,000억 엔 이상이라고 한다.[21]

도쿄 아키하바라는 오타쿠의 성지라 불리며 매일 전국의 오타쿠를 불러 모으고, 이케부쿠로는 여자 오타쿠(후죠시)가 모여드는 거리가 되었다. 오타쿠 거리는 도쿄뿐 아니라 오사카의 니혼바시, 나고야의 오오스를 비롯해 전국 각지에 존재한다. 만화, 애니, 게임, 피규어 전문점이 속속 오픈하고 각종 이벤트도 왕성하게 열리고 있다. 다양한 동인지가 거래되고 오타쿠 콘텐츠를 비평하거나 감상을 주고받는 사이트도 무수히 많다.

소비자이자 문화의 생산자가 된 오타쿠가 만들어 내는 새로운 오타쿠 문화는 일본 전국을 넘어 세계로 퍼져나가고 있다.

현대 일본 문화의 일익을 담당하고 있는 오타쿠 문화의 면면을 살펴보자.

20 jato.go.jp 일본 관광국 홈페이지.
21 メディアクリエイト, オタク産業白書, 2008년.
　야노 경제연구소의 오타쿠 시장조사(2016월 12월 발표). chose.itmedia.co.jp

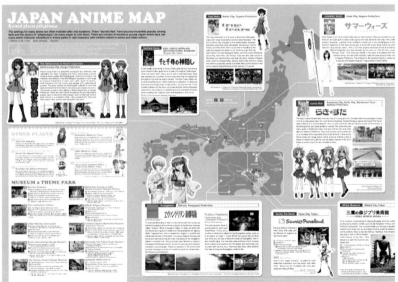

일본정부 관광국이 만든 전국 애니 지도.
정부가 소개 책자를 만들 정도로 오타쿠 문화는 중요한 관광 상품이 되었다.

모에(萌え)는 애니나 게임의 소녀 캐릭터나 아이돌에 대해 연애와 비슷한 호감을 느끼는 것, 그 대상을 좋아하는 모습, 열중하는 것을 일컫는 조어이다.

말이 생긴 과정에 대해서는 여러 가지 설이 있지만 80년대 말에 컴퓨터 통신 채팅방에서 한자를 일부러 다르게 변환해서 만들어졌다는 설이 일반적이다. '모에 모에(燃え燃え, 열렬하다)'가 '모에 모에(萌え萌え, 싹튼다)'가 되고 이것을 재미로 사용하기 시작했다는 것이다.

『어원유래사전』[22]에는 NHK 교육방송의 「천재 테레비군」에서 방송된 애니 「공룡혹성」에 등장하는 캐릭터 '모에'에 유래한다는 설, 「미소녀 전사 세일러문」의 캐릭터 '토모에 호타루'의 모에에서 나왔다는 설

등 캐릭터 이름과 관련지은 설과 한자 변환설을 소개하고, '열렬한(燃え)' 것과는 다른 감정을 표현하기 위해 모에(萌え)가 사용되었다고 보는 것이 더 타당하다고 기술되어 있다.

모에는 1990년대 중반에 오타쿠의 은어(隱語)로 사용되다 2000년경부터 일반인도 많이 사용하

30

---

22 gogen-allguide.com

게 되면서 2005년에는 '유 캔 신조어 유행어 대상'[23]에 선정되었다. 지금은 귀여운 것, 사랑스러운 것에 대한 감정적 몰입을 나타내는 말로 광범위하게 쓰이고 있다.

최근의 만화, 애니, 게임에는 모에화(萌え絵)라고 불리는 특정 그림이 주로 사용된다. 둥근 얼굴에 눈이 얼굴 면적의 반 이상이며 입이 작은 10대 소녀로, 설정에 따라 안경, 고양이 귀, 메이드 옷 등 다른 특성이 주어진다.

모에 오타쿠는 이 2차원 캐릭터에 강하게 감정 이입을 하는데, 소설가이자 평론가인 혼다 토오루는 이 감정 이입(모에)을 '뇌내(脳内) 연애'[24]라고 표현한다. 엄밀히 말하면 진짜 연애는 아니지만 머릿속으로 자기가 좋아하는 캐릭터와 연애를 망상하는 행위, 즉 '디지털 연애'를 한다는 것이다.

하마긴 종합연구소는 모에 관련 상품의 시장 규모를 2003년 기준으로 888억 엔으로 추정했다.[25] 888억 엔이면 88만 명이 연간 10만 엔을 소비한 것이 된다. 이 정도의 시장 규모이다 보니 현재 일본 각지에 모에를 활용한 산업이 활성화되고 있다. 메이드 찻집, 피규어, 코스프레 의상은 물론이고 지역 경제 활성화에도 모에가 이용되고 있다.

대지진 이후 도호쿠 지방의 농산물 판매 촉진을 위해 만들어진 '도호쿠즌코', 도치기 현 지역 방송국이 만든 '마루니에루', 미에 현 시마 시의 관광 PR을 위해 만든 '아오지마 메구' 등이 대표적이다.

---

23 자유국민사에서 출판되는 『현대용어의 기초 지식 사전』의 독자 앙케트를 참고로 매년 12월 상순에 발표한다. 1984년에 만들어졌다.

24 本田透, 『萌える男』, 筑摩書房, 2005년 11월.

25 『メディアコンテンツと ツーリズム：鷲宮町の経験から考える文化創造型交流の可能性』, CATS 叢書第1号, 2009년.

| 도호쿠 캐릭터 | 도치기 TV 캐릭터 | 시마 시 캐릭터 |

모에에 저항감을 느끼는 일본인도 있지만, 뉴스위크 일본어판(2017년 3월 14일 발행)의 표지를 장식할 정도로 일본의 모에 문화는 국내외로 퍼져나가고 있다.

코스프레(コスプレ)

매년 8월과 12월에 도쿄 국제 전시장에는 일본 전국에서 오타쿠들이 모여든다. 동인지 전시 현장 판매 모임인 '코믹 마켓(코미케)'이 열리기 때문이다. 코미케는 1975년에 700명의 참가자로 시작되었지만 현재 (2016년)는 3만 5천 그룹이 판매자로 참가하고 찾아오는 사람도 매회 60만 명이나 되는 세계 최대 규모의 이벤트가 되었다.

코미케의 특징은 모든 장르의 이벤트라는 점이다. 장르에 규제가 없

어서, 오리지널 창작물과 상업 작품의 패러디, 성인, 철도, 카메라 등
의 전통적인 분야의 동인지와 각 영역의 평론 동인지, 상품 판매, 그리
고 코스프레가 같은 장소에서 열린다. 만화, 애니, 게임 등 다양한 장
르의 창작물 속에서도 최근에 특히 주목받고 있는 것이 코스프레 분
야이다.

　코스프레는 만화, 애니 등에 등장하는 캐릭터 의상과 모습을 흉내
내어 그 캐릭터가 되는 '코스튬 플레이'의 일본식 조어이다. 이 행위를
하는 사람을 코스플레이어라고 한다.

　현재의 코스프레 붐의 발단은 1980년대 초의 SF 대회 등의 팬 이
벤트의 '코스튬 쇼'였다. 쇼의 목적은 분장한 모습을 관객에게 보이는
것이었다.

　코스프레 인구가 급증한 것은 1990년의 '세일러문'과 '건담' 붐 이후이다.

캐릭터 코스프레

코미케가 발표한 자료를 보면[26] 2011년 겨울 코미케의 코스프레 탈의실 이용자가 처음으로 2만 명을 넘었다고 한다. 오타쿠가 아닌 사람 중에서도 코스프레를 즐기는 사람이 많아지고 있다는 것을 짐작하게 한다. 최근에는 해외에도 'cosplay'라는 말이 알려져 일본의 캐릭터 코스프레를 즐기는 외국인이 매년 늘어나고 있다.

이렇게 이벤트에서 코스프레를 즐기려는 사람이 증가하면서 그것을 촬영하는 사람도 덩달아 많아졌다. 코스프레를 좋아하는 코스프레 팬(코스플레이어)과 코스플레이어를 좋아하는 코스플레이어 팬이 같이 증가하고 있는 것이다.

둘의 관계는 아이돌과 팬의 관계와 비슷한데, 이런 관계를 상업화해서 실현시킨 것이 메이드 카페이다. 요즈음은 애니나 게임의 코스프레나 메이드 복 이외에도 여고생, 소녀, 아이돌, 무녀(巫女) 등 다양한 코스튬 점포가 등장하고 있다. 남성 종업원이 있는 집사 카페도 있다. 아키하바라의 점포 수만 해도 100개가 넘고 전국 각지로 확산되고 있는 추

26 comiket.co.jp

다양한 코스튬 카페

세이다.

코스프레 정보 교류 사이트인 'cure'의 회원 수는 2013년 기준으로 약 100만 명이며, 12개국 언어로 대응 가능한 사이트 'world cosplay'는 2017년 2월 현재 외국인을 포함해 62만 명의 회원이 등록되어 있다.[27]

일본의 오타쿠 문화를 상징하는 코스프레는 일본을 넘어 아시아, 아프리카, 미국, 유럽, 남미의 세계 각국으로 퍼져나가, 2003년부터는 세계 코스플레이어 이벤트인 '세계 코스프레 서밋(World cosplay Summit)'이 나고야에서 개최되고 있다.

27 worldcosplay.net

'하쓰네 미쿠'로 대표되는 보컬로이드는 오타쿠 문화가 만들어 낸 새로운 디지털 콘텐츠이다.

보컬로이드는 영문으로는 'VOCALOID'라고 쓴다. 보컬과 안드로이드를 합성해서 만든 조어이다. 야마하가 2003년에 발표한 소프트웨어로 공식 사이트의 설명을 요약하면 다음과 같다.

야마하가 개발한 가성(歌声) 합성 기술 및 그 응용 소프트웨어이다. 악보와 가사를 입력하는 것만으로 노래로 변환할 수 있다. 가수를 부르지 않아도 노래를 만들 수 있다. 노래 합성은 가성 라이브러리를 이용한다.[28]

악보와 가사만 넣으면 음성 데이터베이스에서 목소리를 찾아내어 디지털로 합성해준다는 것이다.

보컬로이드가 폭발적인 인기를 끈 것은 획기적인 기술과 함께 다른 중요한 요소가 있었는데, 소프트웨어 패키지에 포함된 가성 라이브러리에 딸린 이미지 캐릭터의 존재였다. 보컬로이드의 가장 대표적인 캐릭터가 하쓰네 미쿠이다.

하쓰네 미쿠는 일본의 소프트웨어 회사인 CRYPTON이 출시한 독자의 가성 라이브러리를 포함한 'VOCALOID 2'의 이미지 캐릭터이다.

---

28 http://www.vocaloid.com

머리카락은 청록색이며, 긴 머리를 양 갈래로 높이 올려 묶었고 어깨가 드러난 셔츠에 타이, 짧은 미니스커트에 굽이 낮은 부츠를 신고 왼쪽 어깨에 빨간색으로 '01'이라는 캐릭터 이름의 타투를 새겼다. 나이는 열여섯 살이다.

발매 전부터 화제를 모았던 하쓰네 미쿠는 발매와 동시에 '니코니코 동화'[29]를 비롯한 동영상 공유 사이트에 노래하는 영상이 속속 투고되었다. 게임 음악에 오리지널 가사를 붙인 것, 유행가를 목소리만 바꾼 것, 단순한 신음 등 다양한 영상이 올라오고 그것에 유저의 댓글이 달리면, 그 의견을 반영한 새로운 영상이 만들어지는 식으로 다양한 하쓰네 미쿠 영상이 만들어졌다. 이것이 아티스트 하쓰네 미쿠의 탄생 과정이다. 현재 하쓰네 미쿠가 노래한 곡은 20만 곡이 넘고 지금도 여전히 증가하고 있다.

2010년 3월 9일, 도쿄 오다이바에서 3과 9의 일본어 발음 '상, 쿠'를 'thanks'와 연관 지어 명명한 세계 최초의 보컬로이드 라이브 콘서트, '미쿠의 날 감사제 / Miku 39's Giving Day'가 열렸다.

밤에 열리는 공연을 보려고 정오 무렵에 벌써 수백 명이 줄 서 있었고, 라이브 공연장은 하쓰네 미쿠를 만나러 온 젊은이로 메워졌다. 아무도 상상하지 못한 일이 벌어진 것이다. 하쓰네 미쿠의 인기는 사회 현상이라 불릴 정도로 피규어, 게임 등이 제작되고 해외 공연까지 이어졌다.

2010년 뉴욕 영상 라이브에는 예상보다 많은 인원이 참가해 다른 장소를 개방해야 했고, 첫 해외 콘서트인 2011년의 LA 콘서트는 2주

---

29 니완고에서 운영하는 동영상 사이트. 동영상 시청자가 직접 영상 화면에 코멘트를 삽입할 수 있다는 것이 큰 특징이다.

세계 최초의 보컬로이드 라이브 콘서트 'Miku 39's Giving Day'

만에 티켓이 매진되었다.

2012년 10월의 대만 콘서트에는 7,000명, 홍콩 콘서트에는 6,000명이 몰려들었고, 싱가포르에서도 콘서트가 열렸다.

토요타의 미국 CM, 구글의 CM에도 기용되었다. 2014년에는 미국에서 가수 레이디 가가와 함께 투어를 갖고 미국 토크쇼 '레이트 쇼'에도 출연하며 실제 아이돌 못지않은 활약상을 보였다.

가상 아이돌이 된 하쓰네 미쿠는 2012년부터 편의점 체인 훼미리마트와 협업을 맺어 캐릭터를 이용한 제품을 출시하고 있고, 예술가 시부야 케이치로(渋谷慶一郎) 등과의 협업으로 탄생한 보컬로이드 오페라 'THE END'의 주연을 맡기도 했다. 미쿠의 음악은 매년 일본 최고의 음악차트인 오리콘차트 상위권에 랭크되고 있다.

2016년 11월 24일, 아베 총리는 관저에서 열린 간담회에서 2018년에 프랑스에서 개최할 예정인 일본 문화 소개 행사 '쟈포니즘 2018'에

서 하쓰네 미쿠가 춤추는 영상을 비롯해 일본의 문화를 세계에 알리겠다고 공표했다.[30]

2017년 3월 일본 농림수산성은 하쓰네 미쿠가 일본을 방문한 외국인을 안내하면서 일본 음식의 매력을 소개하는 동영상 'OISHII TRIP'을 제작해 배포했다.[31] NHK는 자사의 2020년 도쿄 올림픽 공인 프로그램으로 히쓰네 미쿠의 스페셜 라이브를 개최하기로 했다.

2017년 7월을 기준으로 하쓰네 미쿠의 동영상은 유튜브에 417만 개가 업로드되어 있다.[32]

하쓰네 마쿠는 이제 노래나 게임의 유행을 넘어서 대중문화 전반과 일본 사회, 일본인의 가치관 변화를 상징하는 존재로 자리매김하고 있다.

CM에 등장한 하쓰네 미쿠

NHK 스페셜 라이브

30 '일본의 미' 종합 프로젝트 간담회. 수상 관저 홈페이지.
31 http://tasteofjapan-videos.jp/oishiitrip
32 youtube.com에서 'hatsune miku'로 검색.

일본인은 왜 오타쿠가 되었을까?

오타쿠에게 가장 중요한 것은 캐릭터를 소중하게 생각하는 태도이다. 오타쿠 문화와 관련된 이벤트에서 매매되는 상품의 다수는 2차 창작[33]이라 불리는 것이다. 오타쿠는 애니와 게임 등의 2차원 캐릭터에 감정 이입을 하지만 그 대상이 오리지널인지 카피인지는 그다지 중요하게 여기지 않는다. 중심은 스토리가 아니라 캐릭터이며, 캐릭터에 빠져들어 소비하는 행동을 취한다.

그러고 보니 일본인의 일상생활에서 캐릭터가 눈에 띄지 않는 곳이 없다. 뉴스에도 프로그램 캐릭터가 등장하고, 지자체의 마스코트 캐릭터에서 지역 상품 캐릭터까지 일본의 캐릭터 문화를 보면 캐릭터가 가상의 세계에 머무르지 않고 계속 진화해가는 것 같다. 모에, 코스프레, 하쓰네 미쿠를 통해 살펴본 것처럼 오타쿠 문화는 일본 전체를 휩쓰는 캐릭터 붐으로 발전해 나가고 있다.

반다이 캐릭터 연구소의 2004년 조사를 보면 초등학생부터 60대까지의 일본인 80.7%가 캐릭터 상품을 가지고 있고, 50~60대 남성 중 좋아하는 캐릭터가 있다고 답한 사람이 64%에 달했다. 캐릭터 상

40

33 저작물을 번역·편곡·변형·각색·영상제작 그 밖의 방법으로 작성한 창작물.

품의 효능에 대한 설문에는 응답자의 55.9%가 '편해진다', 37.6%가 '상냥해진다'라고 대답했다.[34] 일본인이 스트레스를 낮춰주는 역할 즉, 위로를 캐릭터에게 구하고 있는 것을 알 수 있다.

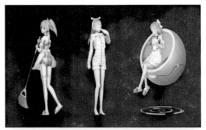

2016년 12월 '홀로그램 커뮤니케이션 로봇'인 'GateBox'가 발매되었다. 이제 좋아하는 캐릭터와 같이 살 수 있는 시대가 된 것이다.

홀로그램 커뮤니케이션 로봇
'GateBox'

이렇게 실재하지 않는 캐릭터에 '모에'를 느낄 수 있는 디지털 환경이 잘 갖춰지게 되니 까다롭고 복잡한 인간관계보다 캐릭터를 상대로 하는 관계를 더 편하게 생각하는 일본인이 증가하고 있다.

정치인도 캐릭터를 이용한다.
고이즈미 전 총리의 캐릭터는 라이언이다.

이런 변화에 편승해서 기업은 캐릭터를 이용한 상품의 매출 증가를 기대하고, 언론과 지자체도 시청자, 참가자, 일반인이 관심을 두는 것을 전제로 캐릭터를 이용하고 있다. 정치인도 예외는 아니다.

---

34 NTTコ ム리서치, '캐릭터가 일본을 구한다', 2009년 1월 26일.

모든 것을 캐릭터로 만드니 가족 간의 대화에 가장 많이 등장하는 주제도 캐릭터라는 조사 결과가 나와 있다.[35]

일상생활에 스트레스를 느끼는 사람은 캐릭터에 위안을 구하고, 사람과의 소통이 어려운 사람은 2차원 캐릭터에게 감정을 느낀다. 자신의 대역이 되어 줄 캐릭터를 입고(코스프레) 직접 자신에게 오는 스트레스를 피하기도 하고, 상대가 좋아하는 캐릭터를 사전에 알아두어 원활하게 소통할 수 있기를 바라기도 한다.

한편으로는 오타쿠 콘텐츠에 대한 사랑보다도 자신이 오타쿠인 것을 소통의 방법으로 이용하려는 사람도 생겨났다. 소위 '에세 오타쿠', '리어쥬 오타쿠'라 불리는 부류이다.

에세 오타쿠는 '에세(似非, 비슷한데 아니다)'와 오타쿠를 붙여 만든 조어로 오타쿠에 대해 잘 모르면서 스스로를 오타쿠라고 말하는 사람을 가리키며, 리어쥬 오타쿠는 현실 생활에 충실한 사람을 뜻하는 '리어쥬(リア充)'와 오타쿠의 합성어이다.

이들은 '이렇게 보여도 오타쿠'라는 말로 자신의 존재를 어필한다. 애니의 배경이 된 장소를 방문한 '성지 순례' 사진을 SNS에 올리고 하쓰네 미쿠 같은 오타쿠 문화를 즐기지만, 이전 세대의 오타쿠처럼 취미에 과도한 시간과 노력을 소비하지 않는다.

이런 상황에 대해 와다 타케아키(和田剛明)는 'DVD의 보급과 컴퓨터의 저가화가 진행되고, 인터넷으로 작품 정보를 수집할 수 있게 되는 등의 변화가 일어나 젊은 세대를 중심으로 라이트한 오타쿠 층의 참가

42

---

35 반다이 어린이 앙케트 vol 146, 2007년 10월, bandai.co.jp. 3~12세 아동을 둔 부모 1500명을 대상으로 실시했다.

가 일어났다'고 보았고,[36] 오타쿠의 왕이라 불리던 오카다 토시오(岡田斗司夫)는 '오타쿠는 이미 죽었다'고 선언했다.[37] 오타쿠가 일반인과 다른 특별한 존재이고, 그렇지 않으면 오타쿠 문화를 유지할 수 없다고 주장해온 그의 입장에서 보면 오타쿠의 일반화는 오타쿠의 죽음으로 인식되었을 것이다.

현재의 오타쿠 소비 시장의 규모는 이런 일반화된 오타쿠의 증가에

'오타쿠는 이미 죽었다'

기인하고 있다. 오타쿠의 일반화로 오타쿠라는 용어도 'ㅇㅇ을 좋아함' 정도의 가벼운 의미로 사용되며 자신을 'ㅇㅇ 오타쿠'라고 말하는 데 거부감이 없다.

사람 대신 '오타쿠 문화의 세계'에 위안과 소통, 즐거움을 구하는 일본인이 많아지고 있다. '총 1억 오타쿠 시대'라고 말하기도 한다.

특정 분야에 몰두해 시간과 돈을 소비하며 현재의 오타쿠 문화를 구축한 진정한 '오타쿠'는 사라졌지만, 오타쿠인 것을 소통의 소재로 사용하고 가수의 노래보다 애니의 주제가를 더 많이 부르며 캐릭터에 감정을 느끼는 현대의 일본인은 혼자만의 세상에 몰입해 2차원의 세

36 和田剛明, 「ライト化したオタク市場とその特徴」(『オタク産業白書』), メディアクリエイト, 2007년 12월.
37 岡田斗司夫, 『オタクはすでに死んでいる』, 新潮新書, 2008년 4월.

계에 빠져 살던 이전 세대의 오타쿠와 별반 다르지 않아 보인다.

소설가 혼다 토오루(本田透)는 '뇌내 연애'의 행복한 결혼 생활을 제안했다. 2차원의 미소녀와 즐거울 수 있다면 실재하는 인간과는 연애하지 않아도 좋다는 것이다. 혼다의 저서 『전파남(電波男)』의 프로필 난에 소개된 그의 가족, 처와 3명의 여동생, 메이드는 모두 사람이 아닌 미소녀 캐릭터이다.[38]

캐릭터가 사람을 대신해 가는 일본 사회, 오타쿠 문화를 국가 시책으로 책정한 일본 정부,[39] 사람보다 캐릭터가 편한 일본인, 일본은 이제 명실공히 오타쿠의 나라가 되어 버렸다.

38 『電波男』, 本田透, 三才ブックス, 2005년 3월.
39 2001년 12월 7일 공포된 문화 예술 진흥 기본법 제9조.

일본에는
정말 변태가 많은 걸까?

일본의 성(性) 문화

일본의 포르노 산업은 시대를 초월해 세계에 충격을 주어왔다. 에도 시대부터 일본이 포르노 선진국이었다는 것은 잘 알려진 사실이다. 사랑과 성의 즐거움을 대담하게 표현한 에도 시대의 춘화[1]는 바쿠후(幕

---

1 남녀의 직접적인 성 풍속 장면을 소재로 한 풍속화. 과장되거나 채색이 화려하다는 점 등이
  일본 춘화의 특징이다.

府) 말기 흑선(黑船)을 이끌고 내항한 미국의 페리 제독[2]을 통해 서양에 전해졌다. 에도 시대의 그림은 마네, 모네 같은 인상파 화가와 피카소, 로댕, 로트렉 등에게도 영향을 미쳤다. 당시 영국을 비롯한 서구 사회는 엄숙한 도덕의 제약 속에 있었기 때문에 마네가 그린 나부(裸婦)[3]는 외설적이라는 이유로 사회에 파문을 일으키기도 했다.

이렇게 19세기의 서양은 춘화 속의 남녀의 모습을 통해 일본이 놀랍도록 성에 자유롭고 개방적인 나라라는 생각을 가지게 되었다.

그리고 이제 21세기의 일본은 '성문화 산업이 이상하게 발달한 국가'라는 의미에서 '성진국'이라 불린다.

성 산업의 역사는 서양이 일본보다 더 오래되었고, 자극적인 영상은 세계 어느 나라에나 존재하는데, 왜 유달리 일본에 대해서 성과 관련된 이미지를 가진 사람이 많을까? 일본에는 정말 변태가 많은 것일까?

일본에는 정말 변태가 많은 걸까?

먼저 변태의 사전적 의미를 알아보자.

우리 국어사전에는 변태의 뜻을 '①모습이 변함 ②비정상적인 성행

---

2 매튜 C 페리. 1853~54년 원정대를 지휘해 일본이 근 2세기 동안이나 유지해온 쇄국정책을 버리고 서구와 무역 및 외교 관계를 맺게 했다.
3 1865년 마네가 실제 매춘 여성을 모델로 그린 '올랭피아'는 신화 속 등장인물이 아니라 실제로 살아 있는 여성을 소재로 했다는 점에서 큰 논란을 일으켰다.

위를 하고자 하는 성적 욕망 혹은 그런 성향의 사람 ③유체에서 성체로 변하는 것'으로, 일본 국어사전에는 '①형태나 상태가 변하는 것 ②보통의 상태와 크게 다른 것, 이상한 상태 ③변태 성욕의 약어. 성적인 행위나 대상이 도착적이고 악취미, 이상한 형태인 것 혹은 그런 경향이 있는 사람'으로 설명한다.

사전의 설명을 보면 일본에서는 '변태'라는 말을 더 넓은 의미로 사용하는 것을 알 수 있다. 일본어의 '변태'는 '보통이 아닌 이상한 사람'을 가리키는 말로 누구나 아무렇지 않게 자기가 '변태'라고 말하기도 한다.

그러나 한국인을 포함한 외국인이 '일본에 변태가 많다'라고 말하는 것은 성적 취향이 이상한 사람이 많다는 뜻이다. 변태의 일본어 발음인 'Hentai'는 'one who has (perverted) sexual drives to a great extent'의 의미로 2011년에 옥스퍼드 사전에 등재되었다.

'변태'라는 단어에 일본인의 모습이 겹쳐지는 것은 한국인이 가장 쉽게 접할 수 있는 '변태'적 창작물의 원산국이 일본이라서 그런 것일 수도 있다.

그런데 2013년 일본의 한 포털 사이트[4]에서 조사한 외국인들이 일본에 변태가 많다고 느끼는 이유는 오른쪽과 같았다.

1. 2차원의 발전
2. 일본 AV의 특징
3. 로리콘 남성이 많다
4. 캬바쿠라와 풍속점
5. 러브호텔
6. 어린 아이돌
7. 여체 스시

그리고 보니 모든 항목이 이상하다. 정말 일본인에게 변태 성향이 있기라도 한 걸까?

---

4 madameriri.com

뉴욕타임즈지에 소개된 일본인. 블로그도 운영하는 유명 오타쿠 이다.

일본인은 자신의 이상한 취미를 자랑스럽게 드러내는 것을 주저하지 않는 것처럼 보인다. 인간에게는 성적 취향, 특히 남과 다른 변태 성향의 취미를 숨기려고 하는 성향이 있지만, 일본에서는 캐릭터 인형을 안고 있는 중년 남성이 매스컴에 등장하고 19금 캐릭터가 그려진 티셔츠를 입은 남성을 지하철에서 만날 수 있다. 변태들이 음지가 아닌 양지에서 당당하게 활동하고 있는 것이다.

일본의 밤거리를 떠올려 보자. 다양한 풍속업이 존재하고, 도쿄 시내 한복판에 성인용품을 파는 가게가 버젓이 자리잡고 있다. 물론 우리나라도 시장 뒤쪽의 낡은 건물에 그런 가게가 있기는 하다.

그렇지만 친구들과 같이 웃으며 가게 안에서 구경하고 있는 젊은이를 보면 역시 우리와 다르다는 생각을 하지 않을 수가 없다.

비디오 대여 가게에서는 그럴 마음만 있다면 누구나 손쉽게 상상 이상의 수위 높은 영상을 구할 수 있다.

출판물은 어떤가? 다양한 성적 취향의 만화, 애니메이션이 제작되고 있고, 여성의 노출 사진이 들어있는 잡지가 편의점 신문 가판대 옆에 버젓이 놓인다. 밤 10시 이후에는 TV의 수위도 높아진다. 일본만큼 도시 곳곳에 포르노가 스며들어 있는 곳도 없을 것 같다.

정치인이나 연예인의 성 추문은 또 어떤가? 생방송 도중 동료 진행자를 성희롱한 사람도 있고, 양다리를 걸친 연예인의 사생활도 새삼스러울 게 없다는 분위기다. 미성년자 성매매로 물의를 일으킨 연예인은 6개월 자숙하고 아무렇지 않게 자신의 실수를 소재로 책을 내고 다시 방송에 복귀한다.

한국인의 기준에서 보면 변태가 많다, 적다는 문제 이전에 일본 사회는 지나치게 성에 관대한 측면이 있다. 그들은 왜 그럴까?

일본인은 왜 성(性)에 관대할까?

사실 일본은 신화(神話)부터 야한 나라이다.

일본의 신화는 현존하는 역사서인 『고사기 (古事記)』[5]와 『일본서기(日本書紀)』[6]에 실려있다. 신화는 일본이라는 땅의 탄생부터 시작한다. 줄거리를 건전하게 요약하면 다음과 같다.

---

5 일본에서 가장 오래된 역사서. 일본의 건국사를 정리한 가장 오래된 역사서로, 3권으로 되어 있다.

6 나라(奈良) 시대에 만들어진 일본 최초의 정사(正史)이다. 신대(神代)부터 지토 천황(持統天皇, 645~702)까지를 편년체로 기록하였다.

남신인 이자나기와 여신인 이자나미가 천지를 연결하는 다리 위에 서서 창으로 바다를 휘저었더니 창끝에서 떨어진 물방울이 저절로 응고하여 하나의 섬이 되었다. 두 신은 그 섬으로 내려가 나라를 창조하기로 하였다. 남신은 왼쪽으로 돌고, 여신은 오른쪽으로 돌다 서로 만났을 때, 여신이 먼저 말을 걸자 남신이 "내가 남자인데, 어디 여자가 먼저 말을 걸어. 다시 시작해야겠어"라고 했다. 그래서 다시 돌다 만났을 때 이자나기가 아자나미에게 물었다.

"네 몸은 어떻게 되어 있느냐?"

"제 몸은 한군데가 모자라서 구멍이 있어요."

그러자 이자나기는 "내 몸은 한 군데가 남아서 튀어나온 곳이 있다'라고 말하고 서로 몸을 맞추어 많은 섬과 바다, 강, 산, 나무, 풀을 낳았다. 또 태양의 신과 달의 신도 낳았다. 많은 신을 낳은 두 신은 계속해서 더 많은 신을 낳는데, 불의 신을 낳다 이자나미가 화상을 입고 숨을 거둔다.

황천으로 이자나미를 찾아간 이자나기는 이자나미를 데리고 나오다 그만 뒤

를 돌아보는 바람에 혼자만 겨우 빠져나오게 된다. 이자나기는 황천 세상에서 본 부정한 것들을 털어내려고 물로 몸을 씻는데, 그의 왼쪽 눈에서 '아마테라스'가, 오른쪽 눈에서는 '쓰쿠요미', 마지막으로 코에서는 '스사노오'가 탄생한다. '하늘을 비춘다(天照)'는 뜻을 가지는 아마테라스는 태양의 신이다.

이자나기는 아마테라스에게 천상계를, 쓰쿠요미에게는 밤의 세계를, 스사노오에게는 바다를 다스리라는 명령을 내렸다. 하지만 스사노오는 어머니인 이자나미를 그리워하며 바다를 다스리지 않았다. 화가 난 이자나기는 이자나미가 있는 황천으로 가도 좋다고 말했다. 스사노오는 황천으로 떠나기 전, 누나인 아마테라스에게 작별을 고하려고 천상계로 올라갔다.

천상계에 올라온 스사노오가 난폭한 행동을 일삼자 분노한 아마테라스는 동굴에 숨어버렸고 세상은 칠흑 같은 어둠에 싸이게 되었다. 신들은 아마테라스를 다시 바깥세상으로 나오게 하려고 위에는 구슬, 아래에는 거울을 건 신목(神木)을 세우고 그 아래서 여신이 알몸으로 춤추게 했다. 가슴과 음부를 드러내고 춤추는 여신의 모습 때문에 웃고 떠들썩해지자 아마테라스가 궁금증을 못 이겨 동굴 밖으로 얼굴을 내밀었고, 천지는 빛을 되찾았다.

51

스사노오는 지상으로 추방되었다. 땅에 내려온 스사노오는 이즈모로 가서 머리가 여덟 개 달린 큰 뱀을 처치하고 그 꼬리에서 얻은 칼을 아마테라스에게 바쳤다.

아마테라스의 손자가 지상으로 강림해(천손 강림) 인간과 혼인을 하고, 그 자손이 일본의 초대 천황(진무, 神武)이 되었다.

직역하기에는 무리가 있을 정도로 야하다. 가슴과 음부를 드러내고 춤을 추는 여신도 나오고, 성교와 성기에 대한 표현도 직접적이고 다양하다. 이렇게 신화부터 성에 대한 묘사가 노골적이니 일본의 성문화가 개방적인 것은 어쩌면 당연한 일일 것이다. 일본의 신화에는 '성'에 대한 금기 같은 것은 아예 존재하지 않는다. 일본인에게 성은 숨겨야 하는 부끄러운 일이 아니었다.

일본의 결혼제도에서도 일본인의 개방적인 성문화의 흔적을 찾아볼 수 있는데, 그 대표적인 것이 '요바이'이다.

고대 일본은 원래 일부일처제라는 개념이 희박해 중혼(重婚)과 밤에 여성의 집에 찾아가는 '요바이(夜這い)'가 일반적이었다.

당시의 결혼제도는 '아내를 방문하는' 혼인으로, 남녀는 각자의 집에 살고 남편이 처의 집에 찾아가는 형태였다.

결혼은 '당당하게 찾아가는 요바이'를 의미했다.

요바이의 어원은 남성이 여성에게 말을 걸고 구혼을 한다는 뜻을 가진 '요바우'이다.

결혼은 남자가 여자를 밤중에 방문하는 것에서 시작되었다.

농촌에서는 '요바이'가 '마을 처녀와 과부는 모두의 것'이라는 마을 내의 공유의식을 나타내는 말로써 존재했다.[7] 근대가 되기 이전의 농촌에는 마을의 '청년 집단'이 마을 내의 혼인에 대한 규제와 승인, 요바이의 규칙을 정했다고 한다.

요바이가 가장 활발했던 것은 남북조 시대와 가마쿠라 시대였다.

전란이 많았던 시대였기 때문에 마을 공동체가 자기방어를 위해 요바이를 권

52

7 赤松啓介, 『夜這いの民族学』, 明石書店, 1994년.

장한 측면도 있었다고 볼 수 있다. 이 시대에는 노상에서 여자를 납치해 데려가 부인으로 삼는 '쓰지토리콘(辻取婚)'이라는 것도 있었다.

쓰야마 사건을 보도한 신문 기사

요바이 풍습은 메이지 정부가 근대적 국가 건설을 위해 일부일처제를 제정하기 전까지 성행했다. 정부의 방침에 따라 1876년에 니가타 현이 요바이 금지법을 제정하면서 요바이는 사라지는 것처럼 보였지만 농촌 지역에서는 여전히 남아 있었다.

요바이에 대한 부정적인 인식이 강해진 것은 1938년에 일어난 '쓰야마 30인 살인사건'이 계기였다. 이 사건은 요바이 풍속이 남아있던 마을에서 결핵 병력 때문에 차별을 받고 있다고 생각한 스물한 살 청년이 마을 사람들을 무차별 살해한 사건이었다.

일본인의 개방적인 성 문화는 에도 시대의 이혼 문서인 '미쿠다리한(三行半)'에서도 나타난다.

이혼 문서(미쿠다리한)의 내용은 '이혼해도 좋다. 다른 사람과 결혼해도 문제없다'라는 세 줄 반 정도의 간단한 것이면 충분했다. 결혼을 그만두고 싶을 때는 이 문서 한 장으로 이혼이 성립되었다. 여성은 이혼하고 싶을 때 남편에게 미쿠다리한을 요구할 수 있고, 남성도 종이 한 장으로 자신의 결혼 생활을 깨끗이 청산할 수 있었다.

결혼한 남녀 간의 부적절한 밀통도 목숨값 일곱 냥이면 용서가 되었다. 이쯤 되니 전쟁에 패한 영주의 아내가 재혼해 적장의 아내가 되

53

기도 하고, 신분이 높은 여인이 몇 번이나 결혼하는 것이 가능했다.[8]

　신화, 요바이, 미쿠다리한 등의 예에서 알 수 있듯이 일본의 성 문화는 청상과부의 열녀문과 정조를 지키는 위해 목숨을 버린 여성의 이야기가 전승되는 우리 문화와는 분명히 다르다. 그들이 성에 관대한 이유는 성을 금기하지 않는 문화가 근저에 있기 때문이라 할 수 있다.

사고, 팔고, 즐기는 성문화

　위에서 살펴본 것처럼 고대 일본에는 성을 살 필요가 없을 만큼 자유로운 성문화가 존재했다.

8 NHK 대하 드라마의 주인공인 아자이 나가마사의 딸 고우는 전 남편과 두 번의 사별 후 도쿠가와 이에야스의 아들 히데타다와 결혼했다.

일본에서 여성이 성을 팔기 시작하게 된 것은 아내가 남편의 집으로 들어가는 혼인제도가 정착하고 생활을 위해 몸을 파는 여성이 생기기 시작한 가마쿠라 시대[9] 경부터였다.

매춘은 성을 사는 남자와 돈 때문에 성을 파는 여자의 존재가 전제된다. 남성에게 성을 제공하는 여성들은 헤이안 시대에 이미 존재했지만, 그녀들은 춤, 음악을 담당하는 전문 예술인의 성격이 강했다. 어쩔 수 없이 성(性)이 동반되었지만, 매춘은 아니었다.

무사들의 시대인 가마쿠라 시대가 되면 각지에 매춘이 가능한 숙소가 나타나기 시작하고, 무로마치 시대[10]에는 거리에 모여 대규모로 매춘에 종사하는 '즈시고(辻子)'라고 불리는 유녀 집단이 생겨났다. 이후 시대의 흐름에 따라 다양한 성문화가 발달하게 되었다.

성을 즐기는 일본의 문화는 에도 시대의 우키요에와 춘화에 잘 드러나 있다.

'우키요에'라고 불리는 풍속화는 에도 시대(1603~1867)에 성립되었다. 우키요에는 명암과 선명한 색채가 특징으로, 당대의 유명한 화가 대부분은 소설이나 가부키에서 패러디한 남녀의 그림도 그렸는데, 그들이 그린 춘화는 총 3만 장 이상으로 추정된다.

에도 시대의 춘화에는 서민의 일상적인 성 풍속이 묘사되어 있다. 창부를 그린 서양과 달리 일본의 춘화에 등장하는 남녀의 9할 이상이 일반 서민이었다. 그려진 인물도 소년, 소녀부터 중년, 노령의 남녀까지, 신분의 귀천 구별 없이 다양했다.

춘화는 에도 시대에 '와라이에(笑絵)'라고 불렸는데, 인간의 성을 유

---

9 1185년~1333년. 가마쿠라에 바쿠후(幕府)가 설치되어, 바쿠후가 정치의 중심이 된 시기이다.
10 1338년~1573년. 일본 역사에서 아시카가 바쿠후(足利幕府)가 집권했던 시대.

일본의 춘화에는 아이도 등장한다. 아이에게 들켜버린 아버지가 얼른 사자탈을 써 보지만 아이는 마쓰리 때를 연상하고 북을 가져와 치고 있다.

춘화의 주인공은 남녀노소 신분 귀천 없이 다양했다. 노인의 허리에 끈이 묶여 있고 뒤에 당겨주는 보조자가 있다. 성은 웃고 즐기는 것이었다.

머러스하게 묘사한 풍자화였기 때문이다. 이것은 당시의 일본인이 성은 웃고 즐겨야 하는 것으로 느끼고 있었다는 것을 의미한다.

남녀의 성기 모양을 한 장식물을 가마에 태우고 행진하는 마쓰리나, 남자의 성기를 과장해서 춤을 추는 민속예능이 일본 각 지역에 남아있는 것도 성에 대한 특별한 인식 때문이다.

마쓰리에서 성과 관련된 것을 보고 웃는 행위는 복을 부르는 행위로 환영받는다. 동굴에 숨어버린 태양의 신을 밖으로 부르기 위해 알몸으로 춤을 추는 여신을 보고 손뼉을 치며 박장대소하는 신화 속 세계처럼, 일본인은 성을 즐기고 웃는 행위가 결과적으로 이 세상에 '빛'을 가져오는 계기가 된다고 생각하는 것이다.

한편으로 매춘을 합법적으로 인정한 공창 제도는 도요토미 히데요시가 오사카와 교토에 유곽 설치를 인가한 16세기 후반부터 존재했

다.[11]

　공창제는 공권력이 일정 조건을 걸고 매춘 영업을 허가하는 대신에 이윤 일부를 가져가는 시스템이다. 에도 시대의 유곽은 바쿠후에서 허가를 받은 공창이었다.

　에도 시대 초기에는 에도의 요시와라, 교토의 시마바라, 오사카의 신마치 등 세 곳에 유곽이 설치되었다. 유곽은 치안을 위해 마을 끝에 설치했고 높은 벽이나 해자로 격리하고 있었다.

　유녀의 대부분은 팔려온 여인으로 기예나 교양을 갖춘 유녀(타유)부터 매춘만 하는 하급 유녀(죠로)까지 몇 등급으로 나뉘었다. 죠로는 가게에 나가 물건처럼 진열되어 손님을 끌었다.

　유곽으로 가는 길목의 숙소에서는 하녀들의 매춘도 이루어지고 있었다. 에도에서는 유녀가 있는 목욕탕이 유행했다. 무허가 매춘이 발각되면 사형에 처하기도 했지만 에도 중기 이후에는 생계를 위한 매춘은 묵인되었다. 매춘업이 대중화되면서 에도(현재의 도쿄)에는 190여 곳의 비공식 유곽이 존재했다.

　메이지 시대가 되면 1870년에 성병 검진과 창부 등록제를 시행한 근대적 공창제도가 일본에 도입되지만, 1872년의 '창기 해방령' 등에 의해 에

57

---

11 小谷野敦, 『日本売春史 遊行女婦からソープランドまで』, 新潮選書, 2007년.

'SAL9000'으로 알려진 이 남성은 게임 속의 캐릭터와 결혼을 했다. 캐릭터와 같이 간 신혼 여행 사진은 인터넷에 공개되어 있다.

도 시대 이후 계속된 인신매매는 명목상 금지되었다. 그러나 본인의 의지에 의한 매춘 행위는 인정했기 때문에 실제로는 공창이 늘어나게 되었다.

이렇게 일본에는 성을 즐기고 사고파는 문화가 존재했다. 에도 시대 이후 성은 사고, 팔 수 있었기 때문에 매매춘에 대한 죄의식은 없었다.

그런 의미에서 성 산업의 발달과 관대한 성 문화는 일본의 전통적인 문화의 연장선에 있는 것이라고 볼 수 있다.

그렇다면 일본에 변태가 많다고 생각하는 것은 성 문화의 차이를 이해하지 못한 우리의 편견인 것일까?

비뚤어진 현대 일본의 성문화

현대 일본의 성 문화는 단순히 성에 관대한 문화 때문이라고 이해하기 어려운 몇 가지 두드러지는 반사회적 성향이 있는 것 같다. 바꾸어 말하면 변태적 성향이 확실히 존재한다는 것이다.

위의 사진은 게임 속 여성 캐릭터에 집착하는 남성의 모습이다. 이

초등학생을 촬영하는 일본 남성들

들은 실제 여성 보다는 애니메이션이나 만화 속에 등장하는 캐릭터에게 더 끌린다고 한다.

초등학생을 쫓아다니는 남성들의 모습은 어떤가, 도대체 어떤 생각을 하고 있는 것일까?

두 장의 사진은 현대 일본을 대표하는 성 상품인 '캐릭터', '로리콘' 문화를 보여주고 있다. 이것은 개방적인 성문화의 범주를 벗어난 반사회적이며 변태적인 모습이다. 성적 대상으로 삼아서는 안 되는 어린 여성을 성 상품화하고, 사람이 아닌 캐릭터를 가까이하는 이런 성향은 왜 나타난 것일까?

로리콘은 미성년인 소녀에 대한 성적인 관심을 의미하는 롤리타 콤플렉스(Lolita complex)의 일본식 영어이다. 좀 더 상세하게 구분하자면 롤리타 콤플렉스가 남성이 가질 수 있는 심리학적 성향을 의미하는 반

수면제를 먹여 잠들게 한 나체 소녀 옆에서 밤을 보내는 노인의 이야기를 그린 『잠자는 미녀』는 프랑스와 독일에서 영화로 만들었다.

『겐지모노가타리』의 여주인공 무라사키 노 미야는 겐지의 '이상적인 여성'으로 묘사되어 있지만 사실은 로리콘의 희생자이다.

면, 로리콘은 그러한 성향이 있는 사람 자체를 가리킨다.

로리콘이라는 일본식 단어는 해외에서도 통용되고 있으며 현재 대부분의 로리콘 문화상품은 일본에서 생산되고 소비되고 있다.

로리콘에 대한 설명이 좀 길었지만, 유달리 일본 문학 작품에는 로리콘 성향을 가진 남자주인공이 많다.

소녀에 대한 애정은 근대 일본 문학의 단골 테마로서 시가 나오야(志賀直哉),[12] 요코미쓰 리이치(横光利一) 등 많은 문학자가 다루고 있고, 노벨문학상 수상자인 가와바타 야스나리의 작품 『잠자는 미녀』도 나이든 노인의 소녀애(少女愛)를 그리고 있다. 가와바타 야스나리는 자신의 자전적 작품 속에서 '내가 사랑하는 대상은 아이와 어른의 중간인 여

60

---

12 시가 나오야의 단편 소설 『아이를 훔치는 이야기』에는 건강한 청년인 주인공이 상냥하고 순진한 여자아이를 보고 만져보고 싶어서 유괴하는 이야기가 나온다.

성에 한한다'라고 언급했다.[13]

　문학 작품 속의 주인공만이 아니다. 도요토미 히데요시는 열 두세 살 정도의 소녀들을 침실로 불러들인 로리콘이었다. 히데요시가 당시로는 드물게 열세 살의 소녀를 정실로 맞이한 이야기는 유명하다.

　이렇게 일본인들은 유달리 어린 여자에게 관심이 많다. 일본인들의 소녀애(少女愛)의 역사는 천 년 전으로 거슬러 올라가도 찾아볼 수 있다.

　헤이안 시대(平安時代)의 소설인 『야마토 모노가타리(大和物語)』[14]에는 남자가 아름다운 아기를 업고 있는 아기 엄마에게 '이 아이가 크면 데려가겠다'고 약속을 하고 그 증표로 자신의 허리띠를 맡기는 이야기가 나온다. 아기 때부터 미리 점 찍어 놓는다니 상상을 초월하는 변태이다.

　세계에서 가장 오래된 장편 소설인 무라사키 시키부의 『겐지 모노가타리』[15]의 여주인공 무라사키노 히메는 겐지의 '이상적인 여성'으로 묘사되어 있지만 사실은 로리콘의 희생자이다.

　내용은 이렇다. 어느 날 절에서 자기가 연모하는 새어머니와 닮은 소녀(무라사키노 히메, 당시 열 살)를 만나자, 겐지는 부모를 잃은 소녀를 양녀로 맞이하기 위해 아이의 조모를 열심히 설득한다. 이미 겐지에게는 정처도 있고 다른 부인들도 여럿 있었다. 그리고 얼마 뒤 무라사키노 히메의 할머니가 죽자, 겐지는 소녀를 집으로 데려와서 자신의 이상대로 교육하고, 열넷이 되던 해에 그녀와 강제로 동침한다.

61

---

13 川端康成, 「父母への手紙」, 「若草」 1932년 1월호에 게재.

14 951년 경에 성립. 작자 미상. 170단으로 구성되어 있다.

15 일본이 자랑하는 세계 최고(最古)의 장편 소설. 헤이안 시대를 대표하는 궁중 문학으로, 일본 고전 문학의 최고 걸작으로 꼽힌다.

소설에는 무라사키노 히메가 충격으로 얼마 동안 겐지와 말을 하지 않았다고 적혀 있다. 완전히 미성년자 납치에 약탈에, 유린이다. 성범죄다.

이처럼 일본인의 로리콘은 상상을 초월한다. 1980년에 등장한 테레쿠라(전화방)와 원조교제는 새삼 화제에 올릴 것도 없다. 성을 사는 어른에게도 성을 파는 아이들에게도 매매춘이라는 의식은 희박하다.

AKB48이라는 소녀 아이돌 그룹은 매년 투표로 순위 경쟁을 하고 더 어린 새로운 멤버로 교체되는 것으로 일본 남성의 인기를 끌고 있다. 2010년에 발매된 '헤비 로테이션'의 뮤직비디오는 유튜브 1억 뷰로 화제를 모았지만, 당시 중학생이었던 멤버의 입욕 신과 선정적인 영상은 '아동의 성적 착취'와 관련된 문제가 있어 보인다.

2016년 유엔은 여학생을 남성 접대 등에 동원하는 'JK비즈니스'를 금지하라고 일본 측에 권고했다. JK란 일본어로 여고생을 뜻하는 '조시코세(女子高生)'를 영어 발음대로 읽은 앞글자를 딴 단어다. 최근에는 12~15세 여중생들도 참여하고 있다고 한다. 아사히 신문은 아키하바라 등을 중심으로 수년째 다양한 형태의 JK비즈니스가 성행하고 있다고 보도했다. 여고생과 같이 산책하는 서비스는 'JK산보', 여고생에게 마사지를 받는 것은 'JK리프레(Refresh의 일본식 영어 발음)'라고 부른다. 최근의 기사에서는 JK비즈니스의 늪에 빠진 청소년의 30%가 성행위를 제공한 것으로 밝혀

AKB48, 매년 새로운 멤버로 교체되니 팬들에게는 영원한 아이돌 그룹이다.

져 충격을 주었다.[16]

성범죄로 보이는 이 모든 것들은 여성의 성, 특히 어린 여성일수록 성 상품으로 가치가 크다고 여겨져 온 일본 문화의 흐름과 성 역시 사고팔 수 있는 상품의 하나로 인식하는 사회 분위기와 무관하지 않다.

이런 현대 일본의 비정상적인 성 문화의 이면에는 정상적인 인간관계를 피하려고 하는 일본인의 모습이 존재한다. 애니메이션의 미소녀들에게 열광하는 남성들도 그런 사람에 속한다.

엉덩이 베개 1분 1,000엔

그들 중에는 실제로 캐릭터 여성에게만 연애 감정을 느끼는 사람도 있고, 캐릭터와 정식으로 결혼까지 한 예도 있다. 최근에 일본인이 좋아하는 캐릭터는 '모에'이다.

모에는 일본어로 '싹튼다'라는 뜻인데, 캐릭터에 대한 사랑이나 호감을 표현하는 말이다. '모에 캐릭터'를 나타내는 대표적인 특징은 나이가 어리고, 순진하며, 불쌍하다고 여겨질 만한 약점을 갖고

아키하바라의 JK 비지니스 현장. 최근의 단속에서는 20명이 검거되었다.

---

16 아사히 신문, 2017년 2월 17일.

있지만, 그것을 극복하기 위해 노력하는 모습을 보여준다는 것이다.

사람이 아닌 캐릭터에 애정을 느끼는 남성은 특징이 있다. 우선 현실에서 만날 수 없는 이상적인 여성을 연인으로 원한다. 그들은 캐릭터를 사랑함으로써 '여신'과 연인이 될 수 있다고 생각한다. 그리고 무엇보다 중요한 것은 이 연애는 애정이 식으면 언제든지 그만둘 수 있고 주도권은 돈을 내고 구매하는 나에게 있다고 생각한다는 것이다. 약하고 순진하고 어린 존재이니 귀여워해 주고, 나는 내가 원할 때 언제든지 위로를 받으면 된다는 식이다.

이렇게 사람이 아닌 2차원의 애니메이션에서 치유와 위로를 구하는 일본인의 모습은, 여성을 마음대로 다루고 싶어 하는 남성 위주의 성 문화의 산물이며, 사람과의 관계를 어려워하는 현대 일본의 어두운 모습이기도 하다.

앞에서 살펴봤듯이 일본인은 자신의 성 취향을 숨기려 하지 않는 성향이 있다. 매춘을 하나의 '직업'으로 인정하고, 성을 금기하지 않는 문화를 가지고 있는 일본인에게 성은 숨겨야 할 부끄러운 일이 아니며 성적 취향은 어디까지나 개인의 기호일 뿐이다. 반사회적인 소녀 성애도 천 년 넘게 이어온 로리콘의 역사를 생각하면 새삼스러울 것이 없다.

우리가 세계 어느 나라의 변태보다 일본의 변태를 더 많이 접할 수밖에 없는 것도 자신의 성적 취향을 굳이 숨길 필요가 없는 문화, 성을 사고파는 것을 부끄러워하지 않는 문화가 일본에 존재하기 때문이다.

그러니 초등학생들을 쫓아다니는 변태 아저씨의 모습이 언론에 노출되고, 캐릭터 여성과의 사랑을 당당하게 이야기하는 이상한 남자도 TV에 나오는 것이다.

'일본인은 변태가 많다'라는 인식이 개방적인 성 문화에 국한된 것이라면 우리의 생각은 문화의 차이에서 오는 오해일 수 있다.

그러나 현대 일본에 나타나고 있는 남녀 관계의 왜곡이라는 현상을 통해 일본의 성 문화를 들여다보면, 성에 관대하다는 것을 충분히 고려해도 이해하기 어려운 부분이 많다.

역사적으로 일본 사회는 교묘하고 의도적으로 여성을 2등 시민으로 규정해 왔다.[17] 1945년까지 여성은 법적으로 남편의 소유물이었고 지금도 여성을 상품처럼 소비하고 싶어 하는 사람이 실제로 많이 있다. 현대 일본의 로리콘과 모에 문화의 배경에는 여성을 물건처럼 사서 소유하고 싶어 하는 위험하고 비틀어진 욕망이 존재한다.

그리고 문화적으로 타인의 취향에 간섭하기를 꺼리는 성향이 있는 일본인은 '취향 존중'이라는 명목으로 정상적인 남녀 관계의 왜곡을 조장하고 범죄를 유발할 소지가 있는 이런 '변태'적 행동들을 묵과해 왔다. 잘못을 알고도 방관하는 사회 분위기는 더 다양한 '변태'적인 모습을 만들어 내고, 용인해주는 역할을 지속하고 있다.

그것이 우리가 별 어려움 없이 '변태 일본'의 다양한 모습을 곳곳에서 목격할 수 있는 이유이다.

---

17 메이지 시대의 민법 제14조~16조. 여성은 결혼하면 법률상 무능력자가 되어 중요한 법률 행위를 하기 위해서 남편의 허락이 필요했다. 금치산자와 같은 취급을 받았다. 또 결혼 후의 아내의 재산은 남편에게 귀속되었다.

일본인은
왜 고양이를 좋아할까?
위로가 필요한 일본인

일본은 전국 어디에서나 고양이를 만날 수 있는 독특한 나라이다.

주인 없는 고양이도 많고, 길이나 공원에서 길고양이에게 먹이를 주는 사람도 많다. 서점에 가면 고양이 사진집이 놓여있고, 인터넷에서는 고양이 동영상이 인기이다. 예능의 세계에서도 고양이는 인기가 많다. 영화, 드라마, 애니메이션, 만화, 잡지 할 것 없이 앞다투어 고양이를 다루고 있고, 2014년 10월에 출시된 핸드폰 게임 '고양이 모으기'는 바로 1,000만 다운로드를 기록했다.

고양이 관련 책이나 상품의 경제 효과가 막대해서 '네코노믹스[1]'란 조어도 생겼다.

일본인은 아기자기하고 귀여운 것을 좋아하니까 고양이를 좋아하는 것이 당연하다고 할 수 있지만, 최근의 고양이 붐은 일본에서도 화제가 되고 있다.

왜 일본인은 지금, 고양이에 매료되고 있을까?

일본인의 고양이 사랑은 무엇이 특별할까?

일본인의 고양이 사랑은 유별나다. 우선 거리에서 고양이가 많이 보인다. 주민보다 고양이가 많은 섬도 있고[2], 고양이 신사가 있는 곳도 있다.

서핑과 해수욕으로 유명한 관광지인 에노시마(江ノ島)는 고양이가 많은 것으로 유명하다. 고양이 대부분은 버려진 고양이로 관광객이 먹이를 주면서 늘어나기 시작해 현재는 1,000마리 이상 살고 있다고 알려

---

1 고양이를 뜻하는 일본어 '네코'와 경제학을 의미하는 '이코노믹스'의 합성어이다.
2 아이치 현의 아오시마(青島)에는 주민 15명과 고양이가 100마리가 살고 있다.

타시로지마의 고양이 신사　　　　　에노시마의 길고양이

져 있다.

　미야기 현의 타시로지마(田代島)는 고양이를 신으로 모시는 '고양이 신사'가 있는 곳으로, 지금은 고양이 섬이라 불린다.[3] 타시로지마의 고양이는 사람을 봐도 전혀 도망가려고 하지 않고 여유롭게 살고 있다.

　교토 부 나라 시의 중심지에는 '나라 마치(奈良町)'라고 불리는 지역이 있다. 옛날부터 고양이가 많이 사는 동네로, 고양이를 테마로 한 작품 전시회가 자주 열리면서 '냐라(야옹) 마치'로 불리게 되었다. 해마다 6월이면 '냐라 마치 고양이 축제'가 열린다.

　옛날 그대로의 상점이 남아 있는 도쿄의 '야나카 긴자'는 고양이를 좋아하는 사람들에게 인기 있는 가게가 많다. 고양이가 주인공인 소설의 무대가 된 작가 나쓰메 소세키의 집이 있는 곳으로도 유명하다.

　고양이 좋아하는 사람과 개를 좋아하는 사람은 다르다고 한다. 고양이를 좋아하는 사람은 어떤 고양이인가에 상관없이 고양이를 좋아하고, 개를 좋아하는 사람은 개의 종을 나눈다는 것이다.

3 타시로지마는 양잠업을 하던 곳이었다. 섬사람에게 고양이는 귀한 누에를 노리는 쥐를 퇴치해주는 소중한 경호원이며, 자신들의 생활을 지켜주는 신과 같은 존재였다.

일본의 거리에는 고양이가 많다. 고양이 축제가 열리는 곳도 있고, 고양이가 있는 곳은 어디나 사람으로 붐빈다.

그러고 보면 고양이를 좋아하는 사람은 덩치가 큰 고양이든, 다리가 짧은 고양이든 고양이면 다 귀여워한다. 또 고양이에 대해 열정적인 사람이 많다.

일본의 가게에서는 사람을 대신해 손님을 맞이하는 고양이를 만날 수 있다. '간판 고양이(간방 네코)'라고 불리는 고양이이다. '간판 고양이가 있는 온천', '간판 고양이가 있는 식당', '2016년 간판 고양이 랭킹' 등 간판 고양이 관련 검색어까지 인기이다.

그래서 일본의 고양이는 카페 직원이 되기도 하고, 역장이나 주재원으로 일하기도 한다. 물론 제복과 모자도 받는다. 고양이를 좋아하는 사람이 많다 보니 고양이도 일해서 돈을 버는 것이다.

오른쪽 사진은 2007년 와카야마 현 키시 역의 역장으로 정식 취임한 고양이 타마의 생전 모습이다. 역장 타마의 소식은 홈페이지와 SNS를 통해 일본 전역으로 퍼져 나갔고, '타마 효과'로 키시역의 승객은 17%나 증가했다. 타마의 연봉은 사료 1년분이었다고 한다.

고양이 역장 타마

일본에서는 거리를 돌아다니는 고양이가 자주 눈에 띈다. 외국인의 눈에는 사람들로 붐비는 도쿄 긴자 거리를 자유롭게 걷는 고양이의 모습이 신기해 보이기만 한다. 역 개찰구에서 태평하게 낮잠을 자는 고양이의 모습은 외국에서는 상상도 할 수 없는 일이다. 사람이 옆으로 지나가도 움직이지 않는 길고양이는 한국인의 눈에도 이상하다. 이렇게 일본인에게 고양이는 친근한 존재이다.

일본인의 고양이 사랑은 일본 애니메이션에도 잘 나타나 있다. 아이들이 좋아하는 '도라에몽'과 '헬로키티'는 고양이를 모델로 만든 캐릭터이고 「이웃집 토토로」에도 고양이 캐릭터가 등장한다. 최근에 화제가 된 「요괴 워치」에서 가장 인기가 있는 요괴도 고양이 캐릭터이다.

이런 일본의 고양이 캐릭터들은 세계로 퍼져나가 이미 세계 속의 일본 문화로 자리를 잡았다.

그리고 그 뒤를 이어 새로운 일본 문화로 알려진 것이 '고양이 카페(네코 카페)'이다.

'고양이 카페'는 가게 안에 고양이가 많이 있어 고객이 차를 마시면서 점원인 고양이와 만날 수 있는 찻집을 말한다.

현재 일본의 고양이 카페 수는 170군데 이상이다. 최근 세계 각지에 일본의 고양이 카페를 모방한 카페가 생기고 있지만, 일본의 고양이 카페는 다른 곳과 확실히 다르다.

일본의 고양이 카페는 애니메이션의 세계로 들어간 기분이 들게 한다

일본의 고양이 카페 특징은 고양이가 부수적인 해외의 캣 카페와 달리 고양이가 카페의 주체라는 것이다.

애니메이션의 세계로 들어간 것 같은 기분이 들게 하는 고양이 카페는 새로운 일본의 고양이 문화가 되어 일본을 방문하는 외국인이 즐겨 찾는 관광명소가 되었다. 이렇게 보니 일본인에게 고양이는 정말 특별한 존재인 것 같다.

그렇다면 일본인은 반려동물로서 개보다 고양이를 더 선호하는 것일까?

일본의 한 기관이 일본인과 외국인을 대상으로 벌인 의식조사를 보면 개보다 고양이를 좋아하는 일본인이 많은 것이 아니라, 외국인보다 고양이를 선호하는 사람이 많다는 것을 알 수 있다.

외국인   일본인

사육 수를 봐도 2015년 기준으로 고양이가 987만 4,000마리, 개가 991만 7,000마리로 개의 사육 수가 조금 더 많다.[4] 개를 키우는 사람이 매년 감소하고, 고양이를 키우는 사람이 조금씩 늘어나고 있지만, 이것은 고령화와 1인 가구가 증가하는 현대 사회에서 나타나는 일반적인 현상이라고 볼 수 있다.

그러니까 일본인이 고양이를 특별하게 생각하기는 하지만 고양이를 특히 더 많이 키우는 것은 아니라는 말이다.

그렇다면 '공전(空前)의 고양이 붐'이라고 화제가 되는 이유는 뭘까?

이것은 고양이가 불러일으키는 경제 효과 때문인데 2015년의 고양이 경제효과는 2조 3,000억 엔으로 도요타 자동차의 1년 수익과 비슷하다.[5] 2020년 도쿄 올림픽으로 기대되는 경제 효과가 2013년부터

73

4 2014년 자료조사, 일본 펫 푸드 협회.
5 每日新聞, 2016년 2월 23일.

7년간 3조 엔이라고 하니 2조 3,000억 엔이면 실로 어마어마한 금액이다.

인터넷에서 인기를 모았던 '우니'의 사진집. 2016년 1월 27일에 세상을 떠났지만 지금도 인기는 여전하다

일본에는 고양이에 관한 책이나 잡지가 정말 다양하고 고양이를 키우는 데 도움을 주는 정보지가 불티나게 팔린다. 서점에는 귀여운 고양이 사진이 잔뜩 들어있는 책을 진열한 고양이 전문 코너가 따로 마련되어 있다.

고양이 관련 상품을 취급하는 가게도 사람들로 늘 붐빈다. 고양이를 만나고 싶은 사람들을 위한 '고양이 카페' 같은 장소도 매년 증가하고 있고, 고양이를 만날 수 있는 공간은 언제나 인기가 있다. 그러니까 일본인은 '고양이' 관련 상품(책. 물건. 가게)에 돈 쓰기를 주저하지 않는다는 것이다.

일본인은 왜 고양이에 돈을 쓸까?

그렇다면 일본인은 왜 고양이 상품에 돈을 쓸까? 우선 사회학적 관점에서 현대 일본의 고양이 붐을 분석한 중국과 일본의 견해를 소개한다.

2015년 중국의 한 미디어가 '고양이가 일본인을 구한다?'라는 제목으로 고양이와 일본 사회의 관계에 대해 고찰하는 기사를 게재했다.[6]

기사는 우선 일본에 나타난 공전의 고양이 붐을 소개하고, 2015년경부터 일본인이 고양이에게 이전에 없던 '정열'을 쏟고 있는 것은 '일본인의 소망'이 나타나 있기 때문이라고 설명했다. 사회를 충성심과 복종이 나타나는 '개형 사회'와 개인주의가 나타나는 '고양이형 사회'로 나눌 수 있다고 전제하고, 일본은 에도 시대의 고양이형 사회에서 전쟁의 영향으로 개형 사회로 옮겨갔다가 요즘 들어 다시 고양이형 사회로 돌아가고 있다는 것이다.

이유는 종신 고용제도와 일본이 안전하다는 신화가 무너졌기 때문이며, 아직 완전히 개형 사회에서 벗어나지 못했기 때문에 자유를 찾아서 고양이를 귀여워한다는 주장이다.

한편 일본의 평론가 후루야 쓰네히라는 '고양이를 사랑하는 사회에는 의미가 있다'라는 관점에서 최근의 고양이 붐을 해석했다.

그는 2016년에 발간한 『히틀러는 왜 고양이를 싫어했을까』[7]에서 인류의 역사에는 '견성(犬性) 사회'와 '묘성(猫性) 사회'가 있다고 전제하고, 견성 사회는 개를 편애하고 개의 성질(충성, 순종, 복종, 상명하복의 종적 구조)을 미덕으로 하는 사회이며, 묘성 사회는 고양이를 편애하고 고양이의 성질(자유, 방임, 개인주의)을 미덕으로 하

『히틀러는 왜 고양이를 싫어했을까』

6 중국 포털사이트 騰訊網(QQ.com)에서 2015년 11월 2일에 작성되었고 2016년 5월 1일에 일본의 중국 관련 정보 포털 searchina.net에 소개되었다.

7 古谷経衡, 『ヒトラーはなぜ猫が嫌いだったのか』, コア新書, 2016년 4월.

는 사회라고 보았다.

저자가 생각하는 견성 사회의 상징적인 인물은 히틀러인데, 히틀러는 생애 대부분을 개와 함께 보냈고, 베를린 지하 방공호에서 자결할 때도 애견을 데리고 있었다.

히틀러는 '적자생존'을 지지해서 '열성인 유대인은 살 가치가 없다'라는 주장을 내세우고 유대인 박해와 홀로코스트[8]를 자행했다.

저자는 개를 늑대와 가장 가까운 존재이며 적자생존에서 살아남은 강한 것의 상징으로 보고, 히틀러가 자신의 사상을 상징하는 개를 사랑해 개의 선조인 늑대를 나치의 상징으로 삼았다고 주장한다. 그래서 나치 통합 하의 독일은 견성 사회라는 것이다. 그러면 일본은 어떻다는 말인가? 책의 내용을 정리하면 다음과 같다.

일본은 에도 시대부터 '묘성 사회'였지만, 태평양 전쟁 즈음부터 전쟁의 영향으로 '충성, 순종'을 중시하는 '견성 사회'로 변화해, 그 후 1995년경까지 계속 견성 사회를 유지해왔다.

전쟁 중에는 국가와 천황에 대한 복종이 요구되었고, 전후에는 그 대상이 기업으로 변했다. 전후 일본 사회에서는 국가라는 개념이 희박해져서 사람들은 기업(유사국가)에 집중하게 되었다. 애국심이라는 말을 기피하게 되고 애사심이라는 말을 만들었다.

그리고 지금은 애사심이라는 말도 잘 들리지 않는데, 그 이유는 연공서열과 종신 고용이 점차 사라지고 있기 때문이다. 이제 일본인은 의지할 곳을 잃고 있다. 그래서 현재 일본인이 '견성 사회'에서 '묘성 사회'로 회복하려는 흐름으로 변화하고 있는 것도 이상한 것은 아니다. 기업 전사(戰士)의 종언은

---

8 나치가 12년(1933~45)동안 자행한 대학살. 주요 대상은 유대인이었다.

일본인을 조직에서 자유롭게 하고 있다.

지금의 일본은 완전히 '견성 사회'에서 벗어난 것이 아니라, '사축(社畜)'이라는 말이 상징하듯 일본인 대부분이 아직 기업에 소속되어 생활을 간섭받고 있다. 그러나 일본인은 자유를 동경하고 끌리는 상태이며, 사회가 변하는 과도기라서 고양이 붐이 도래했다.

완전한 고양이 사회가 되어버리면 고양이 붐은 없어질 것이다.

중국 미디어의 분석도 일본의 저서도 그 내용은 별반 다르지 않다는 것을 알 수 있다. 요약하자면, '인간 사회는 충성, 순종, 복종을 중시하는 개형 사회와 자유를 중시하는 고양이형 사회로 나눌 수 있고, 일본은 에도 시대까지는 자유를 중시하는 고양이형 사회였다, 그래서 현재 일본에서 화제인 고양이 붐은 일본인의 고양이형 사회에 대한 동경과 복귀를 소망하는 마음이 만들어 낸 것이며 사회의 변환을 의미한다'라는 것이다.

그런데 여기서 의문이 생긴다. 사회를 개형과 고양이형으로 나눈다고 가정할 때, 과연 에도 시대가 고양이형 사회였다고 단언할 수 있을까?

경제력을 가진 상인들이 신분 제도로부터 다소 자유롭기는 했지만, 에도 시대는 어디까지나 철저한 피라미드형 신분 사회였다. 사회의 지배층인 무사의 미덕은 주지하는 바와 같이 충성과 절대복종이다.

젊은이가 개인의 자유를 중시하는 것은 일본에서만 나타나는 현상이 아니니, 지금도 일본은 무리를 이루고 리더의 명령에 따라 행동하는 개형 사회에 더 가깝다고 할 수 있다.

그러니까 일본은 에도 시대도 지금도 개형 사회이고, 앞으로도 그럴 가능성이 크다고 할 수 있을 것 같다.

　그렇다면 최근의 고양이 붐의 이유를 어디에서 찾아야 할까?

　일본인과 고양이의 관계를 통해 현대의 고양이 붐 현상에 대해 접근해 보고자 한다.

일본인은 언제부터 고양이를 특별하게 생각했을까?

고양이를 사랑한 우다 천황과 이치조 천황

　살펴본 것처럼 일본의 고양이 붐에는 일본에서만 볼 수 있는 독특한 양식이 존재했다. 그렇다면 이런 일본인의 특별한 고양이 사랑은 현대에 갑자기 나타난 현상인 것일까? 시대의 흐름을 따라가며 알아보자.

　고양이가 일본에 처음 들어온 것은 나라 시대 전후(710~794)로 추정되지만, 문헌 기록에 남아있는 고양이 제1호는 헤이안 시대(794~1185) 초기에 우다(宇多) 천황이 키웠던 당나라에서 들여온 검은 고양이였다.

천황의 일기 『칸뵤교기(寬平御記)』[9]에는 '나의 검은 고양이는 털빛이 아름답고 쥐도 잘 잡으며, 자는 모습은 구슬 같고, 걷는 모습은 구름 위를 걸어가는 용과 같다'라고 칭찬하는 말이 적혀있다.

우다 천황에 이어 고양이를 좋아했던 사람은 헤이안 시대 중기의 이치조(一条) 천황으로 키우는 고양이에게 '내명부의 귀부인'이라는 고귀한 이름과 작위를 수여하고 유모도 두었다고 한다.

당시의 수필『마쿠라노 소시(枕草子)』[10]에는 이치조 천황의 유별난 고양이 사랑이 기록되어 있는데, 개가 고양이에게 달려드는 장면을 목격한 천황이 유모에게 궁정 출입 금지를 내리고 개를 유배에 처하고, 고양이 돌잔치를 열어 가신들을 참석시킨 일화는 유명하다.

특별한 예이긴 하지만, 고양이는 최고급 수입품으로 귀족들 사이에서 귀하게 대접받고 있었던 것 같다.

헤이안 시대 귀족들은 이 소중한 고양이를 줄에 묶어 길렀는데, 당시의 소설『겐지 모노가타리(源氏物語)』[11]에는 사랑하면 안 되는 여인을 사랑하게 된 주인공이 여인 대신 고양이를 애지중지하는 이야기도 등장한다. 내용은 다음과 같다.

79

겐지는 나이가 어린 산노미야를 두 번째 정실로 맞이했다. 산노미야는 원래 겐지의 아들인 카시와기가 부인으로 맞아들이고 싶어 했던 사람이었다. 사모하던 사람을 아버지에게 빼앗기고 번뇌하던 카시와기는 고양이 목줄에

---

9 우다 천황의 일기. 총 10권이 있었다고 알려져 있지만 현존하는 것은 1권 뿐이다.

10 헤이안 시대 중기에 세이 쇼나곤(靑少納言)이 쓴 수필집으로, 일본 수필 문학의 대표작이다.

11 일본의 대표적인 문학 작품으로, 세계에서 가장 오래된 장편 소설이다. 지은이는 무라사키 시키부(紫式部)로 전 54첩으로 구성되어 있다.

걸려 발이 올라가는 바람에 방 안에 있던 산노미야의 모습을 보게 된다. 당시에는 귀족 여성이 남성에게 모습을 드러내는 일이 극히 드물었다. 산노미야를 직접 보게 된 카시와기는 연정이 불타올라 손에 닿지 않는 그녀 대신에 산노미야의 고양이를 손에 넣고 밤낮으로 보살핀다.

이후 무로마치 시대(1336~1573) 말기, 도요토미 히데요시(豊臣秀吉)가 목줄을 하지 말도록 명하기 전까지, 고양이의 역할은 쥐를 잡는 것이 아니었다. 히데요시도 고양이 애호가로 오사카 성에서 키우던 고양이가 사라졌을 때 가신을 총동원해 찾게 한 일화가 알려져 있다.[12]

에도 시대(1603~1868)가 되어서도 고양이는 귀한 애완동물이었다. 고양이 한 마리는 말 다섯 마리 가격이어서 누구나 고양이를 가질 수 있는 것은 아니었다. 그래서 사람들은 쥐를 잡는 부적으로 고양이 대신 그림을 사서 걸어두었고, 고양이 그림을 팔러 다니는 사람들도 나타났다.

에도 서민은 비싼 고양이 대신 고양이 족자를 방에 걸어 두었다.

옆의 그림은 에도 시대 서민의 집이다. 벽에 걸려있는 고양이 족자를 확인할 수 있다.

특히 양잠업이 발달한 지역에서 누에의 천적인 쥐를 잡는 고양이는 수호신에 가까운 존재였다. 고양이 신사로 유명한 타시로지마도 양잠업이 발달한 곳이었다.

80

---

12 도요토미 히데요시의 가신인 아사노 나가마사(浅野長政)의 편지에 고양이가 없어져 슬퍼한 히데요시의 이야기가 적혀있다.

고양이는 에도 시대에 수호신이 되었다. 사람들은 고양이 그림과 인형을 부적처럼 모셨다. 마네키 네코가 탄생한 것도 에도 시대였다.

일본의 가정에서 흔히 볼 수 있는 마네키 네코가 탄생한 것도 에도 시대였다.

사람들은 고양이를 소중하게 생각했고, 다양한 고양이 설화가 이 시기에 만들어졌다.

고양이가 사람의 모습을 하고 주인의 원수를 갚은 이야기를 듣고 사람들은 고양이에게 두려움을 느끼고, 고양이를 신격화하기 시작했다. 절에 걸어 둔 고양이 그림이 절을 지킨 '고양이 절(猫寺)', 고양이가 사람들을 병에서 구하는 '고양이 약사(猫薬師)' 등의 설화를 통해 고양이는 이제 '복을 가져다주는 신'이 되었다.

일본 각지에서 찾아볼 수 있는 고양이 신사와 고양이 절, 고양이 석상, 고양이 불상 등은 고양이를 신으로 경배했던 에도 시대 '묘신(猫神) 신앙'의 산물이다.

이후 고양이는 서민의 삶 속에서 '생활 속의 신'으로 존재했고, 사람들은 고양이 그림과 인형을 부적처럼 모셨다. 에도 시대 사람들의 고양이에 관한 관심은 지금의 고양이 붐을 연상시킬 정도였다.

82

우키요에의 대가 우카다와 구니요시는 실제로 열 마리가 넘는 고양이를 키운 애묘가로, 고양이를 제재로 한 다양한 우키요에를 속속 발표해, 에도 시대 고양이 붐의 발단을 만들었다.

고양이가 수호신이 되자 유명 화가들이 고양이 그림을 그리기 시작했는데, 그중에서도 우키요에(浮世絵)[13]의 대가 우타가와 구니요시(歌川国芳)[14]가 그린 고양이 그림이 인기가 높았다. 구니요시는 실제로 열 마리가 넘는 고양이를 키운 애묘가로, 고양이를 제재로 한 다양한 우키요에를 속속 발표해, 에도 시대 고양이 붐의 발단을 만들었다. 구니요시의 그림은 수백 장의 판화로 만들어 복제되어 집집마다 장식되었다.

에도 후기에 고양이 개체 수가 늘어나고 도시 서민도 고양이를 키우게 되자, 이번에는 다양한 고양이 괴담이 만들어졌다.

오래 키운 고양이는 요괴가 되고, 고양이 요괴가 사람에게 들러붙어 사람을 잡아먹는다는 '네코 마타(猫又)'[15]로 대표되는 고양이 괴담은 무서운 이야기를 즐기던 에도 사람들을 거쳐 전국으로 퍼져나갔다.

에도 시대 사람들은 복을 주는 설화를 통해 신이 된 고양이를 경배하는 한편, 고양이가 죽어서 인간에게 원한을 품는다는 고양이 괴담을 통해 고양이를 두려워하게 되었다.

도시 서민들 사이에서 유행했던 '담 겨루기'(무서운 이야기를 하며 밤을 보내는 오락)에도 고양이 괴담은 인기였고, 여인으로 변한 고양이 이야기는 당시 대중오락이었던 가부키 공연에도 등장했다.

심지어 고양이의 인생을 그린 소설도 등장했다. 사람들은 작가가 만들어내는 새로운 고양이 이야기에 열광했다.

이렇게 고양이는 에도 시대 일본인의 생활 속으로 깊이 들어가, 고

---

13 일본의 17세기에서 20세기 초, 에도 시대 사람들의 일상 생활이나 풍경, 풍물 등을 그려낸 풍속화.

14 1797년~1861년. 일본의 우키요에 화가.

15 '네코 마타'는 일본의 민간 전승이나 고전 괴담에 등장하는 고양이 요괴이다.

양이와 관련된 다양한 속설을 만들어 내었다.

'검은 고양이가 길을 가로질러 가면 재수가 없다', '죽은 고양이를 보고 불쌍하다고 말하면, 고양이의 영혼이 사람에게 달라붙는다', '고양이가 죽은 사람 방에 들어가면 죽는 사람이 일어난다', '고양이 털이 귀에 들어가면 미치광이가 된다', '아이와 나이가 같은 고양이를 얻으면 안 된다', '병자가 있는 집의 고양이가 죽으면 병자가 살아난다', '고양이가 아픈 곳을 핥으면 낫는다', '고양이 밥을 먹으면 밤에도 눈이 보인다', '고양이 꿈을 꾸면 돈이 들어온다', '바다에서는 고양이라는 단어를 말하면 안 된다' 등 지금도 일본 전국에는 수많은 미신이 존재한다.

고양이가 여인이 되어 남자를 유혹하는 이야기는 연극으로 공연될 정도로 인기가 있었다.

대중 작가였던 산도 쿄잔이 글을 쓰고, 우타가와 구니요시가 그림을 그린 『어스름달 고양이 이야기(朧月猫乃草紙)』는 가쓰오부시 도매상에서 키우던 고양이 토라 상과 야반도주한 암코양이 오코마의 일대기를 다룬 소설이다.

토라와 오코마는 집을 나와 어느 저택의 마루 밑에서 살게 되지만 토라가 개에게 쫓겨 실종되는 바람에 둘은 헤어지고 만다. 홀로 남겨진 오코마는 그 집의 아가씨가 거두어 애지중지하며 키우는데, 어느 날 너무 잘 먹어서 그랬는지 그만 오코마가 아가씨 무릎 위에 실례를 하고 집에서 쫓겨나게 된다.

또 고양이의 모습은 언어에서도 나타나는데, 일본어에는 고양이의 특징과 관련된 속담과 관용구가 많다.

이렇게 고양이는 에도 시대의 예술과 문화의 중심에 자리 잡고 일본인들에게 사랑받았으며, 그들의 삶 속에 존재하고 있었다.

고양이 눈	명암에 의해 확실하게 변하기 때문에, 사정이 급격히 변화한다는 뜻으로 사용
고양이 혀	고양이처럼 뜨거운 것을 못 먹는 것
고양이 이마	고양이 이마가 좁은 것에서 면적이 좁은 것을 나타냄
고양이도 주걱도	누구나
고양이 발	소리 내지 않고 걷는 것
고양이 털	고양이 털처럼 부드러운 머리카락
고양이 똥	악행을 숨기고 모른 척 하는 것. 고양이가 변을 숨기는 데서 유래
고양이 탈	본성을 숨기고 얌전한 척 하는 것
고양이에게 가쓰오부시	안심할 수 없는 상황
고양이에게	가치를 모르는 사람에게 고가의 물건을 주는 것은 소용없는 일
고양이 목에 방울 걸기	불가능한 일
고양이 새끼 한 마리도 없다	인적이 없는 것
고양이 새끼를 얻은 것 같다	너무 쉽게 인연을 맺는 것
고양이 손도 빌리고 싶다	너무 바쁘다는 비유
고양이도 되고 호랑이도 된다	때와 장소에 따라 부드럽기도 하고 용맹하기도 하다

일본어에는 고양이의 특징과 관련된 속담과 관용구가 많다.

일본 근대 문학자는 고양이를 사랑했다

메이지 시대의 일본은 서구화에 박차를 가하고, 서양의 과학 문명을 적극적으로 받아들여 미신 퇴치에 힘을 쏟았다. 그러나 시대 상황과 별개로, 고양이는 여전히 사람과 친근한 존재로 문학작품과 생활 속에 모습을 드러내고 있었다.

나쓰메 소세키

작가 나쓰메 소세키(夏目漱石)[16]의 소설 『나는 고양이로소이다』에 등장하는 주인공 '고양이'는 일본에서 가장 유명한 고양이가 되었다. 이 작품은 메이지라는 새로운 시대를 살아가게 된 사람들과 그들이 사는 사회를 고양이의 눈을 통해 통렬하게 풍자한다. 소세키 집에 들어온 검은 고양이가 모델이며, 소세키가 고양이의 사망 통지를 돌린 이야기는 유명하다.

소세키의 제자로 스승의 작품을 패러디한 『위작 나는 고양이로소이다』라는 작품을 남긴 수필가 우치다 핫켄(內田百閒)의 고양이 사랑도 유별났다. 자신의 집에서 살던 길고양이를 잃어버리고 찾아다니는 매일을 기록한 수필 『노라야』는 고양이를 그리워하는 작가의 상실감이 잘 나타난 작품이다. 줄거리는 이렇다.

정원으로 들어온 고양이에게 '노라(길고양이)'라는 이름을 지어주고 애

---

16 나쓰메 소세키(1867~1916)는 근대 일본의 모습에 대한 지식인의 고뇌를 명료하고 설득력있는 문장으로 그려낸 최초의 소설가였다. 『나는 고양이로소이다』, 『마음』 등의 작품으로 널리 알려져있다.

오사라기 지로는 고양이를
생애의 반려자로 생각하고,
다음 생에는 고양이로 태어
나기를 바란 애묘가였다.

항상 열다섯 마리 이상의 고
양이를 키우고 있었던 것으
로 유명하다.

오늘 아침도 어제부터 계속
해서 꿍꿍 앓았고, 눈물이
나와서 힘들다.

저녁이 다가오고 밤이 되면
잠깐 사이에 또 새롭게 눈
물이 나와 노라가 언제나
있었던 복도를 걷는 것만으
로 울고 싶어진다.

남자를 가지고 노는 나쁜 고
양이 리리와 리리에게 빠져
버린 쇼조, 그런 쇼조에게
끌리는 두 명의 여자.

고양이에게 휘둘리는 세 사람
의 모습이 재미있는 작품이다.

지중지 길렀는데, 어느 날 갑자기 고양이가 사라져 버렸다. 신문에 광
고도 내고 전단도 몇천 장이나 뿌리며 매일 찾아다녔지만 나타나지 않
았다. 작가는 고양이 걱정에 야위고 시력이 떨어져 가는 자신의 모습
을 기록으로 남겼다.

남녀 간의 사랑을 탐미적으로 그려내는 작가 다니자키 준이치로(谷
崎潤一郎)[17]도 고양이를 사랑해, 키우던 고양이가 죽자 박제를 해 항상
옆에 두었다는 일화가 남아 있다.

그의 작품 『고양이와 쇼조와 두 명의 여자』에서 쇼조가 키우는 고양
이인 리리에게 이야기하는 장면은 마치 사람과 대화를 나누는 것처럼

17 1886년~1965년. 에로티시즘을 특징으로 하는 작품들을 썼으며, 특히 문학 속에서 '영원한
여성'을 추구하는 작품세계를 보였다.

그려져 있다. 제목의 순서가 상하 관계 순서를 나타내는 것도 재미있다.

시대 소설 작가로 유명한 오사라기 지로우(大佛次郎, 1897~1973)는 저작집인 『고양이가 있는 날들』을 남겼다. 고양이를 테마로 한 수필, 소설, 동화를 수록한 고양이에 대한 애정이 넘치는 책이다.

추리 소설로 유명한 에도가와 란뽀(江戸川乱歩)[18]도 고양이를 사랑한 작가였다. '고양이처럼 미스테리한 작품을 적고 싶다'고 말한 란뽀의 작품 『검은 고양이』는 검은 고양이가 상징하는 죽음과 불안의 이미지를 떠올리게 하는 묘한 매력으로 넘치는 작품이다.

일본인이 사랑하는 시인 하기와라 사쿠타로(萩原朔太郎)[19]도 '고양이'라는 제목의 시를 남겼다.

새까만 고양이가 두 마리

괴로운 밤 지붕 위에서

바싹 세운 꼬리 끝에

실 같은 초승달이 희미하게 걸려있다

『야옹, 안녕』

『야옹, 안녕』

『응애, 응애, 응애』

『야아옹, 이 집 주인은 병들었네요』

---

18 1894년~1965년. 근대 일본 추리소설의 선구자이다. 필명인 에도가와 란포는 에드거 앨런 포를 본뜬 것이다.
19 1886년~1942년. 일본 근대시의 아버지라고 불린다.

지붕 위에서 이야기를 나누는 고양이는 도시라는 현대적 환경 속에 사는 문명인을 '병' 들었다고 말한다. 『나는 고양이로소이다』처럼 시속의 고양이는 인간을 풍자하는 존재이다.

하기와라 사쿠타로의 두 번째 시집 제목은 『푸른 고양이』로, 그는 '이 큰 도시의 밤에 잠을 잘 수 있는 것은 단 한 마리의 푸른 고양이 덕분이다'라고 노래했다.

이처럼 근대가 되고 난 이후에도 고양이는 여전히 일본인에게 사랑받는 존재였다.

고양이 붐은 처음이 아니었다

앞에서 살펴본 것처럼 일본인은 원래 고양이를 경외하는 문화를 가지고 있었다. 길고양이를 보살피는 것은 '묘신 신앙'을 가지고 있었던 일본인으로서는 당연한 행동이다. 키시 역장 타마는 죽은 후 신으로 받들어지고 타마를 신으로 섬기는 신사도 생겼다. 이것도 일본인에게는 전혀 이상한 일이 아니다.

최근에 화제가 되는 일본의 고양이 붐은 고양이가 일본에 들어온 이후부터 이어져 온 일본인과 고양이의 특별한 관계의 연장선 위에 있는 현상으로 이해할 수 있다.

그렇다면 21세기를 사는 일본인은 고양이에게 무엇을 바라고 있는 것일까? 에도 시대 사람들처럼 고양이 캐릭터나 고양이를 가까이에 두면 '복'을 받을 수 있다고 생각하는 것일까?

그런데 일본에서 고양이가 화제의 중심에 선 것은 최근 사례가 처음이 아니었다.

1981년의 '나메 네코', 2007년의 '네코 나베'가 나왔을 때도 고양이 붐이라고 화제가 되었다.

1981년 '나메 네코'
포스터 600만 장, 브로마이드 1,200만 장이 팔렸고
500종 이상의 캐릭터 상품 출시

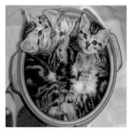

2007년 '네코 나베'
뚝배기 안에 들어간 고양이 수에 따라
'보통', '곱빼기', '특대', '격(激)대'로 표현했다

'나메 네코'는 폭주족 의상을 입은 고양이 캐릭터로 포스터가 600만 장, 브로마이드가 1,200만 장이나 팔렸다.

붐이 절정일 때는 '나메 네코 면허증'을 제시하는 교통 법규 위반자 때문에 경찰이 제조 회사에 클레임을 거는 등의 사회 현상도 나타났다. 문구, 사진집, 레코드, 게임 등 500종 이상의 캐릭터 상품이 발매되었다. '나메 네코'는 2006년 폭주족 방지 캠페인의 캐릭터로 사용되었고 지금도 여전히 다양한 단체의 캠페인 캐릭터로 사랑받고 있다.

2007년의 '네코 나베'는 뚝배기 속에서 몸을 둥글게 말고 자고있는 고양이의 모습을 촬영한 동영상 콘텐츠이다. 강변에 버려진 고양이 네 마리를 키우면서 촬영한 것으로 동영상에 많은 댓글이 달리면서 화제가 되었다. 2007년 NHK의 프로그램에서 다룬 것을 계기로, 신문과 주간지에도 소개되었고, DVD와 사진집이 발매되고 주제곡도 제작되었다.

그리고 최근의 고양이 붐은 2010년에 시작되었다.

그렇다면 고양이 붐이 일어났던 1981년과 2007년, 2010년에 어떤 공통점이 있기라도 한 것일까?

아래의 원유 가격 변동표를 보면 원유 가격 인상으로 일본에서 경기 침체가 예상되는 해에 고양이에 관한 관심이 높아졌다는 것을 알

1981~2012 원유가격(United States Department of **Energy** 자료)

수 있다.

1981년은 제2차 석유파동의 영향으로 내수가 늘어나지 않아 전후 처음으로 경기 대책이 시행되고, 수출도 감소한 시기였다. 2007년은 어떤가? 일본에서는 사라져 버린 연금이 사회 문제가 되었고,[20] 미국의 '서브 프라임 모기지 론' 때문에 세계 경제가 요동쳤던 해이다.

그리고 고양이 역장 타마로 화제를 모았던 2010년은 100년에 한 번 오는 경제 위기라는 보도와 경기 전망이 계속되던 해였다.

공교롭게 경제적인 위기로 사회 분위기가 침체하고 불안감이 쌓여 갈 때마다 이전에 없던 고양이 붐이 찾아온 것을 알 수 있다.

그렇다면 정말 현대의 일본인은 신기한 힘을 가진 고양이를 본능적으로 의지하는 것일까? 과학이 발달한 현대 사회를 사는 일본인이 여전히 고양이의 신통력을 믿고 있다는 말인가?

일본인은 고양이에게 무엇을 구하고 있을까?

일본 역사를 보면 고양이는 일본인에게 번영과 평안을 보장해주는 신과 같은 존재였다. 고양이는 일본의 예술과 문화의 중심에 자리 잡

---

20 2007년 2월, 국회의 사회보험 개혁 법안 심의 중에 컴퓨터에 입력된 연금 기록에 문제가 있는 것이 밝혀져 사회 문제가 되었다.

신사와 고양이 카페 / 위안을 주는 장소　　　고양이가 있는 공간 / 위로의 공간

고 일본인에게 사랑받았으며, 그들의 삶 속에 존재하고 있었다.

사람들은 세상이 어지러울 때 종교에 의지하거나 점 집을 찾아다닌다. 딱히 종교의 힘이나 점의 예지력을 믿는 것은 아니지만, 찰나의 위안을 얻는 것으로 만족한다.

현대의 일본인에게 고양이가 그런 존재인 것은 아닐까?

에도 시대 사람들이 고양이 '부적'을 집에 걸어두고 안심한 것처럼 현대 일본인들은 고양이 관련 상품을 보면서 마음의 위안을 찾고 있는 것이 아닐까?

신사에 가면 마음이 정화되는 것처럼 일본인들은 고양이가 있는 가게에서 잠시나마 평화로움을 느낀다고 한다. 일본의 고양이 카페가 철저하게 이질적인 느낌을 주는 공간으로 꾸며진 이유도 여기서 찾을 수 있을 것 같다. 토토로나 도라에몽의 세계처럼 고양이가 있는 공간은 인간 세계에서 동떨어진 위로받을 수 있는 공간이다.

사실 일본은 사람과의 관계에 배려가 많이 필요한 나라이다. 상대의 기분을 미리 알아주고 맞춰주는 것은 사회적 예의이기도 하다.

그래서 사람과의 관계에 스트레스를 느끼는 일본인이 많다. 사회 문제가 되는 이지메와 히키코모리도 사람과의 관계가 원인이다.

그런데 앞에서 확인한 것처럼 일본 문학 작품 속에서 고양이는 사람처럼 그려지고 있었다. 고양이가 일본에 들어온 이래, 일본인은 고양이를 사랑하는 사람 대신으로 생각하기도 하고, 인간의 모든 것을 꿰뚫어 보는 존재로 그려내기도 했다.

고양이는 일본인에게 '사람'을 대신하는 역할을 하는 것일까? 사람처럼 행동하는 고양이의 사진과 동영상은 항상 일본인의 관심을 끈다.

그러고 보니 타인과의 일정한 거리감을 편하게 생각하고, 조용하고 속을 알 수 없는 일본인의 모습은 고양이를 닮은 것 같기도 하다.

영화 속에서 고양이는 사람을 대신해
'관계'와 '소통'의 역할을 하고 있다.

일본 영화에 등장하는 외로운 사람들(혼자된 노인, 혼자 사는 청년, 히키코모리, 이지메 당한 아이)이 고양이를 안고 있는 모습은 무엇을 의미하는 것일까?

고양이를 사람이라고 생각하고, 고양이에게 자신의 이야기를 들려주는 일본인, 어쩌면 일본의 고양이는 사람을 대신해 '관계'와 '소통'의 역할을 하고 있는 것은 아닐까?

재미있는 것은 영화 밖에서도 일본의 고양이는 관계와 소통의 역할을 하고 있다는 것이다.

고양이 붐이 지속하고 있는 가운데 고양이를 이용한 독특한 상품, '고양이 미팅'과 '고양이가 딸린 집'이 등장했다.

'고양이가 딸린 방'
집을 임대하면 그 집에 사는 고양이와
같이 생활할 수 있는 집이다.

'고양이 미팅'
고양이를 좋아하는 남녀가
고양이 카페에서 만나는 것이다.

'고양이 미팅'은 고양이를 좋아하는 남녀가 고양이 카페에서 만나는 것이다. 어색한 분위기를 고양이가 없애주고 사랑의 메신저가 되어 준다.

'고양이가 딸린 방'은 집을 임대하면 그 집에 사는 고양이와 같이 생활할 수 있는 집이다. 고양이와 같이 살고 싶은 사람을 위해 고양이까지 제공해 주는 서비스이다. 고양이의 입장에서 보면 자신의 집에 동거인이 들어오는 셈이다.

마음이 불안하고 외로운 일본인은 고양이에게 위로를 구하고, 고양이와 관계를 맺으며 소통하고자 한다.

일본의 고양이 붐은 일본인과 고양이의 독특한 관계에서 오는 고양이가 가지고 있는 어떤 능력, 그러니까 '위안'과 '소통'이 필요할 때 일어나는 현상인 것을 알 수 있다.

그래서 지금 인간관계에 힘들어하는 사람과 확실한 미래를 보장받지 못한 젊은 세대가 고양이에게 빠져들고 있다. 이들은 본인의 얼굴 대신 고양이 사진을 인스타그램이나 페이스북의 자기소개에 올리기도

하고, 다양한 고양이 상품과 사진, 동영상에 대한 정보를 공유하고 퍼 트린다. 심지어는 사람이 아닌 진짜 고양이가 되고 싶어 하기도 한다.

다음 페이지의 사진은 '진짜 고양이 머리'라는 상품을 쓰고, 사람이 아닌 큰 고양이가 되어 거리를 걷는 젊은이의 모습이다. 우리 눈에는 이상해 보이지만 일본인은 이 사진에 반응하고 즐거워한다.

문화는 사람이 주어진 환경에서 잘 적응하며 살기 위해 만들어 내는 모든 것이다. 사람은 잘 살기 위해 문화를 지키고 또 다음 세대에게 물려준다.

현대 일본의 고양이 붐은 일본 사회와 그 속에 사는 사람들이 안고 있는 불안과 고독이 만들어 낸 문화 현상이라 할 수 있다.

Lucky cats

 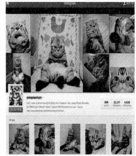 

2장

혼자가 좋은

일본인

일본인은 왜 애매하게 말할까?

언어표현으로 본 일본문화

    한 국가의 언어에는 그 언어를 말하며 생활하는 사람들의 문화가 반영되어 있다. 그래서 커뮤니케이션을 할 때의 언어 습관과 행동은 그가 속한 문화의 영향을 받는다. 일본어도 예외가 아니어서 일본어를 통해 일본인의 독특한 사고와 커뮤니케이션 방법을 알 수 있다.

일본인이 자신의 감정이나 의견을 분명하게 표현하지 않는 것은 널리 알려진 사실이다. 이렇게도 저렇게도 해석할 수 있는 애매한 표현을 즐겨 사용하고 직접적인 표현보다는 간접적이고 완곡한 표현을 선호한다. 또 가장 중요한 부분을 말하지 않고 생략해버리기도 한다. 일본인에게는 일상적이고 당연한 언어 습관이지만 당황할 때가 많다.

그래서 우리는 '일본인들은 진심을 말하지 않으니 믿을 수 없다', '속을 털어놓지 않으니 친해지기 어렵다'고 생각한다.

일본인은 왜 확실하게 자기 생각을 말하지 않는 것일까? 일본인의 언어 표현의 특징을 통해 일본 문화에 접근해 보자.

말하지 않는 것이 멋있다

일본어를 모르는 사람도 '사요나라'라는 말은 알 것이다. 헤어질 때 사용하는 말이지만 사실 '사요나라'에는 이별의 의미가 없다. 이 말은 원래 접속사로 '그렇다면', '그러면'이라는 뜻이다. 이별의 인사라면 뒤에 '이만 가겠습니다'라든지 '안녕히 가세요'라는 말이 더 있어야 하지만, 생략해 버린다.

'곤니치와', '곤방와' 같은 인사말도 마찬가지다. '곤니치와'는 '오늘은', '곤방와'는 '오늘 밤은'이라는 뜻이다.

고마울 때, 미안할 때, 곤란할 때, 반가울 때 많이 사용하는 '도우모'라는 단어가 있다.

일본인은 다양한 장면에서 확실한 의사 표현을 위해 '도우모'를 사용하지만, 정작 중요한 말은 생략하고 있으니 애매한 인상을 준다. 일본에는 이런 식의 말이 많다.

일본인이 자기주장을 하지 않는다는 말을 듣는 것도 어쩌면 함축과 여운을 겸손한 표현이라고 생각하는 언어 습관과 무관하지 않을 수 있다.

일본에는 말에 영적인 힘이 있다고 믿는 언령(言霊) 문화가 존재한다.

'도우모'의 의미 (『広辞苑』)
①(부정의 말을 동반) 아무리 해도.
②원인. 이유가 확실하지 않은 뜻.
어쩐지. 아무래도.
③놀라거나 곤란한 기분을 나타낸다. 정말. 참.
④감사나 사죄의 기분을 나타내는 말에 붙어 뜻을 강조한다. 뒷부분은 생략해서 감동적으로 사용하고 편한 인사말로도 사용한다.

말에는 영혼이 있어 입 밖으로 내면 그대로 이루어져 버린다고 믿기 때문에 중요한 말일수록 쉽게 입 밖으로 끄집어내지 않는다.

『만요슈(万葉集)』[1]의 가인(歌人) 가키노모토노 히토마로(柿本人麻呂)[2]는 일본은 언령이 도와주는 나라여서 좋은 말을 하면 좋은 일이 생기지만 뭐든지 다 말을 해서는 안 된다고 노래했다. 일본인은 이렇게 아주 오래전부터 말은 가능한 한 조심해서 사용해야 하며, 특별한 상황이 아니라면 연인의 이름도 마음속에 숨기지 않으면 안 된다고 생각해 왔다.

---

1 나라 시대 말기(759년경)에 편찬된, 일본에서 가장 오래된 가집. 조메이(舒明) 천황(재위 629~641) 시대부터 나라 시대 말기까지 약 150년 동안 천황에서 일반 백성에 이르기까지 다양한 사람들의 시(와카)와 그 이전부터 전승되어 온 약간의 시 등을 포함해 약 4,500수가 수록되어 있다.

2 가인. 『만요슈』 제일의 서정 가인이라 평해진다. 생몰년 미상.

그래서 '분명하게 말하지 않는 것이 멋있다(言わぬが花)', '타인에게 숨기지 않으면 감동도 없다(秘すれば花)'고 생각한다. 확실히 말하지 않는 것이 더 멋진 일이니 에둘러서 표현하거나 비유해서 표현하는 것을 선호한다.

예를 들어 업무상 거절을 해야 할 때 '선처하겠습니다', '긍정적으로 검토하겠습니다'라는 말로 표현하는 경우가 많다. 1969년의 미일 수뇌 회담에서 사토 에이사쿠 총리의 '선처하겠습니다'라는 말을 통역이 'I will do my best'로 번역해 양국 관계가 악화된 일화는 유명하다.[3]

여성들이 사용하는 말에 '모지 고토바(文字詞)'라는 것이 있다. 단어의 어미(語尾)에 문자를 의미하는 '모지(文字)'라는 말을 붙여 직접적으로 표현하지 않고 완곡하게 표현하는 방법이다.

주로 의식주에 관련되는 말들에 사용하는데, 예를 들면 목욕탕에 들어갈 때 입는 속옷을 '유모지(湯文字)'라고 하고, 밥주걱을 '샤모지(杓文字)', 배가 고픈 것을 '히모지(ひ文字)'라고 말하는 식이다. 얼버무려 말하는 것은 더 품위 있는 표현 방법이기도 하다

또 사용하기를 꺼리는 말, 즉 '이미 고토바(忌み言葉)'가 지금도 존재한다.

일본에서 가장 오래된 가집(歌集)인 『만요슈(万葉集)』에는 죽은 이를 애도하는 만가(挽歌)라는 장르가 있지만, 죽음을 읊은 시에 '죽다'라는 단어는 한 번도 사용되지 않았다. '죽다'라는 직접적인 말 대신에 '숨다', '지나가다', '지다'라는 말로 에둘러서 표현하고 있다.

결혼식에서는 '자르다', '헤어지다', '끝나다'라는 말은 절대 사용하지

---

3 朝日新聞『天声人語』, 2017년 4월 17일.

않는다. 그래서 피로연을 끝낼 때도 마친다는 표현 대신 시작한다는 뜻을 가진 '오히라키니 스루(お開きにする)'라는 말을 한다. 웨딩 케이크를 자를 때도 자른다는 표현 대신 넣는다는 뜻으로 '뉴토(入刀)'라고 한다.

구체적으로 물어보는 것도 확실하게 말하는 것도 상대에게 예의가 아니기 때문에, "누가 돌아가셨습니까"라는 말 대신 "경황없으신 일이라도"라는 표현을 사용한다.

헤어질 때 확실히 이별을 말하는 것을 꺼려서 '그러면'이라고 말하고, 입밖으로 표현할 수 없는 이별의 아쉬움을 상대가 알아차려 주기를 기대하는 것, 이것이 일본의 언어 문화이다.

일본인은 속과 겉이 다르다?

'일본인은 속과 겉이 다르다'고 생각하는 사람들은 일본어의 '혼네(本音)'와 '다테마에(建前)'를 예를 들어 이야기한다.

'혼네'는 어떤 일에 대한 본심에서 우러나온 말이며, '다테마에'는 상대와의 관계를 고려해 겉으로 표현하는 말을 의미한다.

'혼네'는 절대 입 밖에 내서는 안 되는 의견이고, 다테마에는 입 밖에 낼 수 있는 의견이라는 정의도 있다. 그래서 '혼네'를 '본심'이라고 생각해 버리면 일본인은 본심을 드러내지 않으니 이중적이라고 볼 수 있다.

일본인의 '혼네'란 도대체 무엇일까? 당신은 다음과 같이 말하는 일본인의 '혼네'를 짐작할 수 있는가?

"아프지 않아서 괜찮아요", 한국인이라면 이 말을 한 사람이 아프지 않다고 생각하겠지만, 일본인은 '좀 아프긴 하지만, 참을 만하다. 걱정을 끼쳐 미안하다'라는 이야기를 하고 있는 것이다.

이렇게 일본인의 '혼네'와 '다테마에'는 다르다. 그렇다면 일본인은 왜 '다테마에'를 사용할까?

일본인에게 물어보면 자신들은 전통적으로 상대를 배려하는 마음을 소중히 생각하기 때문에 상대에게 상처를 주는 직접적인 표현보다

다테마에	혼네
아프지 않아서 괜찮아요.	좀 아프지만 참을만 해요.
곧 끝나니까 기다리고 있어요.	바빠 보일 때는 그냥 좀 기다려요.
언젠가 기회가 있다면 또 이야기해요.	만날 기회가 있으면 다음에이야기하겠지만, 이제 못 만날지도 몰라요.
다음에 같이 가면 좋겠어요.	갈 기회가 있으면 가겠지만, 바빠서 못 갈 것같아요.
언젠가 데이트 하고 싶어요	당신이 싫지는 않지만, 데이트할 만큼 좋지는 않아요.
좋네요. 모두 같이 가요.	모두가 '가고 싶다'고 하면, 같이 가요.
다음에 또 불러줘.	부담스럽지 않을 정도로 전화해줘요. 예정이 있을 때만 갈 수 있어요.
'시간 있을 때', '다음에', '조만간'.	지금은 하고 싶지 않아요.

애매한 표현이나 돌려 말하는 방법으로 소통하는 것이라고 대답한다.

자신이 느낀 것을 그대로 말하는 '혼네'보다 주변을 배려한 완곡한 표현인 '다테마에'를 더 선호한다는 것이다. 싫으면 싫다, 좋으면 좋다고 딱 부러지게 말하기를 좋아하는 우리와는 다르다.

그렇다면 그들은 '다테마에'를 듣고도 상대가 말하고자 하는 '혼네'를 알아차릴 수 있다는 말인가?

일본인은 자기가 생각하고 있는 것을 명확히 말하지 않아도 상대가 이쪽의 진의를 알아줄 것을 기대하고 그것을 전제로 하면서 대화를 진행한다.

'알아차리는 문화(察しの文化)'라고 불리는 일본의 커뮤니케이션 방법이다. 그러니 상대가 말하는 의도를 알아차리지 못하면 좋은 관계를 만들어 나갈 수 없다.

'알아차리는 문화'의 예를 들어보자.

"무서운 영화는 싫어하나요?"라는 질문을 받았을 때, 이 질문의 의도를 좋아하느냐, 싫어하느냐 하는 문제로 이해하면 "예, 싫어해요"라고 대답할 가능성이 있다.

그러나 일본인이 말하는 이런 종류의 질문은 '좋아하는지 확인해 보고 적어도 싫어하지 않으면 같이 보러 가고 싶다'라는 의도로 나온 경우가 대부분이다. 그래서 '싫어한다'라는 단정적인 즉답은 '권유에 대한 거절'로 받아들여진다. '권유를 거절하고 싶다'든지 '나에게 권하지 않았으면 좋겠다'는 경우에는 싫어한다고 말해도 되지만 만일 상대와 좋은 관계를 맺고 싶어 한다면 당신은 큰 실수를 한 것이다.

이렇게 직접적인 '거절'은 곧 '관계의 거부'를 의미하기 때문에 그들은 거절당하는 것을 아주 두려워하고, 또 큰 상처를 받는다.

일본인과의 관계에서 아무 이유도 없이 두 번 계속해서 거절하면 세 번째는 없다. 그 사람과의 인간관계는 그것으로 끊어져 버리는 것이 보통이다.

일본인이 '혼네'가 아닌 '다테마에'로 이야기하는 것은, 직접 말하지 않아도 '알아차리는 문화'와 상대를 배려하는 언어 표현 때문이다.

사람과 사람의 관계에도 안과 밖이 존재한다

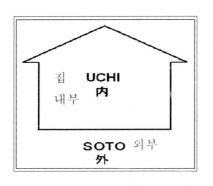

일본어는 말하는 사람과 듣는 사람의 인간관계가 어휘 선택에 영향을 끼치기 때문에 대화를 나누는 상대에 따라 언어 표현을 구분해서 쓰지 않으면 안 된다.

나이와 지위에 따라 경어를 사용하는 것은 우리와 별반 다르지 않지만, 자신과의 정신적인 거리에 따라 인간관계를 내(内) 집단인 '우치'와 외(外) 집단인 '소토'로 나누는 것은 일본 특유의 것이다.

우치(內)와 소토(外)

그렇다면 일본인의 '우치'와 '소토'란 무엇일까?

문자 그대로 '우치'는 집, 내부를 의미하고 '소토'는 외부를 의미한다.

일본인은 이 개념을 가지고 사람을 안과 밖의 두 집단으로 구분한다.

'우치'와 '소토'의 경계는 명확하지 않지만, 주로 자기 집, 마을, 회사, 그룹 등이 '우치'에 해당하고 그 외의 범위나 집단은 '소토'로 구분한다.

일본인은 그때그때 자신이 놓인 환경과 상황에 따라 '우치'와 '소토'를 나누어 언어 표현을 한다. 그들에게는 상대가 나에게 어떤 존재인지, 상대에게 내가 어떤 존재인가가 매우 중요하다.

상대를 모른다는 것은 상대와 자신과의 관계를 결정할 수 없는 것을 의미한다. 일본인이 모르는 사람, 특히 외국인이 말을 걸 때 도망가거나 위축된 태도를 보이는 것은 자기를 규정할 수 없는 상황에 심리적으로 부담을 느끼기 때문이기도 하다.

일본어 회화의 기본 룰은 '소토'의 사람에게는 정중한 말을 사용하는 것이다. 만약 당신이 '소토'의 사람과 대화를 나눈다면, 상대를 존중하는 경어를 사용하고 겸손하게 행동해야 한다.

뉴스 진행자가 '어제 체포된 범인으로 보이는 분께서는'이라는 어처구니없는 말실수를 하는 것도 범인을 '소토'의 사람으로 인식했기 때문이다.[4]

이런 전통은 일본의 비즈니스 문화에 그대로 적용된다. 고객과 관광객은 전부 '소토'의 사람이니 자신을 낮추고 철저하게 존중한다.

---

4 2016년 5월 23일자 NHK 「뉴스 워치 9」.

'혼네'와 '다테마에'의 구별이 있는 일본 사회에서 이런 '우치'와 '소토'의 관계는 더욱 확실한 형태로 나타난다. 일본인은 '우치'에 속한 사람들에게 일체감을 느끼고 동료의식을 가지는데, '우치'를 자기와 관계 있는 공간이며, 서로 연결된 공간으로 인식하기 때문이다. 그래서 '우치'에 속하는 사람들은 서로 무리한 것을 요구하기도 하고, 상대방의 호의를 기대하기도 한다.

이렇게 일본인은 사람을 '우치'와 '소토'의 집단으로 나누고, 상대에 따라 언어나 태도를 당연히 바꾸어야 한다고 여긴다.

'우치'의 사람에게는 자유롭게 말하고 '소토'의 사람에게는 언동을 자제하는 것을 위선이나 모순으로 생각하지 않는다. 오히려 '우치'와 '소토'의 경계가 없는 사람을 상식이 없다고 생각해 싫어한다.

엔료(遠慮)와 아마에(甘え)

'소토'의 사람에게 언동을 자제하는 것을 '엔료'라고 한다.

'엔료'의 사전적 정의는 '사정과 상황을 고려해 그만두는 것, 사퇴하는 것, 타인에 대해 언동을 자제하는 것'이다.

'엔료'의 유무는 인간관계의 기준이 된다. 자신과의 친밀도가 높으면 '엔료'가 적어지고, 낮으면 낮을수록 '엔료'의 빈도는 늘어난다.

이렇게 일본인은 무의식중에 상대와의 거리를 잰다. 상대와의 거리를 잘 유지해서 다투지 않는 것을 미덕으로 생각하기 때문에 적극적으로 자신의 진짜 모습을 보여주려고 하지 않는다.

우리가 일본인은 친해지기 어렵고, 일본인들끼리의 대화도 상대에 맞추기만 할 뿐 알맹이가 없다고 생각하는 것은 이 때문이다.

『아마에의 구조』

'엔료'와 상반된 태도를 '아마에'라고 하는데, '어리광, 응석'으로 해석된다. 우리도 '응석'이란 말을 사용하지만, 일본의 '아마에'는 사회에서 극히 관용적으로 받아들여지고 있다는 것이 특징이다.

'아마에'란 용어를 처음 사용한 것은 정신분석학자인 도이 다케오(土居健郞)이다.[5]

도이는 『아마에의 구조』라는 책에서 일본어의 독특한 표현인 '아마에'라는 단어가 일본인의 사고의 특성을 담고 있다고 주장하고, 일본에서 이상적인 인간관계는 편하게 응석을 부릴 수 있는 모자(母子) 관계이며, 그 이외의 인간관계는 이것을 기준으로 판단된다고 보았다. 어떤 인간관계의 성질이 모자 관계처럼 되면 두 사람의 관계는 깊어지고, 그렇지 않으면 관계가 소원하다는 것이다.

그렇다면 '아마에'는 어떤 식으로 이루어질까?

상대에게 응석을 부리는 행위는 일본인의 일상적인 커뮤니케이션 속에서 무의식적으로 행해진다. 전통적인 일본인 부부의 일상을 예로 들어보자.

남편이 귀가하면 목욕물이 준비되어 있고, 씻고 나오면 식탁 위에

111

---

5 土居健郞, 『甘えの構造』, 弘文堂, 2001년.

는 찬 맥주가 올려져 있다. 맥주 캔을 비울 즈음에 기막힌 타이밍으로 아내가 밥을 차린다. 또 저녁을 다 먹을 즈음에 바로 차가 준비된다. 이것이 전형적인 가정의 모습이다. 전업주부인 아내는 남편이 아무 말 하지 않아도 모든 것을 준비해 둔다. 말로 하지 않아도 자신의 의중을 상대가 알아서 이해해줄 것이라 기대하는 것, 이것이 일본인의 '아마에'이다.

그런데 '아마에(응석)'가 성립하기 위해서는 자신의 주변에 부모를 비롯한 자기 이외의 타인과 사회 집단이 존재해야만 된다.

일본인은 '아마에'가 가능한 사람(사회)을 '우치'로 인식한다. '우치'는 어머니와 자식 사이처럼 '엔료'를 할 필요가 없는 관계이다. '우치'의 범위는 가족부터, 자기가 속한 단체, 학교, 회사가 될 수 있고, 국가도 '우치'가 될 수 있다.

이런 '아마에'의 문화는 일본 사회 전반에 광범위하게 적용되며, 일본인의 집단의식을 형성하는 심리가 되기도 한다. 일본인이 국가나 회사가 무리한 요구를 해도 받아들이는 이유는 '아마에'가 가능한 '우치'의 요구이기 때문이다.

일본의 애니메이션에도 일본 특유의 '아마에'의 문화는 나타난다.

우리나라에서도 유명한 도라에몽은 일본인이라면 누구나 좋아하는 애니메이션이다. 그런데 일본인은 우리와 달리 도라에몽이 아니라 민폐 캐릭터인 진구를 주인공으로 생각한다. 도라에몽에게 징징거리는 진구는 일본인에게는 부러운 대상이다. 진구가 도와달라고 응석을 부릴 수 있는 것은 도라에몽이 자신의 마음을 알아주는 존재라는 확신이 있기 때문이다.

'어른도 응석을 부리고 싶어 해', 일본인이 공감하는 도라에몽의 명

대사이다.

일본인은 '소토'의 사람에게 자신의 감정을 자제(엔료)하는 것을 미덕이라고 생각한다. 그래서 안심하고 응석(아마에)을 부릴 수 있는 '우치'의 존재는 더욱 중요한 의미를 가진다.

도라에몽의 한 장면을 소개한다.
'아빠도 어리광쟁이'라는 에피소드이다.
어느 날 진구가 엄마에게 잘못한 일이 있어 좋아하는 포도를 먹지 못하자 도라에몽이 그것을 냉큼 먹어버린다. 속상한 진구는 바깥으로 뛰쳐나가고 걱정이 된 엄마는 그 뒤를 따른다.
포도를 다 먹은 도라에몽이 따라가 보니 진구가 엄마의 무릎에 엎드려 펑펑 울고 있다. 나중에 놀리는 도라에몽에게 진구는 말한다.
"가끔 어리광을 부리고 싶어. 기분이 따뜻해져".
그날 밤 아버지가 평소와 달리 인사불성이 되어 집에 돌아와 난폭한 언동을 보인다. 도라에몽은 아버지를 타임머신에 태워 할머니에게 데려간다. 할머니가 잠든 아버지에게 상냥하게 말을 걸자 아버지는 소년으로 돌아간 것처럼 할머니 무릎에 엎드려 울면서 회사의 상사가 괴롭힌 이야기를 한다. 다음 날 아침 아버지는 평소와 같은 아버지로 돌아온다.

일본인이 가장 무서워하는 것은
자신이 속한 집단이다

"세켄(世間)을 시끄럽게 해서 죄송합니다."

기업의 불상사나 주변 사람의 문제로 기자 회견을 할 때 자주 사용하는 말이다. 또 어떤 이들은 '죄는 없지만 세켄을 시끄럽게 한 것에 대해서는 사죄하고 싶다'라고 말하기도 한다.

죄가 없으면 밝히면 되고, 자신의 잘못이 아닌데 왜 고개 숙여 사과하는 것일까?

게다가 사과하는 대상은 국민도 아니고, 지역 사회도 아니고 '세켄'으로 표현되는 일정한 범위 안의 사람이다.

그렇다면 '세켄'이란 무엇일까?

일본인은 누구나 '세켄'이라는 말을 사용한다. '세켄'을 모르는 사람은 없다. 그렇지만 '세켄'이 뭐냐고 물어보면 대답을 못 한다. '세켄'이라는 말은 세상과 거의 동의어로 사용되고 있지만, 세상보다는 좁고, 그렇다고 사회와는 다르다.

일본 국어사전에는 '①세상 ②사회 ③활동·교제의 범위, 세켄은 영어로 번역하기 어려운 말, 자기를 중심으로 하는 소사회를 의미한다'라고 나와 있다.

일본인이 사과할 때 등장하는 '세켄'은 ③의 의미, 즉 자기가 속한 집단을 가리킨다.

그들이 사과하는 이유는 설령 자신은 죄가 없어도 자신과 연결된 관계의 테두리 안에 있는 사람이 실수하면 자신이 속한 '세켄'에 폐가 될 수 있다고 생각하기 때문이다.

일본인은 자신의 명예보다 '세켄'의 명예를 중요하게 생각한다. 그래서 일본에서는 사건을 일으킨 사람의 부모가 자기 자식을 엄중하게 처벌해달라고 부탁하는 것이 일반적이다.

일본인은 누구나 '세켄'의 일원으로 생활하게 되는데, 동창회, 취미 모임, 대학 학부, 회사 인맥, 동네 사람 등 자신과 관계있는 사람과 장

「살아가는 세상(세켄)은 도깨비 뿐」이란 제목으로 방영된 드라마(TBS). 내 주변엔 원수들 밖에 없다는 뜻으로 이해할 수 있다. 우리나라에서는 '세상살이 원수천지'라는 제목으로 소개되었다. 세켄은 지금 나와 관계있는 사람부터 앞으로 그럴 가능성이 있는 사람까지 다 해당한다. 그래서 좁게는 가족, 넓게는 국가까지 세켄이 될 수 있다.

래에 관계를 맺을 수 있는 모든 사람이 '세켄'에 해당한다. 본적도 들은 적도 없는 사람은 '세켄'에 속하지 않는다. 외국인을 포함하지 않으며, 배타적이며 차별적인 성격을 가진다. 회원 명부나 회칙도 없고 누가 회원인지 모르지만, 일본인은 일과 생활을 통해 복수(複數)의 '세켄'과 관계를 맺으며 살아가게 된다.

일본인의 정체성은 이 복수의 '세켄'을 통해 인식되기 때문에 그들은 '세켄'을 거스르는 것을 무엇보다 두려워하고, '세켄'에서 배척당하면 존재가 없는 것이나 마찬가지라고 생각한다.

어떤 의미로는 종교적 가치관이나 법률보다 '세켄'의 기준을 더 중요하게 생각한다고 볼 수 있다. 그래서 '세켄'의 눈을 신경 쓰지 않고 자기 멋대로 사는 사람은 이상한 사람으로 치부해 버리고 멀리한다. '세켄이 좁다'라는 것은 인간관계가 좁다는 의미고, '세켄이 다르다'라는 말은 생활하는 곳이 다르다는 뜻으로 사용한다.

일본인에게 '세켄'에서 외면당하는 것은 인간으로서 존중받을 자격을 박탈당하는 일이다. 그리고 이것은 본인만의 문제가 아니다. 가족도 같은 대우를 받게 된다. 문제를 일으킨 사람의 가족이 '세켄에 얼굴을 들 수 없다'라며 어찌할 바 몰라 하고, 때로는 '세켄의 여러분께 드릴 말씀이 없다'라는 유서를 남기고 세상을 등지는 이유도 이 때문이다.

이렇게 일본인은 자신을 둘러싼 '세켄'의 눈을 끊임없이 두려워하며 살아간다. 그래서 타인의 이목을 행동의 기준으로 삼고, 항상 상대의 의향에 신경을 쓰고 그것에 자신을 맞추려는 모습을 보인다.

무엇보다 '세켄타이(世間体)', 즉 '세켄에 보이는 자신의 모습'이 중요하기 때문에 결혼식, 장례식, 수험, 몸에 걸치는 것, 먹는 것, 만나는 사람 등 모든 것에서 '세켄'을 의식한다.

루스 베네딕트가 일본 문화를 타인의 감정과 자신의 체면을 중시하는 '수치의 문화'로 평한 것도 일본인의 '세켄'에 대한 의식과 무관하지 않다.[6]

우리는 커뮤니케이션을 위해 다양한 문화적 습관에 따른 언어를 사용한다.

문화적 습관은 국가에 따라서 큰 차이가 나는데, 일본어의 경우에는 앞에서 살펴본 것처럼 애매한 표현이 큰 특징이라고 할 수 있다.

일본인이 이렇게 애매한 언어 표현을 사용하는 이유는 상대와의 관계를 원만하게 유지하기를 바라기 때문이라 할 수 있다.

일본인은 상대와의 관계, 즉 '세켄'과의 관계를 무엇보다 중요하게 생각하고, 타인의 눈에 비친 자신의 모습(세켄타이)을 끊임없이 의식하며 상대의 의향에 자신을 맞추려는 모습을 보인다. 그래서 일본인의 대화에서 상대와의 관계를 고려해 표현하는 말인 '다테마에'는 상대에 대한 예의이고 배려이다.

또 '알아차리는 문화'가 있어서 자기 뜻을 명확하게 설명하지 않아도 상대가 알아차려 줄 것을 기대할 수 있으니 모호한 말이나 행동을 해도 괜찮다고 생각한다.

한편으로 상대에게 폐를 끼치거나 집단의 화합을 어지럽히는 언동을 하면 배척당한다는 사회적 약속이 존재한다. 그래서 주변의 화합을

117

6 『菊と刀』, 講談社学術文庫, 2005년 5월.

해치지 않는 범위에서 발언하거나 행동을 하려고 하는 경향이 있다. 일본인이 대화를 나눌 때 자기 생각을 먼저 말하지 않고 모호한 질문을 해서 상대의 의중을 확인한 후에 상대에 맞춰 자신의 의견을 말하는 것은 이 때문이다.

일본에서 개인은 유동적이고 애매한 '세켄'과의 관계에서 살아가는 존재이다. 그런 애매한 관계 속에 살아가야 하는 일본인은 애매한 존재로 보일 수밖에 없는 것이다.

일본인은
왜 슬픔을 표현하지 않을까?

빼앗긴 눈물

우리에게 씻을 수 없는 상처와 아픔을 남긴 세월호 침몰 사건은 일
본인에게도 큰 충격을 주었다. 그런데 슬퍼하는 유가족의 모습을 화면
으로 본 대다수 일본인은 한국인은 우리와 다르다는 반응을 보였다.
자신의 슬픔을 강하게 드러내는 행동이 일본인에게는 불가능한 일이

무너진 집 잔해에서 구조된 할아버지의
미소와 실내 사격장 화재 희생자 유족의
모습.

라는 것이다.

그러고 보니 일본인은 재해나 비극에 직면했을 때 어떻게 저럴 수 있을까 싶을 정도로 감정을 극도로 억제하는 측면이 있다.

2011년 동일본 대지진이 일어났을 때의 일본인의 모습을 떠올려보자. 피해자와 유족들은 슬픔을 억누르는 모습을 보였고 대피 장소에 모인 사람들도 상황을 묵묵히 참아내고 있었다. 무너진 주택에 갇혀있다가 3일 만에 구조된 할아버지가 무너진 집 앞에서

'괜찮습니다. 다시 열심히 살아야죠'라며 웃는 얼굴로 인터뷰하던 모습은 잊을 수가 없다.

2009년 11월 14일, 부산의 한 실내 사격장에서 화재가 발생해 많은 일본인 관광객이 희생되었다.

당시 한일 관계에 악영향을 미칠 거라는 언론 보도와 함께 유가족의 분노가 우려되었지만, 사고 다음 날 입국한 일본인 유족들은 아무 말 없이 조용히 애도하는 모습을 보여 주목을 모았다.

신문들은 앞다투어 「일본인 유족은 심정을 누르고 슬픔을 마음속에 담았다(동아일보)」, 「유족은 말을 삼가고, 소리 내어 울지도 않았다(문

화일보)」라는 기사를 내보냈다.

육친의 장례에 통곡하는 한국인의 시각에서 보면 일본인 유가족이 소리 내어 울지도 않고 조용하게 있는 것이 낯설어 보일 수 있다.

이에 대해 조선일보의 칼럼은 '일본인은 자신의 슬픔으로 다른 사람을 신경 쓰게 하는 것을 폐가 된다고 생각하고, 슬픔을 밖으로 드러내지 않는 것을 미덕(美德)이라고 여기는 태도가 배경에 있기 때문'이라는 설명을 내놓았다.[1]

슬픔을 참는 것이 미덕이라니, 일본인에게는 '슬픔'이 참아낼 수 있는 감정인 것일까?

일본인은 정말 잘 울지 않을까?

121

사람은 슬픔이나 기쁨 같은 감정적인 원인으로 눈물을 흘린다. 그런가 하면 감정의 표출은 개인이 속한 사회와 문화의 영향을 받게 된다. 자신의 감정을 잘 드러내지 않는다는 이야기를 듣는 일본인은 어떨까?

'남자는 일생에 세 번 운다. 태어났을 때, 부모님이 돌아가셨을 때,

---

1 조선일보, 2009년 11월 19일.

결혼식에서 우는 남성들

청문회 중에 울어버린 현(縣) 의원

불륜 발각 후 사죄의 눈물

나라를 잃었을 때'라는 말이 남아있는 문화 속에서 생활해서인지 한국인은 남자가 우는 모습에 익숙하지 않다. 대부분의 한국 남자는 타인 앞에서 눈물을 보이면 안 된다는 생각을 하고 있다

그런데 일본의 TV에는 남자 연예인이나 정치인이 눈물을 흘리는 장면이 자주 등장한다.

동물 프로그램에 나와서 울고 있고, 팬 이벤트를 할 때는 반드시 눈물을 보인다. 사죄할 때는 물론이고, 스포츠 시합을 이겼을 때도 잘 운다. 양다리를 걸친 것이 발각되어 펑펑 울면서 사과를 하기도 하고, 정치인이나 교장 선생님이 울면서 인터뷰를 하기도 한다.

남자만 잘 우는 게 아니다. 일본의 여성들도 잘 운다. 프러포즈를 받을 때도 울고, 결혼식 날에 부모님께 쓴 편지를 읽으며 눈물을 흘린

다. 결혼식 때 울지 않으려고 눈물을 꾹
참는 우리와는 사뭇 다른 모습이다.

잘 우는 일본인의 모습은 드라마나
영화, 소설에서도 발견할 수 있다. 잘생
긴 남자 배우가 스크린 안에서 펑펑 우
는 모습을 보는 것은 드문 일이 아니다.
그것도 눈물, 콧물 다 흘리면서 정말 슬
프게 운다.

영화 「다만, 널 사랑하고 있어」[2]에서는
주인공 타마키 히로시가, 「무지개 여신」[3]
에서는 이치하라 하야토가 연인을 생각
하며 울고, 영화 「편지」[4]의 주인공 타마
야마 테츠지도 동생과 재회하는 장면에
서 소리를 내고 운다. 이 영화에서 동
생 역을 맡은 야마다 타카유키는 드라
마 「세상의 중심에서 사랑을 외치다」[5]에
서도 울더니 영화 「전차남」[6]에서는 도쿄

영화 『전차남』의 주인공은 길거
리에서 사랑을 고백하며 질질
운다. 너무 지질해 보여 학생들
이 가장 보기 힘들어 하는 장면
이기도 하다.

123

---

2 2007년 8월 15일에 개봉한 일본 영화이다. 자신이 사용하는 약에서 이상한 냄새가 난다고 생
　각하고 스스로 사람들을 피하는 세가와 마코토 (타마키 히로시)와 성장을 하면 죽는 병에 걸
　린 사토나카 시즈루 (미야자키 아오이)와의 이야기를 다루고 있다.

3 일본의 시나리오 뱅크, 플레이 웍스의 작품, 라디오 드라마와 영화 버전 (2006년 개봉)이 있다.

4 히가시노 게이고의 『편지』라는 동명의 원작소설을 바탕으로 제작된 작품으로, 2006년 11월 3
　일에 개봉되었으며 12억 엔의 흥행 수입을 기록하였다.

5 카타야마 쿄이치가 쓴 청춘 연애 소설로, 쇼가쿠칸에서 2001년 4월에 간행되었다. 2004년 이
　후, 만화, 영화, 텔레비전 드라마, 라디오 드라마, 연극으로 만들어졌다.

6 2004년에 올려진 2채널 게시판의 글에 기초한 이야기로, 그 이름은 글을 올린 사람의 필명에
　서 유래하였다. 이 이야기는 단행본으로 만들어져 베스트셀러가 되었으며, 만화, 영화, 드라
　마, 연극으로도 만들어졌다.

아키하바라의 거리 한복판에서 정말 어이없을 정도로 울었다. 일본영화의 남자 주인공이 되려면 우는 연기를 잘해야 할 것 같다는 생각이들 정도이다.

이뿐 아니라 애니메이션의 주인공도 곧잘 운다. 「드래곤 볼」의 손오공은 피콜로 대마왕을 물리치고 감격의 눈물을 보이고, 「천원 돌파 그렌라간」[7]에서 주인공 시몬이 카미나의 죽음을 슬퍼하며 흘리는 눈물은 최고의 장면으로 꼽힌다.

소설의 주인공도 잘 울기는 마찬가지다. 무라카미 하루키[8]의 소설속 주인공들은 중요한 장면에서 잘 운다. 굵은 눈물을 툭툭 흘리면서운다. 『양을 쫓는 모험』의 마지막 장면을 소개한다.

> 나는 강을 따라서 하구까지 걸어가 마지막으로 남은 50미터 정도 되는 모
> 래사장에 앉아 두 시간 동안 울었다. 난생처음 그렇게 울어보았다.

하루키의 소설은 마지막에 우는 장면이 많아서 주인공이 눈물을흘리는 장면을 향해 이야기가 진행되는 것 같은 느낌이 들 때도 있고,주인공이 울면 이제 곧 이야기가 끝나는구나 짐작하게 된다.

예를 들면 데뷔작인 『바람의 노래를 들어라』에서는 지역 라디오 DJ가 불치병 투병 중인 청취자의 사연을 읽고 그 환자가 내려다봤다는항구에 가서 울음을 터트렸다는 이야기가 나오고 바로 다음 페이지에

124

---

7 가이낙스의 텔레비전 애니메이션이다. 수인이 지상을 지배하고, 인간을 노예처럼 부리는 세상에서 지하에 숨어 살던 시몬과 카미나, 요코의 여행 이야기를 다룬 애니메이션.

8 일본의 소설가, 번역가. 포스트모더니즘 계열의 소설을 발표하면서 세계적인 명성을 얻었다. 그의 작품들은 50개 이상의 언어로 번역되었으며, 2010년 이후로는 해마다 노벨 문학상의 수상 후보로도 주목받고 있다. 『바람의노래를 들어라』(1979년), 『양을 쫓는 모험』(1982년), 『해변의 카프카』(2002년).

서 끝을 맺는다.

『해변의 카프카』에서도 주인공인 '나'가 현실세계인 도쿄로 돌아가는 중에 차창 밖의 빗방울을 보다가 '거의 아무런 예고도 없이 눈물이 한 방울 흘렀다'라는 묘사가 나오는데, 다음 페이지에서 이 장편 소설은 끝을 맺는다.

2004년에 나온 『애프터 다크』의 마지막 장면도 '아무 예고도 없이 눈물이 흘러나온다. 아주 자연스러운 큰 눈물방울이다. 그 눈물은 볼을 따라 밑으로 떨어져 언니의 잠옷을 적신다. 그리고 또 한 방울, 눈물이 뺨에서 흘러내린다'라고 묘사되어 있다.

소설 속의 주인공만 잘 우는 것이 아니라 작가도 잘 운다. 문호 나쓰메 소세키의 제자로 유명한 작가 우치다 핫켄(內田百閒)은 집에 들어와 살게 된 길고양이 노라가 갑자기 모습을 감추자 주체할 수 없는 감정으로 매일 같이 울었다. 핫켄은 수필 『노라야』의 전편을 통해 '노라가 떠올라서 눈 끝에서 눈물이 떨어져 베개를 적셨다', '매일 매일 밤낮없이 울고만 있다'라고 남겼다.

이렇게 보면 일본인이 자신의 감정을 잘 드러내지 않고 울지 않는다는 것은 잘못된 생각인 것 같기도 하다.

실제로 1,000명의 일본인을 대상으로 한 설문조사에서 '일본인은 잘 운다'라고 답한 사람이 전체의 70.6%나 된다는 결과가 나왔다.[9]

그런데 그런 일본인이 장례식장에서는

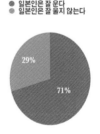

● 일본인은 잘 운다
● 일본인은 잘 울지 않는다

29%

71%

9 인터넷 신문 「ほぼ日刊イトイ新聞」의 2005년 설문조사.

잘 울지 않으니 이상하지 않을 수 없다. 그들은 왜 울지 않게 된 것일까?

일본인과 눈물

사람이 우는 이유는 여러 가지이다. 슬픔의 눈물, 기쁨의 눈물, 분노의 눈물, 감동의 눈물 등 희로애락 가운데 즐거움을 제외하고는 모두 눈물이 있다. 그리고 가장 많이 울게 되는 것은 역시 슬플 때이다.

사람은 자기 일 뿐 아니라 가족, 지인, 타인의 불행이나 재난에도 깊은 슬픔을 느끼고 함께 눈물을 흘린다. 슬플 때 우는 것은 인간의 본능적인 감정 표출이기 때문이다. 일본인이라고 다르지는 않을 텐데 그들은 어떻게 슬픔을 억누를 수 있게 된 것일까?

우선 일본인의 슬픔을 표출하는 방식에 대해 생각해보자.

현존하는 일본 최고(最古)의 역사서인 『고지키(古事記)』[10]에는 아메노 와카히코(天若日子)의 장례식에 꿩을 '곡녀(哭女)'로 임명했다는 이야기가 나온다. 신화의 시대부터 이미 곡을 하는 풍습이 있었다는 것을 추측할 수 있다.

조정의 장례 의식에도 곡녀가 주술을 읊으며 우는 일이 있었는데,

126

---

10 『니혼쇼키 (日本書紀)』와 함께 일본에서 가장 오래된 역사서.

『니혼쇼키(日本書紀)』에는 아구다메(飽田女)[11]라는 여성의 어머니가 곡녀를 생업으로 하고 있다는 기록이 보인다. 다만, '곡녀'는 대신해서 울어주는 것이 본업이 아니고 고인에 대해 구슬프게 이야기하는 직업이었던 것 같다.

『위지왜인전』[12]의 왜(倭)에 대한 기록에 '사망자가 있으면 상주는 크게 울었다. 다른 참가자는 가무 음식을 하며 10여 일을 보낸다'는 기술이 있는 것을 봐도 장례식 때 상주가 울며 곡을 하고 고인을 추모하는 풍습이 고대부터 있었다는 것을 알 수 있다.

장례식이라는 특별한 경우가 아니어도 일본인은 원래 자신의 감정을 눈물로 표출하는데 거부감이 없었다. 남자도 잘 울었다.

남자가 우는 모습은 일본의 신화에서부터 등장한다.

일본을 만든 이자나기는 부인 이자나미가 불의 신을 낳다가 죽었을 때 '사랑하는 처를 한 명의 자식 때문에 잃다니'라고 말하며 죽은 아내의 머리맡과 발밑을 기어 다니며 울었고, 그의 아들인 스사노오는 어머니가 있는 곳에 가고 싶다고 절절히 울었다.

12대 케이코 천황(景行天皇)의 아들인 야마토 타케루는 동북 원정을 명령받고 아버지를 원망하며 숙모 앞에서 눈물을 보였다. 성인 남자가 남 앞에서 울고불고하는 것이 금기가 아니었다는 말이다.

귀족의 시대인 헤이안 시대의 문학 작품 속의 남자들은 그야말로 '울보'였다. 시를 지으면서 울고, 다른 사람이 지은 시를 듣고 울고, 달

---

11 나라 시대 초기에 편찬된 일본에서 가장 오래된 정사로, 한문 편년체로 쓰였다. 남편을 고려로 보내고 바닷가에 나와 울고 있는 여성(아구다메)에 대한 기술이 있다.

12 위지왜인전 (魏志倭人傳). 중국 위진남북조 시대의 사학자 진수가 쓴 정사 『삼국지』 안에 있는 「위서」(魏書, 전 30권)에 담겨 있는 동이전(東夷傳)의 '왜인'에 관한 조항을 가리키는 말이다.

만 봐도 울고, 꽃이 져도 울고 바람이 불어도 울었다. '눈물에 젖은 소매'라는 시어가 있을 정도이니 사시사철 울었다고 해도 과언이 아니다.

또 눈물은 진정한 사랑의 증거이기도 했다. 『겐지 모노가타리』의 주인공 히카루 겐지는 좋아하는 여자를 만날 수가 없어 울고, 만나서 울고, 자신의 바람기를 부인 앞에서 참회하면서 울었다.

전설적인 바람둥이로 설화집에 등장하는 헤이츄라는 인물은 눈물을 보여주기 위해 물을 넣은 연적을 가지고 다니다 여자 앞에서 소매를 적시고 눈물을 흘리는 척을 했다고 한다.[13]

무사들의 시대도 별반 다르지 않았다. 군기 소설인 『헤이케 모노가타리』[14]에는 아들의 죽음을 듣고 눈물을 흘리는 헤이케의 무사와 따라우는 병사들이 눈물로 갑옷을 적셨다는 묘사가 보인다. 아들 또래의 적장을 죽이고 엉엉 우는 무사의 모습도 등장한다.

시대가 흘러도 자신의 감정을 억누르고 눈물을 참는 남자의 모습은 찾아보기 어렵다. 전국시대 무장인 타케다 신겐(武田信玄)[15]의 병법서인 『코요군칸(甲陽軍鑑)』에는 '용감한 무사는 누구나 눈물이 많다'는 기술이 보인다.

에도 시대 말기까지도 남자의 눈물은 금기가 아니었다. 메이지 유신의 정신적 지도자로 알려진 요시다 쇼인(吉田松陰)[16]도 잘 우는 남자였다. 친구와 술을 마시다 충신열사의 이야기가 나오면 감격해서 우는 버

---

13 12세기 경에 성립되었다고 추정되는 설화집인 『古本説話集』의 상권 19화의 이야기.

14 가마쿠라 시대의 군기(軍旗) 문학 가운데 최고 걸작. 헤이케(平家, 다이라 씨)의 번영과 몰락을 묘사한 13세기 일본의 문학 작품이다. 작자는 미상이지만 계속 발전해 다양한 텍스트와 공연물로 성장했다.

15 본명은 다케다 하루노부이다. 우에스기 겐신과 벌인 전투로 유명해 일본 역사책뿐만 아니라 연극이나 민간 설화에도 자주 등장한다.

16 요시다 쇼인은 일본 국학 사상의 창시자로 메이지 유신의 정신적 지도자이다.

룻이 있었다고 한다.

바쿠후(幕府) 체제[17]를 종식하고 근대 일본의 토대를 만든 사카모토 료마(坂本龍馬)[18]도 눈물이 많았다. 시바 료타로의 소설『료마가 간다』에는 료마가 사이고 타카모리와 삿초 동맹(薩長同盟)[19]을 맺는 장면에서 말을 잇지 못하고 우는 장면이 나온다.

이렇게 고대부터 에도 시대에 이르기까지 일본인은 우는 것을 감정의 자연스러운 흐름으로 인식하고 있었다. 울음을 참는 것이 미덕이라는 인식은 없었으며, 남 앞에서 우는 것은 부끄러워할 일이 아니었다.

이런 일본인의 사고는 언어에서도 나타난다. 일본에서는 '아름다운 눈물'이라는 말은 자주 사용되지만, '추한 눈물', '더러운 눈물'이라는 말은 잘 쓰지 않는다. 쓰레기를 '아름다운 쓰레기'와 같이 사용하지 않는 것처럼 말이다. 그 외 눈물과 관련된 단어를 정리하면 다음과 같다.

- 뜨거운 눈물 : '끊임없이 흐른다'와 연결해 사용하는 경우가 많다.
- 감격의 눈물 : 감동, 감사
- 남자 눈물 : 분해서 울든 기뻐서 울든 남자가 우는 것.
- 피눈물 : 여성 차별을 피해 '남자 눈물'이란 말 대신 사용한다.
- 고마움의 눈물 : 불교 용어인 수희(隨喜)의 눈물, 기쁨, 감사함을 나타낸다.
- 옥 같은 눈물 : 눈물방울
- 줄줄 흐르는 눈물 : 만화나 애니메이션에 자주 등장
- 거짓말로 눈물은 안 나온다 : 눈물은 본심에서만 나오는 것

---

17 1192~1868년에 실질적으로 일본을 통치한 세습적 무신 정권인 쇼군(將軍)의 정부.

18 사카모토 료마는 막부시대 말기 일본이 일왕 중심의 중앙집권적 근대국가로 변화하는데 이바지했다. 시바 료타로의 소설『료마가 간다』로 더욱 유명해졌다.

19 사쓰마 번 (지금의 가고시마 현)과 조슈 번 (지금의 야마구치 현)이 맺은 정치적, 군사적인 동맹. 1866년 3월 7일에 맺어졌으며, 에도 막부를 타도하는 것이 목적이었다.

이렇게 일본인은 눈물을 인간다운 감정의 표현으로 받아들여 왔다. 남 앞에서 우는 것은 성실함과 상냥함 때문이라고 생각하고, 남자가 우는 것은 자신의 약한 부분을 보여주는 용기가 필요한 행동이라고 이해했다.

그래서 우는 사람을 보면 마음이 순수한 사람이라고 느끼고, 남 앞에서 울 수 있다는 것은 인간다움의 상징이며, 열심히 살지 않으면 눈물도 안 나오니 눈물은 멋진 것으로 생각한다. 인터넷 상담 코너에 졸업식에서 울지 못하는 것에 대해 진지한 상담을 하는 학생들이 많은 것도 이런 관점에서 이해할 수 있다.

그리고 우리의 예상과 달리 지금도 일본인은 울지 않으려고 하기보다 오히려 울려고 한다.

일본에서는 '나케루'가 세일즈와 연결되는 키워드이기도 하다. '나케루'는 자연스럽게 눈물이 나온다는 뜻이다. 책이나, 영화, 연극, 노래를 홍보할 때도 '나케루'를 강조한다.

최근 화제를 모으고 있는 '루이카츠(涙活)'도 일본인의 울음에 대한 생각을 보여주는 현상이다. '루이카츠'란 능동적으로 눈물을 흘리는 것으로 마음의 디톡스를 하는 활동이다. 공식 홈페이지(ruikatsu.com)에서 확인한 이벤트의 내용은 눈물이 나오는 동영상, 싱어송라이터의 눈물이 나오는 라이브와 눈물 나는 연극 공연을 보며 같이 우는 것이었다. 루이카츠 이벤트의 참가자 중에 절반이 남성이라고 한다.

그렇다면 이렇게 울고 싶어 하는 일본인이 장례식에서는 왜 울지 않고 참고 있는 것일까?

혹시 일본인이 느끼는 '슬픔의 감정'이 변질된 것일까?

일본에서는 '나케루'가 세일즈와 연결되는 키워드이기도 하다. '나케루'는 자연스럽게 눈물이 나온다는 뜻이다.
책이나, 영화, 연극, 노래를 홍보할 때도 '나케루'를 강조한다.

루이카츠(涙活) 홈페이지

빼앗긴 눈물

자연스러운 감정의 표현인 눈물을 약한 것으로 보는 인식은 18세기에 등장했다. 정한론을 주장했던 18세기의 국학자 모토오리 노리나가(本居宣長)[20]는 '슬픔의 감정을 그대로 드러내어 흐트러진 모습을 보이는

---

20 모토오리 노리나가는 일본의 국학을 집대성한 학자로, 가다노 아즈마마루, 가모노 마부치, 히라타 아쓰타네와 함께 국학의 4대 인물로 꼽힌다. 그는 막번 체제의 이론적 기반이 되는 유교를 배격하고 일본의 신도(神道)와 고전문학을 연구해 일본인 고유의 정신을 깨우치고 중시해야 한다고 역설했다.

야나기다 구니오는 일본인은 언어 표현 능력이 뛰어나 신체 언어로 표현하는 일이 적다고 주장한다.

것은 어리석은 일'이며, '나라를 위해 천황을 위해 용감하게 죽는 것은 남자답게 응당 해야 할 일이고 누구나 부러워하는 일'이라고 주장했다.

일본 고유의 정신은 천황에 대한 복종이라고 주장한 모리나가의 사상은 일본이 세계의 중심이라는 국수적인 국가 신도(神道)로 이어져 메이지유신의 사상적 원동력이 되었다.

근대의 국가주의 속에서 '남자는 강해야 한다, 울어서는 안 된다'라는 의식이 더욱 강해졌을 것은 짐작하기 어렵지 않다.

장례식에서 친지가 소리 높여 우는 풍습이 사라지기 시작한 것은 메이지 시대 중반부터였다. 일본이 침략 전쟁으로 내달리고 있던 1940년에 민속학자 야나기다 구니오(柳田国男)[21]는 다음과 같은 기술을 남겼다.

> '사람이 우는 것이 근년에 줄어들었다. 그것은 집에만 있는 사람이라도 알 수 있지만, 여행을 다녀보면 더 확실히 느낄 수 있다. '
>
> '어른이 울지 않게 된 것은 물론이고, 아이들 우는 횟수도 점점 줄어드는 것 같다'
>
> '아이를 울리지 않는 것이 이상적인 육아법이다'

야나기다 구니오는 그렇게 된 이유를 언어표현을 중시하는 경향이

---

21 1875년~1962년. 일본의 근대 민속학자. 민화나 전승을 통해 민속학을 연구했다.

너무 강해져서라고 주장하고 있지만,[22] 당시의 군가에는 전우의 죽음을 슬퍼하고 눈물을 흘린다는 가사가 여전히 남아 있었다.

그렇다면 무엇이 일본인의 눈물을 멈추게 했을까?

전쟁에서 남편이나 자식이 죽으면 누군들 슬프지 않겠는가? 눈물을 흘리고 슬퍼하는 것이 당연한데도 우는 모습을 보이지 않게 된 것은 당시의 사회 분위기 때문이었을 것이라 짐작된다.

전사자 가족의 슬픔은 국가의 전쟁 수행에 도움이 되지 않는다. 그러니 '울지마라, 국가와 천황을 위한 영광스러운 죽음이니 기뻐하라'라고 강제하는 풍조 속에서 개인의 슬픔을 억제하게 된 것은 아닐까?.

일본인이 희로애락의 표현에 서툴고, 슬플 때도 웃는 표정을 짓는 '스마일 가면 증후군'이라는 말을 듣는 것도 마찬가지 맥락에서 이해할 수 있다.

야나기다 구니오는 일본인의 미소(호오에미)는 행복한 표정도 사람을 비웃는 비웃음도 아니고 그냥 볼(호오)에 보조개(에쿠보)를 만드는 웃음이라고 했다.[23] 일본의 철학자인 우메하라 타케시(梅原猛)는 일본인의 미소는 상대를 불쾌하게 만들지 않으려는 예의 바른 행동이며 약자의 자기방어 무기라고 주장했다.[24]

메이지 시대의 한 서양인은 어느 날 일본인 직원이 와서 웃으면서 '아버지가 돌아가셔서 오늘은 쉬게 해주셨으면 좋겠다'라고 하는 것을 보고 일본인은 '정말 냉정하다'고 기록에 남겼다.

22 야나기다 구니오는 일본인은 언어 표현 능력이 뛰어나 신체 언어(눈물, 고함, 폭력)로 표현하는 일이 적다고 주장한다.

23 柳田国男, 『不幸なる芸術·笑 の本願』, 岩波文庫, 1979년.

24 梅原猛, 『笑いの構造』, 角川選書, 1972년.

일본인에게 장례식은 사적인 일이다. 사적인 일이니 가족의 죽음에 대한 슬픔을 공적으로 드러내지 않고 무의식적으로 억제하려는 것이다. 사별하는 슬픔을 누르고 어떤 의미로는 슬픔을 봉인하려는 감성이 나타난 것이라 할 수 있다.

개인의 슬픔을 잘 드러내지 않고 억제하는 이런 경향은 지금도 여전히 이어지고 있다. 지진 피해에 '큰일'이라면서 웃는 얼굴로 인터뷰하고, 양다리 피해자인 여배우가 웃는 얼굴로 괜찮다고 하는 것은 다분히 일본적인 모습이다.

일본인은 슬플 때일수록 웃으려고 한다. 자신의 감정을 표현하기 위해서가 아니라 상대가 편하게 생각할 표정을 만드니까 웃는 얼굴이 된다. '나의 작은 슬픔으로 불쾌한 기분이 들게 하면 안 된다'라고 의식적으로 생각하는 것이다.

그 외에도 분위기가 안 좋을 때나, 당황했을 때도 일본인은 웃는다. 일본인에게 웃음은 단순한 감정표현이 아니라 상대에 대한 배려이고, 타인을 위해 웃는 것은 사회적 의무이다.

134

이렇게 일본인의 웃음과 울음에는 사회적으로 강제된 '배려의 의무'라는 측면이 있다.

전쟁 국가 일본에서 슬픔을 표현하는 방법을 '봉인' 당한 일본인, 그래서 그들은 가족의 죽음 앞에서도 '울지 않으려고 하는 일본인'이 되어 버린 것이다.

1. 영원의 제로(2013)
2. 다만, 널 사랑하고 있어(2006)
3. 세상의 중심에서 사랑을 외치다(2004)
4. BRAVE HEARTS 우미자루(2004)
5. 남극 이야기(1983)
6. 여명 1개월의 신부(2009)
7. 태양의 노래(2006)
8. 개와 나의 10개의 약속(2008)
9. 반딧불의 묘(1988)
10. 츠레가 우울증에 걸려서(2011)

'나케루' 영화 베스트 10

눈물이 나오는 영화는 언제나 흥행이 보장된다. 영화 주인공이 병들어 죽는 설정이 많은 것도 다 '눈물' 때문이다.

슬픔을 표현하는 방법을 '봉인' 당한 일본인.
그들은 울지 않으려고 하는 일본인이 되었다.

일본에는 왜 이지메가 많을까?

혼자가 편한 일본인

2013년 9월 28일, 일본 정부는 공공 단체와 학교에 이지메(집단 괴롭힘)를 방지할 법적 의무를 부과한 '이지메 방지 대책 추진법'을 시행했다.

그러나 정부의 노력에도 불구하고 2014년 1월 7일에 '누군가, 도와줘'라는 메모를 남기고 중학교 1학년 여학생이 달리는 기차에 뛰어들었고,[1] 2015년 11월 1일에는 중학교 1학년 남학생이 '이제 더 견딜 수 없어요. 그래서 자살합니다'라는 유서를 남기고 지하철에 몸을 던져 스스로 목숨을 끊었다.[2]

1 川北新報, 2015년 10월 21일.
2 朝日新聞 석간, 2015년 11월 2일.

지금도 일본 언론에는 하루가 멀다하고 이지메와 관련된 사건, 사고가 등장하고, 새로운 유형의 이지메가 생겨나고 있다.

일본에서는 왜 이렇게 끊임없이 이지메가 발생하는 것일까?

이지메의 정의가 바뀌고 있다

교실에서 장례식을 하고 방명록을 작성한 '장례식 놀이' 사건은 일본 사회에 큰 충격을 주었다.

1980년대 중반까지 일본인은 이지메를 심각한 사회 문제로 인식하지 않았고, 부정적으로 생각하는 여론도 많지 않았다.

이지메에 대한 인식을 바꾸는 계기는 1986년 2월에 일어난 '나카노 후지미 중학교 이지메 자살 사건'이었다.

이 사건은 집단 이지메를 견디지 못한 중학교 2학년 시카가와 군이 역 화장실에서 목매 자살한 사건으로, '장례식 놀이'[3]로 불린 집단 이지메에 담임을 포

---

3 칠판 앞에 시카가와 군의 책상을 두고 그 위에 꽃과 향과 '추도'라는 종이를 붙인 사진을 올려놓고 '편히 잠드세요' 등의 메세지를 남겨놓았다.

함해 네 명의 교사가 가담한 것으로 밝혀져 사회에 큰 충격을 주었다.

남겨진 유서에는 '이대로는 살아있어도 지옥이니 나는 죽지만 이지메가 계속된다면 내가 죽은 의미가 없어지니 너희도 이제 그만 하라'는 내용이 적혀 있었다.

사건이 일어나기 1년 전인 1985년, 문부과학성(이하 문부성)은 전국의 초중고를 대상으로 '아동 생도의 문제 행동 등 생도 지도상의 여러 문제에 관한 조사를 실시하고 조사 항목에 처음으로 이지메를 포함시켰다.

1985년의 조사 이후 2013년의 관련 법률이 제정될 때까지 문부성은 1986년, 1994년, 2006년의 세 번에 걸쳐 각각 다른 이지메의 정의를 채택했다.[4] 문부성이 정한 1986년, 1994년, 2006년의 이지메의 정의는 다음과 같다.

1986년	자신보다 약한 자에 대해 일방적으로 신체적 심리적인 공격을 지속적으로 가해서, 상대가 심각한 고통을 느끼는 것으로, 학교가 그 사실(관계 아동 생도, 이지메의 내용 등)을 확인한 것. 발생한 장소는 학교 내외를 묻지 않는다.
1994년	자신보다 약한 자에 대해 일방적으로 신체적 심리적 공격을 지속적으로 가해서, 상대가 심각한 고통을 느끼고 있는 것. 발생한 장소는 학교 내외를 묻지 않는다.
2006년	해당 아동 생도가 일정의 인간관계에 있는 자로부터 심리적 정신적인 공격을 받은 것에 의해 정신적인 고통을 느끼고 있는 것. 발생한 장소는 학교 내외를 묻지 않는다.

정의가 변경된 배경에는 이지메와 관련된 자살 사건이 존재했다.[5]

---

4 일본 문부성 홈페이지

5 1994년 11월 27일에는 아이치 현의 중학생이 100만 엔이 넘는 금품을 갈취 당해 자살을 선택했고, 2005년 9월 9일에는 홋카이도 타키가와 시의 초등학생이 교실에서, 2006년 10월 11일에는 후쿠오카 현의 중학생이 자신의 집에서 스스로 목숨을 끊었다.

1986년과 1994년의 정의는 '①강자가 약자에게 ②계속해서 ③심각한 고통'을 주어야 이지메로 인정하고 있었다.

예를 들면, 애니메이션 '도라에몽'에 등장하는 퉁퉁이가 자기보다 약한 진구를 괴롭히는 장면처럼 가해자와 피해자의 힘의 차이가 존재하는 것이 이지메였다.

그러나 2006년의 정의에는 피해자가 이지메를 당했다는 인식이 있으면 이지메로 인정하고 있고, 강자와 약자의 논리도 빠져있다. 이지메를 힘의 문제가 아니라 관계의 문제로 인식하게 된 것이다.

그리고 '이지메 방지 대책 추진법'이 성립된 2013년 이후에는 동법(同法) 제2조에 다음과 같은 정의가 더해졌다.

> '이지메'는 '아동 생도에게 해당 아동 생도가 재적한 학교에 재적하고 있는 해당 아동 생도와 일정의 인간관계가 있는 다른 아동 생도가 행하는 심리적 또는 물리적인 영향을 주는 행위(인터넷을 통해 행해지는 것을 포함)로, 해당 행위의 대상이 된 아동 생도가 심신의 고통을 느끼는 것'으로 한다. 발생한 장소는 학교 내외를 묻지 않는다.

또 2017년 1월 23일에는 이지메의 정의에 '싸움이나 장난이라도 보이지 않는 곳에서 피해가 발생하는 경우가 있다'라고 덧붙인 새로운 개정안이 제시되었다.

가해자의 의도라는 중요한 요소를 제외하고 피해자의 주관만을 기준으로 했다는 지적도 있지만,[6] 이 정의를 적용하면 누군가에게 심신의 고통을 느끼게 하는 모든 행위를 이지메로 인지할 수 있게 된다.

일본 이지메의 특징

폭력과 왕따는 어디에나 있을 수 있지만, 일본의 이지메는 그 유형과 인식, 범위 등에서 다른 나라와 확실한 차이를 보인다.

2016년 10월에 일본 문부성이 발표한 「아동의 문제 행동 조사」를 보면 2015년의 이지메 인지 건수는 조사를 시작한 1985년 이래 가장 많은 22만 4,540건이며, 이지메의 내용은 '조롱이나 욕설'이 63.5%로 가장 많았고, '노는 척하며 치거나 발로 찬다'가 22.6%, '따돌리고 집단으로 무시'가 17.6%로 나타났다.

폭행이나 상해를 동반하는 이지메는 극히 드물고, 조롱과 무시 같은 심리적 이지메가 많은 것을 확인할 수 있다.

이지메 연구가인 모리타 요우지는 이지메가 일어나는 집단에는 네 가지 층(四層), 즉 '가해자', '피해자', '관중(주변에서 부추기는 자)', '방관자(보고도 못

『이지메란 무엇인가』
(2014년)

---

6 内藤朝雄, 『いじめの構造——なぜ人が怪物になるのか』, 講談社, 2009년.

본 척하는 재'의 네 집단이 존재한다고 주장하고, 1997년의 일본, 영국, 프랑스, 노르웨이의 국제 비교 데이터를 통해 일본은 방관자 비율이 높고 중재자의 비율이 매우 적다는 결과를 제시했다.[7]

건전한 집단은 방관자 중에서 중재자가 나타나 질서가 회복되지만, 일본은 다른 나라에 비해 방관자가 많고 중재자의 출현 비율이 현저히 낮아서 이지메가 장기화하고, 이지메의 빈도가 높다는 것이다.

그렇다면 방관자가 많은 이유는 무엇일까?

국립교육정책연구소가 2004년에서 2015년에 걸쳐 조사한 12년간의 추적조사를 보면 남자 중학생의 평균 32.2%(±8%)가, 여중생의 평균 39.6%(±10%)가 심리적 이지메를 경험한다고 한다.[8]

조사 결과는 정부의 노력과 관계없이 이지메가 일상적으로 일어나고 있었다는 것을 보여 주고 있는데, 이것은 일본인의 이지메에 대한 인식과 관계가 있다고 할 수 있다.

2016년 10월, 가나자와 시 교육 위원회가 시립 초중고 3만 5,000명을 대상으로 실시한 이지메에 대한 설문 조사에서 초등학생과 중학생의 약 30%가 '이지메를 당하는 사람에게도 잘못이 있다'라는 답을 했다.[9]

7 森田洋司, 『いじめとは何か 教室の問題, 社会の問題』, 中央公論新社, 2014년.
8 国立教育政策研究所, 「いじめ追跡調査2013-2015」, 2016년 6월.
9 毎日新聞, 2017년 1월 26일.

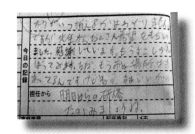

언론에 보도된 '생활 기록 노트'

반대로 '그렇게 생각하지 않는다'라고 대답한 비율은 중학생이 18%로, 학년이 올라감에 따라 이지메의 원인이 피해자에게 있다고 생각하는 경향이 있는 것으로 밝혀졌다.

이런 조사 결과에 대해 온라인상에서 찬반 논쟁이 벌어졌지만, '확실히 이지메는 피해자의 행동에도 문제가 있다'라는 것에 공감하는 댓글이 많았다.

이지메 피해자에게도 잘못이 있다는 인식은 아이를 지도하는 교사에게도 나타나는데, 교사가 이지메에 가담하거나 적극적으로 도움을 주지 않는 이유도 이 때문이다.

2015년 7월 5일 이와테 현의 중학생이 역으로 들어오는 기차에 몸을 던진 사건이 이 발생했다. 일상적으로 행해지던 이지메가 원인이었다.

그 후의 조사로 자살한 학생이 이지메를 당하고 있는 사실을 수차례 알렸지만, 담임과 학교가 적절한 대응을 하지 않았다는 것이 밝혀졌다. 다음 페이지의 내용은 자살한 학생과 담임이 주고받은 '생활 기록 노트'의 일부분이다.

중학생이 선생님에게 SOS를 보냈지만 결국 도움을 받지 못하고 자살한 것도 충격적이지만 더 놀라운 것은 이런 사건이 빈번하게 일어난

4월 20일

[학생] 좋은 일도 없고 힘들기만 하다. 이제 싫다. 싫다. 그래서 죽고 싶다.

[담임] 모두 마찬가지. 환경이 변해서 익숙하지 않으니까.

5월 13일

[학생] 계속 폭력. 계속 계속 욕설. 그만하라고 해도 그만두지 않고 이제 학교 안 가고 싶다. 이제 쉬고 싶다. 죽고 싶다.

[담임] 여러 이야기를 들은 것 같네요. 모두에게 말해 두려고 합니다.

6월 8일

[학생] 사실은 지금까지 말할 수 없이 괴롭힘을 당했어요. 맞고 차이고 목 졸리고 욕 듣고.

[담임] 그런 일 있었니? 언제? 해결했니?

6월 28일

[학생] 이제 사는 데 지친 것 같아요. 죽어도 됩니까? (아마 최근에 일어날지도)

[담임] 무슨 일이니? 시험이 걱정이니? 너의 웃는 얼굴을 보면 힘이 나는데.

6월 29일

[학생] 조금 더 노력해 보겠습니다. 다만 벌써 죽을 장소는 정해 두었어요.

[담임] 내일부터 시작되는 연수, 기대되네요.

다는 것이다.

그리고 이지메의 범위도 학생에 한정 되지 않는다. 일본에서는 사회 전반에 걸쳐 전 연령층에서 이지메가 발생하고 있다.

일본 공업신문의 2012년 조사를 보면 직장 내에 이지메가 있었거나 현재 있다고 대답한 비율이 전체의 81%에 달한다.[10] 후생노동성이 발표한 2016년 「개별 노동분쟁 해결제도 시행 상황」을 보면 전국의 노동 상담소에 들어온 상담 중에서 가장 많은 것이 직장 내 이지메에 대한 상담으로 2011년 이후 매년 급증하고 있다.[11]

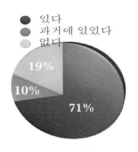

직장 내 이지메 조사

이렇게 볼 때 일본의 이지메는 어디에서나 누구에게나 일상적으로 일어날 수 있는 일이고, 이지메 피해자에게도 잘못이 있다고 생각하는 사람이 많다는 특이성이 존재한다.

일본형 이지메의 문화적 배경

---

10 2012년 7월 31일, 日刊工業新聞 '職場でいじめありますか'
11 2015년의 경우 직장 내 이지메에 대한 상담이 66,566건에 달했다.

일본의 이지메는 사회 전반에 만연해 있다. 학교, 회사, 마을, 공적인 관계든 사적인 관계든 사람이 모이는 곳에는 이지메가 일어나는 것으로 보인다.

역사를 거슬러 올라가면 에도 시대부터 '무라 하치부'라고 하는 이지메가 있었고, 에타(穢多), 히닌(非人) 등의 제도적 신분 차별도 존재했다. 근대 이후에는 '부락민(部落民)', '동화(同和)' 등으로 용어는 달라졌지만, 이전 시대의 뿌리 깊은 차별 의식은 지금도 일본인의 의식 속에 잠재해 있다.

무라 하치부(村八分)

'무라 하치부'는 기근이 빈번하게 일어났던 에도 시대 중기에 촌락(무라)에 존재했던 제재 행위로, 질서를 어지럽히고 정해진 규칙에 따르지 않는다는 이유로 본인과 가족에 대해 마을 전체가 절교하는 공인된 관습이었다.

마을 사람들은 지역 생활에 필요한 10가지 공동 행위 중에서 장례와 화재의 경우를 제외하고 나머지 8가지, 성인식, 결혼식, 출산, 병, 건축, 수해, 여행, 액막이 행사에 대해서 일절 도와주지 않았고 마을 공동 재산의 사용과 마을 회의 출석도 금지했다.[12] 공동 생산 활동을 해서 식량을 나누지 않으면 살아남을 수가 없었던 농촌 지역에서 공동

146

---

12 ブリタニカ国際大百科事典 小項目事典.

체에서 소외당한다는 것은 죽음을 의미하는 일이기도 했다.

무라하지부 풍습은 메이지 시대 이후에도 마을의 규칙을 위반하는 사람에 대해 관혼상제의 교제를 끊는 행위로 남아있었지만, 1909년(메이지 42년)의 대심원(大審院)[13] 판결은 무라하치부를 협박과 명예훼손의 불법행위로 간주하였다.

그러나 이후에도 무라 하치부는 집단의 이름으로 개인을 소외시키는 수단으로 이용되었다.

은밀하게 행해지던 무라 하치부가 공론의 도마 위에 오르게 된 것은 1952년의 시즈오카 현 우에노 무라(上野村) 사건 때문이었다. 이 사건은 마을의 조직적인 선거 부정행위를 고발한 여고생과 그 가족이 마을 사람들에게 무라 하치부를 당한 사건이었다.

마을 사람들이 여고생 가족을 스파이, 공산당으로 부르며 인사도 하지 못하게 하고 모내기를 할 때도 도와주지 않았다는 것이 아사히 신문의 보도로 전국에 알려져 현실의 사회악에 무력한 일본인의 치부를 드러내었다.[14] 사건은 영화로도 제작되는데 한해 뒤인 1953년에 신도 카네토(新藤兼人) 감독이 사건의 전모를 영화 '무라 하치부(村八分)'에 담았다.

영화 「무라 하치부」

무라 하치부 재판으로 유명한 것은 1957년의 효고 현 미하라 군(三原郡) 사건과 2004년의 니이가타 현 세키가와 무라 사건이 있다.

13 1875년부터 1947년까지 일본에 설치된 최고재판소.

14 1952년 6월 24일자 아사히 신문의 기사에는 '부정을 보고도 모른 척 하는 것이 마을을 사랑하는 길입니까?'라는 여고생의 말과 '정의로운 일을 행해야 된다고 가르치지만 현실에서는 무력합니다'는 담당 교사의 탄식의 목소리가 실려있다.

미하라 군 무라 하치부 사건은 산림 조합원인 주민이 산림 채취권 (버섯, 산나물)을 무상으로 제공하라는 조합의 요구에 응하지 않았다는 이유로 이익금 배부를 거부당하고 집단 절교를 통보받은 사건이다. 1심 재판에서 공동 절교는 위법이 아니라는 판결이 나왔지만, 최고 재판에서 가담 정도에 따라 최고 징역 6개월~벌금 5천 엔, 가담자 전원에게 집행유예 2년의 판결이 내려졌다.[15]

세키가와 무라 사건을 정리한
2007년 7월 6일 아사히 신문 기사

세키가와 무라 사건은 봄철의 곤들메기 잡이 축제에 참여하지 않겠다고 밝힌 일부 주민에게 '따르지 않으면 무라 하치부 시키겠다'라고 통지하고 11월의 산나물 채취와 쓰레기장 이용을 금지한 사건이다. 피해를 본 주민 11명의 제소로 가해자에게 불법 행위 금지와 220만 엔의 손해 배상 명령이 결정되었다.

최근의 사건으로는 2013년 7월 21일에 야마구치 현 슈난 시(周南市)에서 일어난 연속 살해, 방화 사건이 있다. 이 사건은 조직 속의 누군가를 무라 하치부의 대상으로 삼는 관습이 지금도 존재한다는 것을 보여주는 사건이었다.

주민 다섯 명을 살해한 범인은 마을 사람으로 밝혀졌지만, 그가 10년 동안 다양한 형태의 집단 따돌림을 당해온 사실과[16] 범죄의 배경에

---

15 오사카 고법 1957년 9월 13일 판례.
16 퇴직금을 빼앗기고, 칼에 찔리는 일도 있었고 제초기에 불을 붙이는 사람도 있었다고 한다. 2015년 8월 15일호 『NEWSセブン』.

무라 하치부가 있었다는 보도가 이어지
자 동정적인 여론이 조성되었다.

이 사건으로 이전 시대의 관습이라
고 생각했던 무라 하치부의 존재에 관
한 관심이 높아지자, 민속학자인 고이
시가와 젠지(礫川全次)는 그동안 알려지

슈난 시 사건의 언론 보도

지 않았던 우에노 무라 사건을 자신의 저서에 소개하고 이런 사건이
지금도 전국 곳곳에서 일어나고 있고, '이러한 촌락 공동체의 무라 하
치부를 전근대적인 풍조라고 이해하는 한 이지메 문제로 상징되는 현
대 일본 사회의 병폐를 파악할 수 없다'고 경종을 울렸다.[17]

에타(穢多), 히닌(非人), 부락민(部落民)

에타는 중세의 문헌에 등장하는데,[18] 더러움(穢)이 많다는 의미이다.
여기서 말하는 더러움은 불교와 신도의 가르침을 거스르는 일, 즉 살
생과 피와 관련된 행위를 말한다. 에타는 동물의 가죽을 다루는 일
을 생업으로 하는 사람으로, 에도 시대에 신분제도를 정할 때 사농공
상(士農工商)과 스님, 신직(神職) 등에 속하지 않는 하층민인 천민(賤民)으로
분류되어 히닌과 함께 차별받게 되었다.

에타가 태어나면서부터 정해진 신분인 것에 비해 히닌은 평민 사회

17 『戰後ニッポン犯罪史』, 批評社, 2000년 6월.
18 『天狗草子』(1296년)에 용례가 보인다. 에도 막부의 공문서에는 1644년 이후에 나타난다.

죽은 짐승의 가죽을 다루는 직업을 가진 에타는 피차별민이었다

『弾左衛門と江戸の被差別民』
에도 시대의 에타, 히닌 그룹의 수장 '다자에몽'을 소개한 책이다.

에서 살 수 없게 된 사람으로, 범죄자, 전염병자, 고아도 포함되었다. 고정 신분인 에타와 달리 히닌은 원래의 신분으로 돌아갈 수도 있었다. 히닌은 마을 경계나 하천 변에 무리를 지어 살면서 사람의 사체를 처리하거나 마을의 허드렛일을 하며 생계를 이어갔다. 에타와 히닌은 짐승과 마찬가지라는 뜻으로 '네 발'이라고 불렸다.

부락은 에타와 히닌이 모여 살던 곳을 부르는 이름으로 부락민이란 에타와 히닌의 자손을 의미하는 차별 용어이다.

1871년에 메이지 정부는 에타, 히닌의 명칭을 폐지하고 신분과 직업을 평민과 동등하게 한다는 법령(해방령)을 발령해 천민계층을 폐지했지만, 다음 해에 실시된 호적 등재에 '구 에타', '신 평민'으로 출신이 기재되었기 때문에 법의 실효성은 없었다.

근대 일본의 부락민 차별은 시마자키 도손의 소설 『파계(破戒)』에 잘 나타나 있다.

소설의 주인공은 부락민 출신인 초등학교 교사 우시마츠이다. 제목인 '파계'는 우시마츠가 '절대 신분을 밝히지 마라'라는 아버지의 훈계를 깨고 학생들에게 자신이 부락민인 것을 고백하는 것을 말한다.

주인공이 자신의 신분을 숨긴 것을 무릎 꿇고 사죄하지만 결국 사회에서 추방당해 신

소설 『파계(破戒)』

천지인 텍사스로 떠난다는 전개는 차별을 벗어날 수 없었던 부락민의 실태를 보여주고 있다.[19]

제2차 세계대전 이후에 연합국 총사령부(GHQ)가 제정한 평화헌법으로 부락 차별은 법적으로 사라졌지만,[20] 부락민에 대한 차별은 현대에 이르기까지 뿌리 깊게 존속하고 있다.

부락민 차별은 결혼, 취업에 대한 차별로 나타났는데, 대표적인 것이 '특수부락 지명 총람 사건'이다. 이 사건은 1975년경 각 기업의 인사 담당자가 피차별 부락의 지명, 세대수, 주민의 직업이 기재된 『피차별 부락 지명 총람』이라는 책을 구매해 부락민 출신의 취업 기회를 박탈해 온 것이 발각된 사건이었다.

1996년에도 제2의 '특수부락 지명 총람 사건'이 일어났다. 대학의 연구자가 학술 목적으로 편집한 전국의 피차별부락 소재지가 실린 책자가 유출되어 오사카의 기업이 사용한 것이 드러난 것이다.

151

---

19 島崎藤村, 『破戒』, 新潮社, 1954년.
20 '모든 국민은 법 아래 평등하고 인권, 신조, 성별, 사회적 신분 또는 가문에 의해 정치적, 경제적 또는 사회적 관계에서 차별받지 않는다. (헌법 제14조)'

『部落地名総覧』
전국의 피차별 부락 소
재지, 가구 수, 직업 등
을 기재한 차별 도서로,
1975년이후 8종류가 있
는 것으로 알려졌다.

이렇게 얼마 전까지만 해도 부락민 출신은 상장기업에 취직할 수가 없었고, 숨기고 취업을 해도 들키면 알 수 없는 이유로 해고되었다.

일본 사회의 부락민 차별은 재일 한국인과 외국인에게도 적용되고 있다.

1995년에 일어난 옴 진리교 사건 때에는 교주가 '부락민이다', '조선인이다'라는 소문이 퍼졌고, 1995년의 고베 대지진과 2011년의 동일본 대지진 직후에도 재일 한국인, 재일 외국인의 강도, 강간에 대한 유언비어가 유포되었다.

2000년에는 이시하라 신타로 도쿄 도지사가 '지진이 일어난다면 불법 입국한 삼국인(三国人)이 흉포해질 것이니 자위대가 치안 유지를 잘해야 한다'라는 차별 발언으로 물의를 일으켰다. '삼국인'이란 2차 대전 후 고국에 돌아가지 않고 일본에 거주하고 있는 조선인, 대만인 등을 가리키는 차별 용어이다.

일본 정치인의 한국인 차별과 아시아인 멸시 발언은 자주 언론을 장식한다. 이런 일본인의 행동에는 차별받는 집단을 '더럽다', '열등하다'라고 믿는 상하 개념, 즉 사농공상, 에타, 히닌이라는 뿌리 깊은 차별 의식이 존재한다.

재일 외국인은 부락민이라서 차별받는 것이 아니라 차별을 받아서 현대의 '부락민'이 되는 것이다. 이렇게 일본에서는 차별이 과거의 문제가 아니다.

옴 진리교 교주 아사하라의 부친이 조선인이라고 보도한 「週刊現代」기사. (1995년 5월 27일)

불법 입국한 외국인은 전부 추방하겠다고 선언하는 이시하라 전 도쿄 지사.

현대 일본인의 인간관계와 이지메

'무라 하치부', '부락민'으로 대표되는 일본인의 잠재적 차별 의식은 153 자신들과 가치관이 동등하지 않거나 가깝지 않은 사람을 배척하는 행동인 이지메로 표출된다. 한 인터넷 사이트에서 조사한 직장에서 이지메 당하는 사람의 특징은 '실수해도 사과하지 않는 사람, 일을 못 하는 사람, 일을 너무 잘하는 사람, 자기주장이 너무 강한 사람, 자기주장이 약한 사람, 분위기를 너무 못 읽는 사람, 분위기를 너무 잘 아는 사람, 불평이 많은 사람, 착한 척하는 사람'이었다.[21]

---

21 www.uranailady.com

『친구들의 지옥』

이 책의 부제는 '공기를 읽는 세대의 서바이벌'이다. 일본인의 커뮤니케이션에서 제일 중요한 것이 '공기', 즉 분위기 파악이다. '공기를 못 읽는 사람'은 바로 이지메의 대상이 된다.

　자신들과 다른 타인을 인정하지 않는 배타적 문화이다 보니 주위와 조화되지 못하면 누구나 이지메의 피해자가 될 수 있다는 것을 알 수 있다. 소극적인 아이가 이지메를 당하기도 하고, 반대로 너무 적극적이어서 이지메를 당하기도 한다. 어른의 세계도 마찬가지다.

　'튀어나온 말뚝은 두드려 맞는다'는 속담이 있다. 일본에서 무엇보다 중요한 것은 조화이다. 분위기 파악을 못 하고 잘난 척하다 이지메의 피해자가 된다. 가해자가 피해자가 되는 경우도 많고 그 반대의 경우도 있다.

　일본의 사회학자 도이 타카요시는 현대 이지메의 특징은 피해자의 불특정에 있다고 보고, 일본의 이지메는 '어디서나 누구에게나 일어날 수 있는 현상'이라고 강조했다.[22]

　그래서 일본인의 인간관계는 우리가 이해하기 곤란할 정도로 복잡하다. 일본인은 상대와 좋은 관계를 지키기 위해 극도로 서로를 배려하는 태도를 보인다. 이지메는 유대를 강화하고 일치단결하기 위한 수

154

---

22 土井隆義, 『友だち地獄, 「空気を読む」世代のサバイバル』, 筑摩書房, 2008년.

단이기도 하니 집단에 속한 일본인은 항상 불안해하며 생활하지 않을
수 없다.

만일 상대를 불쾌하게 하면 좋은 관계가 끝나버릴 수도 있다. 이지
메에 대한 공포감을 가지고 있기 때문에 지나치게 신경을 쓰는 의식적
인 '상냥함'이 일본인의 인간관계에는 존재한다. 정신병리학자인 오오
히라 켄(大平健)은 현대 일본인의 상냥함을 다음과 같이 정의했다.

> '상냥함'의 규칙에서 침묵은 특별한 의미를 가진다. 말을 하는 것으로 상대
> 를 상처입히면 안 된다고 하는 '상냥한' 사람의 배려이다. 그래서 전차 안에
> 서 노인에게 자리를 양보하지 않는 것이다. '친절해 보이는' 행위를 해서 상
> 대에게 상처를 주는 것은 '상냥함'에 반한다. 서로가 상대에게 상처 주지 않
> 게 '배려'하는 것이 '상냥한 사람'들의 '상냥한 관계'이다.[23]

이런 인간관계 아래에서 생활하는 일본인은 자신의 솔직한 감정을
드러내기가 힘들 수밖에 없다.

일본인은 상대의 말에 반사적으로 웃는 경향이 있다. 설령 이야기
가 재미있지 않아도 상대가 어색하지 않도록 필사적으로 웃는다. 상대
와의 원만한 관계, 소위 상냥한 관계를 유지하기 위해서이다.

자신과 다른 생각을 하는 사람이 있어도 맞장구를 치지 않으면 안
되는 암묵의 규칙도 존재한다.

타인과의 '차이'를 확인하는 일은 인간관계를 무너트릴 가능성이 있
고, 인간관계가 무너진다는 것은 자신이 소속한 집단에서 소외당하는

155

---

23 大平健, 『優しさの精神病理』, 岩波新書, 1995년.

것을 의미한다. 속한 집단에서 소외당하는 것은 사회에서 인정받지 못한다는 뜻이며, 무라 하치부를 당하는 존재가 되는 것이다. 그래서 그런 사태가 생기지 않도록 지금 속한 집단에 더욱 잘하려고 필사적으로 노력하다 보니 다른 인간관계를 만들 여력이 없어진다.

다음 페이지의 사진은 2016년 여름 후쿠오카 거리의 모습이다. 똑같은 옷을 입고 '쌍둥이 놀이' 중인 여학생들의 모습이 신기해 보인다. 궁금해서 물어보니 친하다는 것을 나타내기 위해서 같은 복장을 입는다는 것이다.

최근에는 SNS에 일기를 올리는 사람도 많아졌는데, 일기의 내용은 의외로 간단하다. '오늘은 A와 가라오케에 갔다', '오늘은 B와 쇼핑을 했다'. 이것은 소위 '사이 좋은 친구 놀이'라고 불리는 행동이다.

일본의 젊은이는 '쌍둥이 놀이'와 '사이좋은 친구 놀이'를 통해 무엇을 주장하는 것일까? 나에게는 친구가 있다고, 나는 이지메 당하는 사람이 아니라고 알리고 싶은 것일까?

일본인의 인간관계는 복잡해도 너무 복잡하다. 이렇게 인간관계가 힘들다 보니 타인과 관계를 맺는 것 자체를 귀찮다고 생각하는 사람도 적지 않다. 남녀의 관계도 마찬가지다.

국립 사회보장 인구문제 연구소의 「현대 일본의 결혼과 출산 보고서」 2015년 조사 결과를 보면 교제하는 이성이 없는 미혼자의 비율은 남성이 69.8%, 여성이 59.1%이며, 지금 사귀는 사람이 없고 앞으로도 이성 교제를 원하지 않는다고 응답한 사람은 남성 30.2%, 여성 25.9%

로, 이성과의 교제를 원하지 않는 사람도 매년 증가하는 추세이다.[24]

최근의 일본 거리에는 감기에 걸린 것도 아닌데 마스크를 쓰고 있는 사람이 많다.[25]

'다테 마스크(伊達マスク)'라 불리는 것으로 본래의 목적과 다른 이유로 항상 마스크를 쓰고 있는 것을 말한다.

상대에게 자신의 표정이 전달되는 것에 부담을 느껴 마스크를 쓰는 것이 편하다는 것이다.

효고 현립대학 다케우치 카즈오 교수의 조사에 의하면 '다테 마스

---

24 www.ipss.go.jp. 조사 대상은 18~34세의 미혼자이다.

25 아사히 신문의 2011년 1월 29일, '마스크로 숨기는 진짜 얼굴'이라는 기사를 통해 마스크를 하지 않으면 불안해지는 학생들에 대한 취재를 보도했다.

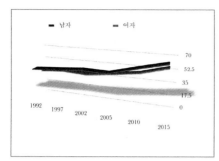

■ 남자　■ 여자

'교제하고 있는 사람이 없다'

'마스크를 쓰는 것이 편하다'

크'는 온라인 소통에 익숙한 젊은이에게 특히 많이 나타나는 행동으로, 마스크를 하지 않으면 다닐 수 없는 '마스크 의존증' 학생이 간사이 지방 공립 중학교 90.6%에 존재하는 것으로 확인되었다.[26]

또 인터넷 리서치 DIMSDRIVE의 2014년 조사에서는 20대 이상 성인의 14.8%가 다테 마스크를 경험한 것으로 나타났다.[27]

이들은 '타인과 관계하고 싶지 않다', '말하고 싶지 않다'라는 의사를 마스크로 얼굴을 가리는 행동으로 나타낸다.

다수의 의견과 다른 사람을 차별 하고 제재를 가하는 사회에서 '마스크'는 타인을 상처입히고 싶지 않고, 타인에게 상처받고 싶지 않은 사람이 할 수 있는 최후의 수단일지도 모르겠다.

일본에는 지금도 무라 하치부가 존재하고, 제2, 제3의 부락민이 생겨나고 있다. 사회 전체에 이지메가 만연하지만 문제가 너무 깊고 복잡

26 秋山千佳, 『ルポ保健室子どもの貧困虐待性のリアル』, 朝日新書, 2016년.
27 http://www.dims.ne.jp/timelyresearch. 「マスクに関するアンケート」, 2014년 3월 27일.

하다 보니 정부도 전문가도 해결책을 내지 못하고 있다. 이지메는 '타인의 존재를 받아들이지 않는 배타적인 행동'이다. 주위에 동조하지 않는 사람은 나쁜 사람이고, 나쁜 사람을 벌주는 좋은 이지메도 있을 수 있다고 생각하는 일본인이 있는 한 일본의 이지메는 앞으로도 지속적이고 일상적으로 일어날 것이다.

3장

모든 것이

신이 되는 나라,

일본

일본에는 왜 요괴가 많을까?

일본인과 요괴

요 몇 년 동안 일본에서는 '요괴 워치'가 화제였다.

'요괴 워치'는 2013년 7월에 발매된 닌텐도 3DS용 게임 소프트로, 애니메이션과 만화, 완구 등으로 만들어져 초등학생을 중심으로 폭발적인 인기를 끌고 있다. 2015년의 요괴 워치 관련 상품 판매액은 552

『요괴워치』는 만화, 게임, 애니메이션 등
미디어 믹스(Media Mix)로 출시해 초등
학생을 중심으로 큰 인기를 끌 있다.

억 엔이며 2016년은 329억 엔이었다.[1]

이 상품의 히트 요소는 우선 '요괴'를 테마로 한 점이다. 등장하는 요괴는 귀여운 생물체 요괴이다. 남녀 불문하고 친숙해질 수 있는 캐릭터 디자인으로, 특히 고양이 요괴 '지바냥'은 피카츄의 뒤를 잇는 존재라고 할 만큼 인기이다.

게임은 하지 않아도 애니메이션이나 완구에 관심을 가지는 아이가 많고, 성인도 캐릭터가 귀엽다는 이유로 인형을 구매한다고 한다.

그러고 보니 일본에는 유독 요괴를 소재로 한 만화, 애니메이션, 영화, 소설이 많다.

「게게게 기타로」, 「음양사」, 「센과 치히로의 행방불명」, 「갓파쿠와 여름방학을」, 「포뇨」 등 요괴를 소재로 한 다양한 작품이 매년 제작되고 있다.

일본인은 왜 이렇게 요괴 이야기를 좋아하는 것일까? 그들은 요괴를 통해 무엇을 보려고 하는 것일까?

---

1 GetNaviweb 2017년 2월 21일 기사.

일본인과 요괴의 관계를 중심으로 일본인의 생활과 문화, 현대 일본인의 심리에 대해 생각해보자.

요괴는 일본인의 삶 속에 존재했다

역사를 거슬러 올라가 보면 요괴 이야기는 아주 먼 옛날부터 일본인들의 삶 속에 존재했다. 일본인은 인간이 이해할 수 없는 불가사의한 일이 일어났을 때 그것을 요괴가 한 일이라고 이해해 왔다.

지금은 일상 속에서 도깨비나 귀신을 본다는 이야기를 잘 듣지 못하지만, 고대의 일본인은 실제로 요괴의 존재를 믿었다.

그렇다면 일본인이 생각한 요괴는 어떤 것일까? 『일본 민속 대사전』의 설명에는 요괴란 인간의 의식과 지식을 벗어난 모든 '이상한 것'인 존재이며, 그 배경에 공포와 불가사의가 있다고 나와 있다.

불안과 공포를 불러일으키는 불가사의한 일이나 현상, 또는 그런 현상을 일으킨다고 생각되는 초자연적인 존재. 일반적으로 요괴라고 하면 이상한 모습과 불가사의한 힘을 가진 초자연적인 존재로 인식되어 재앙을 불러일으키는 공포의 대상으로서 여러 가지 모습과 속성으로 창조되었다. 이해하기 어려운 상황을 만났을 때, 인간들의 지식과 상상력이 만들어 낸 설명 방법이라고도 할 수 있을 것이다. 또 요괴 외에도 오바케, 바케모노, 헨게, 아야

카시 등 여러 개의 이름이 있는데, 각각 다른 의미가 있기는 하지만 명확히 구별할 수는 없다.[2]

또 「게게게 기타로」의 작가인 미즈키 시게루(水木しげる)는 이상한 생물이나 기이한 현상을 일괄해서 요괴라고 정의했다.[3]

그러니까 인간이 알 수 없는 불가사의한 현상이나 인간에게 영향력을 끼칠 수 있는 초자연적인 존재는 모두 요괴인 것이다.

팔백만 신의 존재를 믿는 일본에서 요괴는 신과 같은 존재이기도 했다. 악마나 사탄으로 상징되는 서구의 요괴와 달리 일본의 요괴는 선악으로 나눌 수 없는 양면성을 가지고 있었다. 요괴를 신으로 모시는 신사가 있는 것도 이 때문이다.

일본인은 사람의 힘으로 맞설 수 없는 공포나 불가사의한 현상을 이해하기 위해 '요괴'라는 이름을 붙이고, 두 손 모아 비는 것으로 자신을 안심시켰다. 예를 들어 갑자기 돌풍이 불어와 피해가 생겼을 때는 옆의 사진처럼 낫이 달린 족제비 요괴의 짓이라고 생각했다. 이렇게 보이지 않는 존재를 어떤 형태로 만들고 뭔가에 결부시켜 '보이는 것'으로 만들려고 하는 것은 일본 문화의 한 특징이기도 하다.

이렇게 만들어진 요괴는 당연히 시대와 지역에 따라 달라질 수밖에 없었다. 그런 의미에서 요괴는 일본 문화를 탐구하는데 좋은 장치이다.

166

---

2 福田アジオ編,『日本民俗大辞典』, 吉川弘文館, 1999년 10월.
3 미즈키 시게루(1922~2015)는 1968년부터 2009년까지 수십 년 동안 방영된 TV애니메이션 '계게게의 기타로'의 원작자로 일본의 원로 만화가이자 대표적인 요괴 연구가이다.

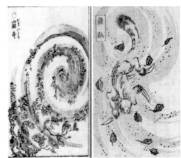

사이타마 현 기진 신사(鬼鎭神社)

일본의 역사를 보면 사회 정세가 불안할 때 요괴나 괴담이 많이 발생했다는 것을 알 수 있다. 일본인의 '불안한 마음'이 어떻게 '요괴'를 만들어내었는지, 요괴의 출현을 역사의 흐름에 따라 살펴보자.

요괴는 세기말에 나타났다

일본의 요괴는 크게 인간을 초월하는 힘을 가진 두려운 존재와 그렇지 않은 존재로 나눌 수 있을 것 같다. 지금도 신앙의 존재로 남아 있는 강력한 요괴는 일본인이 말세라고 생각했던 시기에 출현했다. 흥미로운 것은 요괴의 모습을 그림으로 볼 수 있게 된 무로마치 시대 이후에는 요괴가 더이상 두려운 존재가 아니었다는 것이다.

강력한 요괴 - 오니(鬼), 괴여우(狐), 텐구(天狗)

요괴에 관한 기록은 나라 시대(奈良時代, 710~794)부터 나타난다. 요괴 이야기는 여러 문헌에 보이지만, '모노노케' 같이 모습이 확실하지 않은 요괴가 기록되어 있다. '物の怪' 혹은 '物の気'로 표기하는 '모노노케'는 '괴이한 기운'이라는 뜻이다. 『쇼쿠니혼기(續日本記)』[4]의 777년 3월 1일 조에는 '크게 부정을 물리쳤다. 궁정에 빈번히 모노노케가 나타나기 때문이다'라는 기록이 보인다.

이 시대의 문학작품에 등장하는 요괴는 주로 '오니(鬼)'라고 불렸는데, 역시 구체적인 형상의 묘사 없이 인간의 불안과 공포의 대상으로 그려져 있다.

나라 시대에 이어지는 헤이안 시대(平安時代, 794~1185)는 여류문학이 등장하고 왕조문화가 화려하게 꽃피었던 시대였다.

헤이안 시대 말기가 되면 귀족 계급이 몰락하고 무사 계급이 대두하는 불안정하고 혼란스러운 시대가 된다. 요괴의 모습이 확실해진 것은 이때부터였다.

헤이안 시대 말기는 일본 역사상 최초로 요괴가 날뛰던 시대였다고 할 수 있다. 지금까지 애매한 존재이던 요괴가 구체적인 이름과 모습으로 묘사되기 시작했다. 사람들은 밤이면 이상한 모습을 한 요괴들이 어디선가 나타나 어두운 교토를 배회한다고 믿었다. 밤에 나타나는 요괴들은 '백귀야행(百鬼夜行)'이라고 불렸다.

168

---

4 헤이안 시대 초기에 편찬된 칙찬 사서(勅撰史書)로 697년부터 791년까지 95년간의 역사를 다루고 있다.

슈텐 동자의 전승은 무로마치 이후 다양한 요괴 그림으로 재탄생한다.
그림은 에도 시대의 우키요에. (사진/Yoshitsuya Ichieisai)

요괴가 일으켰다고 하는 다양한 사건이 『곤쟈쿠 모노가타리슈(今昔物語集)』[5] 등의 설화집을 통해 전승되었고, 사람들은 사회의 혼돈과 불안을 요괴 이야기를 통해 이해하려고 했다.

이 시대에 나타난 요괴는 '슈텐 동자'로 대표되는 '오니(鬼)'와 '타마모노 마에'라 불리는 괴여우였다. 슈텐 동자와 타마모노 마에는 궁궐과 교토라는 왕권이 지배하는 세계로 들어와 사회를 어지럽히는 강력한 요괴로 그려져 있었다.

우선 슈텐 동자(酒呑童子)는 키가 6미터나 되고 뿔이 5개, 눈이 15개에 술을 마신 것처럼 얼굴이 빨간 오니라고 묘사되어 있다. 다양한 전승이 있는데, 가장 유명한 것은 오오에 산의 슈텐 동자이다. 교토 오오에산에 사는 슈텐 동자가 성내로 들어와 귀족의 딸들을 납치하는 일이 빈번하게 일어나 천황이 명령을 내려 슈텐 동자를 퇴치했다는 이

5 12세기 전반, 중세로 넘어가는 전환기라고 할 수 있는 원정기(1120년 이후)에 편찬된 일본 문학 사상 최대 규모의 설화집이다. 총 31권으로 분류되는데 제27권이 요괴담으로 구성되어 있다.

야기이다.

한편 타마모노 마에는 괴여우이다. 궁정에 들어와 도바 상황[6]의 총애를 받았는데 정체를 의심한 음양사가 진언을 외우니 꼬리가 아홉 개 달린 여우가 모습을 드러내었다. 천황의 명령으로 도망치는 여우를 쫓아가 퇴치하니 돌이 되었고, 그 돌에 다가간 사람은 모두 죽어버렸다는 이야기이다.

이런 이야기는 왜 만들어졌을까?

위의 두 이야기의 요지는 천황의 명령으로 인간을 위협하는 강력한 요괴를 퇴치했다는 것이다. 이야기에는 시대의 새로운 권력인 음양사와 무사도 등장한다.

그런데 이야기의 내용과는 반대로 헤이안 시대 말기는 지방에서 반란이 일어나고, 천재지변에 도적이 들끓어서 왕권이 위협받던 시대였다.

사람들은 말세가 도래했다고 생각하고 있었고, 당시의 천황이나 귀족 집단은 지배력을 잃어가고 있었다. 무사의 권력이 왕권을 넘보고 있었지만, 이야기 속의 천황은 무사에게 명령을 내려 요괴를 없애 버렸다.

이야기에 등장하는 요괴는 왕권을 위협할 정도로 강력한 요괴였다. 천황의 명령으로 강한 힘을 가진 요괴가 퇴치되었다는 상징적인 이야기를 통해 왕권을 위협하는 모든 것은 요괴의 행위이고, 왕권은 그 요괴를 퇴치할 힘(무사, 음양사)을 가지고 있을 만큼 강력하다는 것을 말하고자 한 것이다.

요괴의 힘이 강하면 강할수록 요괴를 없앨 수 있는 왕권의 강력

6 鳥羽天皇(1103~1156)은 3대에 걸쳐 28년간 원정(院政)을 펼쳤다. 천황이 양위하면 상황이 된다.

함이 증명되는 것이니 요괴는 인간을 훨씬 넘어서는 초월적인 존재로 묘사되어 있다.

헤이안 시대 말기의 요괴담은 왕권의 강력함을 칭송하기 위해 천황과 귀족이 만들어 낸 이야기라 할 수 있다.

헤이안 시대에 이어지는 가마쿠라 시대(鎌倉時代, 1185~1333)는 귀족 사회가 몰락하고 새로운 계층인 무사들이 정치의 중심에 있던 시대였다. 이 시대에는 '가마쿠라 불교'라고 불리는 불교가 민중에 유포되어 강력한 권력을 가지게 되는데, 이런 시대의 변화는 요괴 이야기에서도 찾아볼 수 있다.

강력한 힘을 가진 요괴가 다시 등장한 것은 역시 세기말적인 상황에 있었던 가마쿠라 시대 말기였다.

이 시대의 대표적인 요괴는 '텐구'였다. 중세의 역사소설인 『헤이케모노가타리(平家物語)』[7]에는 텐구의 모습이 '손발은 사람, 몸은 개, 좌우에 날개가 있다'라고 나온다.

오른쪽 그림은 남북조 시대의 에마키인 『제가이보 에고토바』에 나오는 텐구이다.

내용은 중국에서 건너온 제가이보란 텐구가 일본의 텐구와 힘을 합해 스님들의 수행을 방해하려 하지만 호법 동자로 인해 세 번 싸워서 세 번 다 패한다는 이야기이다.

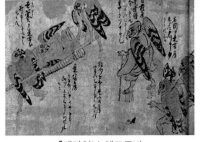

『제가이보 에고토바』
불교을 방해하는 요괴 텐구가 나온다.

---

7 가마쿠라 시대의 군기(軍記) 문학 가운데 최고 걸작. 1190~1221년의 구전 이야기와 다른 여러 이야기집을 수집하여(1240년경) 하나의 서사시로 집대성해 탄생했다.

도쿄 다카오잔(高尾山) 텐구

이 이야기는 불교 설화의 성격을 띠고 있는데, 불교의 힘만이 악령을 처치할 수 있고, 스님만이 병을 퇴치할 수 있다고 말하고 있다. 텐구는 불교를 방해하기 위해 나타난 요괴이기 때문에, 음양사가 아니라 승려들이 텐구를 퇴치하고 있는 것이다.

텐구 이야기는 이렇게 불교를 방해하는 요괴로 만들어져 전승되는데, 여기에는 가마쿠라 중기 이후 세력이 약해지고 있던 불교계의 불안이 반영되어 있다고 볼 수 있다.

가마쿠라 말기가 되면 전란이 시작되어 천황이 두 명이라는 백성이 이해할 수 없는 사태가 발생한다. 이때를 남북조 시대(南北朝時代, 1336~1392)라 부른다.

남북조 시대를 무대로 한 역사소설인 『타이헤이키(太平記)』[8]에는 일본 역사상 가장 강력한 요괴인 '원령(怨靈) 텐구'가 등장한다.

소설은 남북조의 동란, 즉 두 명의 천황이 존재하는 믿을 수 없는 사태는 세상에 원한을 품고 죽은 천황과 고승의 원령인 텐구의 소행이라고 말하고 있다.

불법을 방해하던 텐구가 이제 국가 전체의 질서를 깨트리는 '원령 텐구'라고 불리는 더욱 강력한 요괴로 탄생한 것이다.

그리고 이 원령 텐구를 정점으로 일본의 요괴는 점차로 힘을 잃어 갔다. 어떤 의미로 이것은 절대적인 힘을 가진 권력, 즉 왕권과 교권의

---

8 약 50년에 걸친 남북조 시대의 흥망성쇠를 그린 군기 문학이다.

약화를 의미하는 일이기도 했다.

　헤이안 시대 말기, 무로마치 시대 말기, 남북조 시대의 사회 혼란기에 일본의 요괴는 가장 강력한 힘을 발휘했다. 권력자의 불안이 만들어 낸 강력한 요괴인 오니, 괴여우, 텐구는 세상을 뒤흔드는 초월적인 존재로 탄생해 지금도 신으로 모셔지고 있다.

새로운 요괴의 탄생, '쓰쿠모 가미(付喪神)'

　남북조 시대 이후로 천황도 불교도 권력에서 점차 소외되고, 동란을 거쳐 무로마치 시대(室町時代, 1338~1573)가 시작된다. 이 시대의 문화 담당자는 지배 계층이 아니라 도시 서민이었다.

『付喪神絵巻』. 물건도 백 년을 살면 영혼을 획득해 사람을 속일 수 있게 되는데, 이것을 쓰쿠모 가미라 불렀다.

무로마치 시대는 경공업의 발달로 생활 도구를 대량으로 만들고 소비하던 시대였다. 이런 시대의 변화는 요괴담에도 나타나는데, 무로마치 시대 후기가 되면 국가를 상대로 하는 강력한 요괴는 쇠퇴하고 그 것을 대신해 새로운 요괴가 나타난다. '오래된 도구'의 요괴인 '쓰쿠모 가미'이다.

앞의 그림은 무로마치 시대 말기의 『쓰쿠모 가미 에마키』에 묘사된 쓰쿠모 가미이다. '에마키(絵巻)'는 이야기와 삽화가 있는 가로로 긴 두루마리를 말한다. 요괴 그림이 있는 에마키를 통해 이제 사람들은 요괴의 모습을 확인할 수 있게 되었다.

『쓰쿠모 가미 에마키』의 줄거리는 이렇다. 물건도 백 년을 살면 영혼을 획득해 사람을 속일 수 있게 되는데, 이것을 쓰쿠모 가미(신)라 부른다. 그래서 사람들은 백 년이 되기 전에 도구를 버리는 '스스 하라이(대청소)'를 하는데, 백 년을 채우지 못해 신이 되지 못한 도구들이 버려진 원한으로 '요괴'가 되지만, 결국 불교에 귀의해 성불한다는 이야기이다.

쓰쿠모 가미에게는 왕권 타도나 불법 방해 같은 야망이 없다. 요괴담의 생산자가 서민이다 보니 요괴담의 규모도 작아진 것이다.

무로마치 시대에 만날 수 있는 요괴는 민간 신앙과 연관된 요괴였다. 이 『쓰쿠모 가미 에마키』는 그래도 요괴 퇴치 이야기지만, 이후의 요괴는 이야기가 빠진 채로 등장한다.

다음 그림은 『백귀야행 에마키』의 요괴이다. 이 책은 그냥 요괴의 시가행진을 그린 이야기가 없는 그림책이다. 요괴들은 거문고나 비파 같은 악기부터 우산과 구두, 혹은 염주의 모습을 하고 한자리에 만나 행진을 하고 있다. 이전 시대와 완전히 다른 새로운 요괴가 등장한 것이다.

『百鬼夜行絵卷』. 이 책은 그냥 요괴의 시가행진을 그린 이야기가 없는 그림책이다.

이것은 요괴가 두려움의 대상이 아니라 흥미로운 대상으로 바뀌고 있다는 것을 보여주고 있다.

유령의 등장과 요괴 붐

시대가 지나서 에도 시대가 되면 막번 체제[9] 아래에서 유교의 진흥과 엄격한 신분 제도가 시행된다. 에도 시대는 현세 중심, 인간 중심적인 사고가 우세한 시대였다. 종교 통제의 영향으로 사람들은 내세보다 현세를 중시하며 합리적인 사고를 길렀고, 집안의 번영과 인간관계를 중요시하게 되었다.

---

9 막번 체제는 1603년 도쿠가와 이에야스가 개창한 에도 막부 시기의 정치 체제이다. 쇼군이 막부를 장악하고 그 아래 여러 다이묘가 번에서 자치권을 행사하는 것이었다.

농민 요에몬 부부에게는 아내가 데려온 딸이 있다. 요에몬은 의붓딸을 강에 밀어 넣어 살해해 버렸다.

다음 해 부부 사이에 딸이 태어나는데 죽은 아이와 너무 닮아서 겹친다는 뜻으로 이름을 '카사네'라고 불렀다.

양친이 죽은 후 카사네는 가난한 야고로를 남편으로 맞았다.

야고로는 카사네를 죽인 후 새장가를 가지만, 결혼하는 여자들이 전부 죽어버린다. 여섯 번째 후처와의 사이에 딸 키쿠가 태어났는데, 키쿠에게 카사네의 영혼이 들어왔다.

『사령해탈물어간서』에
등장하는 유령 카사네

남편에게 살해 당한 오이와

주인이 살해한 오기쿠의 유령

유령 카사네

에도 시대는 유령의 시대였다. 괴담의 주인공은 주로 원한을 가진 여자나 아이의 유령이었다.

사진 출처 http://www.japaneseprints.net

176

그렇다면 이 시대의 사람들은 요괴를 만나지 못했을까?

에도 시대의 요괴는 공포를 느끼게 하는 존재는 아니었지만, 책, 그림, 연극 등의 소재로 여전히 사람들과 관계를 이어가고 있었다.

공포를 느끼게 하는 존재로는 요괴 대신 괴담(怪談)이 관심을 끌게 되었다.

서민 문화의 발달로 사람들의 관심이 자기 주변에서 생길 수 있는 괴이한 이야기, 특히 유령 이야기로 옮겨가게 되었는데, 이 시대 사람들이 가장 무서워 한 것은 내 주위의 '사람', 특히 원한을 가진 사람이었다.

당시의 사람들 사이에서는 유령을 무서워하면서도 공포를 즐기는 괴담회가 유행했는데, 대표적인 것이 '햐쿠 모노가타리(百物語)'이다. 괴담을 100개 마치면 진짜 요괴가 나타난다는 생각에서 나온 것으로, 밤에 사람들이 모여 촛불을 백 개 켜놓고 이야기가 끝나면 촛불을 하나씩 끄며 공포를 즐기는 모임이었다.

괴담회에서 나온 이야기를 수록한 괴담 책도 많이 간행되었다. 괴담의 주인공은 주로 원한을 가진 여자나 아이의 유령이었다. 한마디로 에도 시대는 유령의 시대였다고 할 수 있다.

옆의 사진은 에도 시대 3대 유령으로 꼽히는 오이와, 오기쿠, 카사네의 모습이다.

그럼 요괴는 어떻게 되었을까?

이제 사람들은 일종의 문화예술로서 요괴를 즐기게 되었다. 요괴가 공포의 대상에서 오락의 대상으로 변모한 것이다.

그리고 에도 시대 말기가 되면 요괴 붐이라는 할 정도로 요괴에 관한 관심이 커진다. 요괴를 그린 수많은 그림이 돌아다니고, 요괴 도감

아즈키 아라이
강에서 팥 씻는 소리를
내는 요괴

아카 나메
목욕탕의 먼지를 핥아 먹
는 요괴

누레 온나
강에 사는 요괴

자시키 아라시
단발머리를 한 아이
요괴

에도 시대가 되면
요괴는 공포의 대상에서
오락의 대상으로
변한다.

야마 우바
산속에 사는 요괴

178

의 성격을 가진 책도 만들어지고 새로운 요괴 이야기도 속속 나오게
되었다. 『백귀야행』, 『속백귀』등의 요괴 그림책(에혼)이 인기를 끌고, 우
키요에 화가들도 당시 인기가 있던 요괴 그림을 즐겨 그렸다. 괴담이나
요괴 전승을 기반으로 한 연극도 서민들에게 인기가 있었다.

또 요괴는 완구, 담뱃갑, 놀이기구, 도장통의 장식으로도 사용되었
다. 그야말로 '요괴 붐'이라고도 할 만한 시대가 도래한 것이다.

그렇다면 왜 이런 요괴 붐이 생기게 되었을까?

　에도 말은 경제적으로 불경기에 접어들고, 정치적으로 변혁이 예견되는 시대였다. 그만큼 사람들의 마음속에 불안감이 퍼졌다고 볼 수 있다. 사람들은 헤이안 시대 말기처럼 요괴를 통해 이해할 수 없는 세상의 변화를 구하기도 하고, 요괴를 상상하는 즐거움으로 힘든 시대를 이겨내려고 한 것으로 보인다.

　위 그림은 1855년의 에도 대지진 때 대량으로 제작된 큰 메기 그림이다. 사람들은 지진을 땅속에 사는 거대한 요괴 메기가 일으킨 사람의 힘으로는 어쩔 수 없는 일이었다고 이해하려고 했다. 지진에 대한 불안이 요괴 메기를 만들어 낸 것이다.

다시 나타난 요괴, 도시 전설

　에도 말기 이후 다시 요괴가 무대에 등장하는 것은 1980년부터 지금에 이르는 시대이다.

에도 시대 후기 메이지 유신을 거치면서 일본은 개국이라는 시대의 큰 변혁기를 맞이했다. 그러나 이 개국으로 한 번에 유입된 서양의 합리주의와 근대 과학사상은 요괴라고 하는 비합리적, 비과학적인 존재를 부정했다.

일본인들이 적극적으로 수용한 서구의 과학 문명으로 보면 요괴는 박멸의 대상이었다. 요괴의 근거지인 자연은 급속히 개발되고 사라져 갔다.

메이지 시대에 생겨난 요괴학도 사람들에게 요괴가 없다는 것을 과학적으로 보여주기 위한 학문이었다. 이제 요괴는 '환상 문학'이라 불리는 미야자와 겐지(宮沢賢治)[10]와 이즈미 교카(泉鏡花)[11]의 작품 속에서 겨우 명맥을 유지하고 있을 뿐이었다. 일본인의 삶 속에서 천 년 이상 함께 살아왔던 요괴들이 더이상 모습을 드러내지 않게 된 것이다.

메이지 시대는 사람들의 자연관과 사고의 패러다임이 극적으로 변한 일본사의 큰 전환기이며 물질에서 풍요로움을 찾기 시작한 시대의 시작이기도 했다.

180

산림의 택지화, 목재 남벌, 근해나 산의 오염이 늘어나고 가까운 자연은 급속히 사라져갔다. 들과 산, 물가의 어둠에 살고 있던 요괴들은 주거지에서 쫓겨났고, 일본인의 마음속에서도 모습을 감추게 되었다.

제1차 오일쇼크 이후 고도성장으로 돈과 물질이 정신적인 여유와 풍요로움의 상징이 되었고, 사람들은 옛날처럼 요괴에 불안을 의탁할

---

10 1896~1933년. 일본의 시인·동화작가. 겐지의 동화에는 일본 전래의 요괴가 많이 나온다.
11 1873~1939년. 일본의 단편 소설가. 교카의 작품은 기이한 이야기가 많아서 환상 문학으로 불린다.

필요가 없어졌다.

핵가족화가 진행되고, 지역 내 교류가 줄어들고 공동체 의식도 약해져 누군가의 기묘한 체험담이 지역의 '공동 환상'이 되어 퍼지는 일도 적어졌다. 요괴는 이쯤에서 사라지는 것처럼 보였다.

그러나 1975년 이후 제2차 오일쇼크로 경제성장이 둔화하고 불경기에 대한 불안이 퍼지기 시작하자 새로운 시대의 요괴 전승이 무대에 등장한다.

그 상징이 1980년경 급속히 퍼져 전국을 달군 '입 찢어진 여자(구치사케 온나)' 이야기이다.

마스크를 쓴 여성이 방과 후 귀가하는 아이를 낫으로 잘라 죽인다는 이야기는 당시의 학생들에게 공포를 불러일으켜 후쿠시마 현, 가나가와 현 일대에서는 실제 경찰이 출동하고 홋카이도와 사이타마 현의 일부 지역에서 집단 하교가 시행되는 등 사회적인 공황 현상을 불러일으켰다. 괴담은 바로 도

새로운 요괴 전승은
영화로 재탄생한다.

시 전설이 되어 전국으로 퍼져나갔다. 1979년 당시 이 일대에서는 미쓰비시 은행 권총 인질 강도사건, 터널 붕괴, 화산 분화 같은 일들이 연달아 일어나 사람들에게 불안감을 조성하고 있었다.

이후 각 지역에서 다양한 도시 전설이 탄생하는데, 새로운 요괴담의 탄생이라 볼 수 있다.

재미있는 것은 이 시기에는 신사나 절의 합격을 기원하는 팻말(에마) 에 '엄마, 공부하라고 하지 마'라는 문구가 많이 보였다는 것이다. 공부 에 시달리던 아이들은 소원을 비는 팻말과 요괴라는 두 개의 다른 대 상에 마음을 의지하고 '화장실의 하나코', '요괴 테케테케', '사토루 군' 같은 새로운 시대의 괴담, 소위 도시 전설의 생산자가 되었다.[12]

1990년 이후 요괴가 등장하는 애니메이션이 국민적인 인기를 얻었다.

80년대 중반 이후의 일본 사회는 거품 경제 붕괴의 조짐, 학교 폭력 등 으로 흔들리고 있었다.

1984년에 '중산층 의식 조사'가 진 행되었다.[13] 그 결과 90% 가까이가 자신은 중산층이라고 답한 것이 화제 가 되었다. 그러나 같은 시기 신문사 가 독자적으로 수입 기준 등의 조사 항목을 설정해 조사했더니 중산층이 라고 답한 사람은 23%였다.[14] 한마디 로 당시의 일본인은 의식으로는 중산 층인 셈이지만 구체적인 장래 전망이 나 경제적인 미래를 보면 '불안'한 상 태였다.

---

12 하나코는 아무도 없는 화장실에 나타나는 요괴이다. 테케테케는 기차에 치여 죽은 여고생 의 망령으로 다리가 없다. 사토루 군은 휴대폰 속의 요괴로 질문에 대답을 해주는 존재이 다. 이런 도시 전설은 지금도 다양하게 만들어지고 있다.

13 内閣総理大臣官房広報室, 「国民生活に関する世論調査」.

14 『新階層消費の時代』, 日本経済新聞社, 1985년.

1984년은 소위 거품경제가 시작되던 때였다. 이상할 정도로 호경기이던 이 시기에는 고도성장기 이상으로 돈이나 물질이 풍요로운 시대였지만, 사람들은 '표면적 안정, 내면적 심각'이라는 잠재적인 불안을 안고 있었다.

이런 잠재적인 불안감을 가진 사람들에게 인기를 얻은 것이 요괴와 초능력자를 주인공으로 한 애니메이션이고, 도시 전설을 소재로 한 영화이며 어른들의 점치기 붐이었다.

거품 경제는 1991년경 급속히 종언을 맞이했고, 히키코모리, 자살, 이지메 같은 사회문제들이 증가하게 되었다.

그것에 호응하듯 「이웃집 토토로」, 「원령공주」, 「센과 치히루의 행방불명」과 같은 요괴와 모노노케가 등장하는 애니메이션이 국민적인 인기를 얻었다.

마치 살아있는 것처럼 계속 생겨나는 도시 전설이나 풍수, 음양사의 인기가 더해져 요괴는 지금도 일본인들의 마음을 끌어당기고 있다.

물론 요괴가 마을 살리기나 자연보호 운동의 캐릭터가 되는 등 요괴의 존재 의식이 조금씩 변화해 가고 있지만 요괴의 역할은 옛날이나 지금이나 마찬가지다.

사람들은 '앞길이 보이지 않는' 괴로운 상황 속에서 다시 요괴나 도시 전설에, 점이나 소원 팻말에 마음을 의지하며 힘든 세상을 뛰어넘기를 바라고 있다. 여기에 일본에서 요괴가 완전히 사라지지 않는 이유가 있는 것은 아닐까?

나라 현과 시즈오카 현에 전승되는 '베토베토 씨'라는 요괴가 있다.
어두운 밤길을 갈 때 누가 뒤에 딱 따라오는 느낌이 들 때가 있는데,
그것이 '베토베토 씨'이다. 베토베토는 의성어로 저벅저벅 정도의 뜻
이다. 이 요괴는 미즈키 시게루에 의해 형상화되어 『게게게 기타로』
에 등장한다.

요괴는 일본인의 불안을 나타내고 있다

위에서 살펴보았듯이 요괴의 변화는 일본의 사회 역사의 변천과 깊
은 관련이 있었다.

요괴는 일본인의 공포와 불안이 만들어 낸 존재로, 요괴를 생산하
고 확산한 사람들은 각 시대의 지배계층, 혹은 문화의 담당자였다. 시
대가 혼란스러울수록 요괴는 강력해지고 다양해졌다.

일본인은 자신들의 공포와 불안을 '요괴'로 형상화해서 불안을 이
해, 해소하려고 하는 문화를 가지고 있다. 시대의 변환기에 유독 많은
요괴가 출현하는 이유는 이 때문이다.

요괴의 모습은 사람들이 공포 혹은 관심을 느꼈던 대상에 따라 동
물, 자연, 도구, 인간으로 다양하게 변화해왔다.

요괴는 인간의 감정에서 태어난다. 인간의 질투가 만든 요괴 '다카온
나'이다. 평소에는 보통 모습이지만 화가 나면 하반신을 늘여서 2m
이상이나 된다. 유곽의 이층을 잘 들여다 보는데, 누군가 보고 있는
것 같은 기분이 들 때는 화가 난 '다카온나'가 옆에 있는지 잘 살펴
보자.

　　강력한 공포심을 주는 요괴가 동물의 모습에서 조금씩 인간의 모
습으로 변해간 것에서 공포를 느끼는 대상이 자연에서 사람으로 변한
것을 확인할 수 있다.

　　이렇게 요괴는 일본인에게 현재의 공포와 다가올 운명에 대한 불안
을 상징하는 역할을 해왔다.

　　또 요괴는 오락의 대상이 되기도 했다. 사람들은 자신들이 만들어
낸 다양한 요괴의 모습을 통해 힘든 세상을 이겨나가려고 했다.

　　「도라에몽」, 「포켓 몬스터」, 「이웃집 토토로」에서 「요괴 워치」까지 아
이들이 등장하는 애니메이션의 요괴는 아이들이 부르면 나타나 도와
주고 이끌어주는 좋은 친구의 역할을 한다. 아이들이 가장 바라는 것
이 무엇인지 알 수 있는 부분이다.

　　이러한 의미에서 현대 일본에 나타난 요괴 붐은 일본의 독특한 오
락 문화이기도 하고, 한편으로 일본인의 불안정한 마음을 나타내는 현

상이기도 하다.

가장 최근의 요괴라고 하면 우리나라에서도 화제를 불러일으킨 『진격의 거인』에 등장하는 식인 거인을 들 수 있다. 거인과의 전투에서 살아남은 인간들이 세 개의 성벽을 쌓고 평화롭게 사는 세상에 압도적인 힘을 가진 식인거인들이 침략해 오는 이야기이다.

이야기에 등장하는 식인 거인은 남북조 시대에 등장한 '원령 요괴'를 연상시키는 모습이다. 인간을 초월하는 강력한 요괴는 왜 다시 나타났을까?

식인 거인의 모습을 보면 일본인이 무엇을 두려워하며 불안해하는 지 알 수 있다. 지금 일본인이 두려워하는 것은 바다라는 성벽을 넘어 외부로부터 들어오는 거인, 중국, 러시아 같은 세력이다.

'장비를 갖추고 대비하라, 언젠가는 공격할 것이다'라고 진격의 거인은 경고한다. '군사력 확장', '군비 확충'의 필요성을 주장하는 작가의 의도를 짐작할 수 있다.

일본인은 시대를 초월해 요괴를 보려고 했고 지금도 계속하고 있다. 요괴를 보는 것으로 자신들이 느끼는 공포와 불안을 형상화하고, 적극적으로 이용해 왔다.

이렇게 요괴는 미신으로, 신앙으로 일본의 긴 역사 속에 존재해 왔다. 요괴를 정말 믿는 사람은 많지 않겠지만, 일본 문화로서 요괴는 영원히 사라지지 않을 것이다.

	일본의 요괴붐
제1차 요괴붐 (1968~)	미즈키 시게루 '게게게 기타로' 방송 '요괴인간 벰' 방송 영화 '요괴 햐쿠 모노가타리' 개봉
제2차 요괴붐 (1980년대 후반)	'게게게 기타로' 3번 째 애니메이션 제작 효고 현립 박물관 '요괴, 유령' 전시회
제3차 요괴붐 (1990년대 후반)	미야자키 하야오 '요괴인간 벰' 드라마화 다양한 요괴 소설
제4차 요괴붐 (2013년~)	'진격의 거인' '요괴 워치'

일본인은 왜
'마쓰리'에 열광할까?

팔백만의 신과 일본인

일본인은 마쓰리(祭リ)를 좋아한다. 마쓰리를 고대하고, 끝나는 것을
아쉬워하는 마음을 나타내는 속담도 있고[1] 마쓰리를 생각하면 피가

---

1 '마쓰리가 끝난 것 같다', '끝난 마쓰리', '마쓰리보다 그 전날' 등의 속담이 있다.

끓어오른다는 말도 사용한다.

'마쓰리 소동(お祭り騒ぎ)'이란 단어는 야단법석으로 정신없을 때 사용한다. 마쓰리를 즐기는 일본인의 모습은 평소와 달리, 시끄럽고, 활기차고, 정말 즐거워 보인다.

일 년 열두 달 전국 어디선가 마쓰리가 열리고 있고, 신문이나 인터넷에도 '마쓰리'라는 단어가 자주 등장한다.

2014년 NPO 일본 마쓰리 네트워크가 '일본인과 마쓰리'에 대한 의식 조사를 했다. '일본의 마쓰리가 일본 문화의 중심이며 대를 이어 계승해야 하는 문화라고 생각합니까?'라는 설문에 97.5%가 그렇다고 대답했다.[2]

1980년에 이미 무형 문화재로 지정된 아오모리의 네부타 마쓰리를 비롯해 문화재로서 가치를 인정받은 무형 문화재 '마쓰리'도 100개가 넘는다. 교토의 기온 마쓰리는 하루에 최고 60만 명의 관광객이 찾아오고 축제 기간에만 150억 엔의 경제효과를 창출한다.

이렇게 일본인에게 마쓰리는 문화적으로도 경제적으로도 매우 중요하다.

일본인은 왜 마쓰리의 전통을 이어가야 한다고 생각할까? 그들은 왜 마쓰리에 열광하는 것일까? 일본인과 마쓰리의 관계, 현대에 있어서 마쓰리의 역할과 의미를 생각해 보자.

190

---

2 10~80대 남녀 3,811명을 대상으로 2014년 1월 10일~19일에 실시한 '일본의 축제' 의식 조사. nippon-matsuri.net

마쓰리의 정의와 역사

'마쓰리'란 무엇일까? 국어사전의 정의는 '기념, 축하, 선전을 위해 개최하는 집단적 행사'이고, 『広辞苑』에는 '특히 교토 가모(賀茂) 신사의 마쓰리', 『大辞林』에는 '신과 조상을 모시는 것'이라는 부연 설명이 있다.[3]

일본어 '마쓰리'는 4개의 한자로 표기된다. 신에게 기도하고 모시는 것을 나타내는 '사(祀)', 신의 영령을 위로하는 '제(祭)', 신에게 바치고 받들어 모시는 '봉(奉)', 다스린다는 의미의 '정(政)'이다. 이 글자들에 공통되는 것은 '신'의 존재이다.

민속학자인 야나기다 구니오(柳田国男)는 '마쓰리'를 '제례(祭礼)'와 '제사(祭)'로 나누어 '제례는 제사의 일종이며 특히 아름답고 화려해서 즐거움이 많은 것', '구경꾼이 많이 오는 제사가 제례'라고 정의했다.[4] 예를들면 관계자나 신관만 참가하는 신사의 행사나 건축물의 상량식 등은 '보여주는 제사'가 아니니 마쓰리가 아니다.

또 그는 '마쓰리'를 고귀한 분을 옆에서 받들어 모신다는 의미이며 신의 모습을 살피고, 신이 말씀하시면 어떤 일이라도 받아들이고, 신이 생각하는 대로 움직이는 태도라고 보았다. 멀리 떨어져서 경의를 표하는 것이 아니라 스스로 적극적으로 신을 섬기고 신의 의지에 응하

---

3 『広辞苑』第六版, 新村出, 2008년.
　『大辞林』第三版, 松村明, 三省堂, 2006년.
4 柳田國男, 『日本の祭り』, 角川文庫, 2013년 1월.

는 것이 '마쓰리'라는 것이다.

철학자인 쓰루미 슌스케(鶴見俊輔)의 의견도 이와 비슷한데, 신을 모시다는 전제에서 행해지는 습관적인 제례로 집단적인 장소에서 신앙을 드러내는 것이 마쓰리라고 보았다.[5]

신도 연구가인 스가다 마사아키(菅田正昭)는 마쓰리의 어간인 '마쓰(待つ=기다린대'에는 간절히 기다리는 마음이 들어 있어, 신이 나타나서 뜻과 생각을 나타내 주실 것을 기다리며 신의 뜻을 지키겠다는 의미가 있다고 했다.[6] 그러니까 마쓰리는 집단이 모여 신을 기다리는 행위라는 것이다.

이렇게 볼 때 마쓰리는 신과 깊이 관련된 행위라는 것을 알 수 있다.

현재는 신사와 관계없는 세속적인 행사(이벤트 등)인 '신 없는 마쓰리'도 많지만, 신을 모시는 것이 마쓰리 본래의 모습이다. 신을 모신다는 것은 단순히 신에게 절대복종한다는 것을 의미하지 않는다.

일본인은 사람의 존재를 뛰어넘는 위대한 힘을 가진 신이라는 존재에게 다가가는 행위를 통해 자신이 살아가는 길을 찾으려고 했다.

신을 화나게 하면 벌이 내려질까 두려워했지만, 한편으로 신을 기쁘게 하면 벼의 결실도 좋아지고 소원도 들어줄 거라고 믿었기 때문에 신성한 장소를 찾아 신에 대한 경배 의식을 올리고 신이 자신 가까이에 강림해 주실 것을 소원했다.

그렇다면 마쓰리는 언제부터 지금과 같은 모습을 가지게 된 것일까?

일본 신화를 보면 마쓰리를 떠올리게 하는 묘사가 있는데, 그 부분의 내용을 요약하면 이렇다.

192

5 鶴見俊輔・小林和夫編, 『祭りとイベントのつくり方』, 晶文社, 1988년.
6 菅田正昭, 『日本の祭り, 知れば知るほど』, 実業之日本社, 2007년.

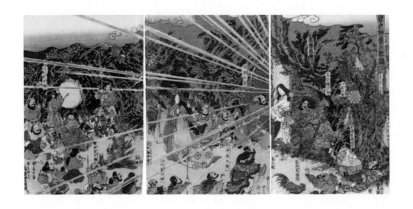

　태양신 아마테라스 오오미카미가 남동생 스사노오의 방약무인한 행동 때문에 화가 나서 하늘 동굴로 숨어버렸다. 태양신이 없어지자 세상에서 빛이 사라졌다. 신들은 태양신을 불러내려고 동굴 앞에 모여서 음악을 연주하고 재주를 부리며 요란한 잔치를 벌였지만 아마테라스는 꿈쩍도 하지 않았다. 그래서 아메노 우즈메라는 여신이 알몸을 드러내고 춤을 추니 그 모습을 본 다른 신들이 모두 박장대소를 했다. 웃음소리에 바깥이 궁금해진 아마테라스가 동굴에서 얼굴을 내미니 세상에 빛이 다시 돌아왔다.

　이 이야기 중에 신들이 아마테라스를 불러내기 위해 벌인 잔치가 사람이 신을 모시려고 행하는 마쓰리의 의식과 비슷하다. 태양신을 불러낸 여신의 춤은 신을 부르는 춤인 가구라(神楽)[7]의 원형이다.

　마쓰리는 신을 자신이 있는 곳으로 부르기 위한 행위이니 신화 속

193

---

7 일본 신도의 제례에서 신에게 바치기 위해 공연하는 가무.

의 이 장면이 마쓰리의 시작이라고 볼 수 있다.

현재에 전해지는 가마(미코시)나 수레(다시) 행렬, 사자춤, 불꽃놀이 등 다양한 의식이 생겨난 것은 에도 시대[8]부터다. 에도 시대에는 추석 때 추는 춤인 '봉 오도리', 칠월 칠석 행사, 무장의 전승을 기념하는 행사, 역병을 물리치기 위한 행사 등 새로운 마쓰리가 속속 탄생했다.

메이지 유신 이후 메이지 정부가 신사를 국가의 관리 아래에 두고 천황과 관계가 깊은 순으로 신사의 지위를 정하는 '사격 제도(社格制度)', 복수의 신사를 통합하는 '신사 합사(神社合祀)' 등을 추진했기 때문에 정부의 정책으로 사라져 버린 마쓰리도 많았다.

현재는 절이나 신사, 종파와 관계없이 많은 사람이 마쓰리를 찾고 있고, 전통적인 마쓰리 외에도 관광, 지역 홍보 등을 목적으로 한 이벤트 성격의 마쓰리가 새로 생겨나고 있다.

---

8 도쿠가와 이에야스가 에도(도쿄)에 막부를 연 시기를 에도 시대의 시작으로 본다. 1603년 ~1868년.

정말 팔백만의 신이 있을까?

마쓰리의 주인공은 어디까지나 '카미사마(신)'이다. 마쓰리는 신과 신을 모시는 사람의 행사이다. 일본인이라면 누가 가르쳐주지 않아도 상식적으로 이해하고 있는 일이다. 그렇다면 일본인이 모시는 신은 어떤 존재일까?

일본인은 자신의 신을 '팔백만의 신(아오요로즈노 카미사마)'이라고 부른다.

'팔백만의 신'이란 말은 일본 신화가 기록된 『고지키(古事記)』[9]에 처음 등장한다. 태양의 신 아마테라스가 하늘 동굴로 숨어버린 부분에서 '곤란해진 팔백만의 신들이 모여서'라는 표현이 보인다.

일본인은 '팔백만의 신'의 존재를 믿는다고 말한다. 이 다신 신앙은 자연계의 모든 사물에는 각각의 고유한 영적 존재가 있다고 믿는 애니미즘의 성격을 지니고 있다.

팔백만이란 산술적인 숫자가 아니라 매우 많다는 의미이다. 재미있는 것은 일본의 팔백만 신은 정해진 모습이 없다. 태양, 달, 별, 벼락, 바람처럼 신화 속에 나오는 신도 있고 원래는 사람이거나 동물인 신도 있다. 토지, 밭, 산, 강, 돌, 집의 부엌, 화덕, 화장실에도 신이 있고, 말이나 개와 같은 동물, 소나무와 대나무 같은 식물에도 신이 깃든다는

---

9 『니혼쇼키(日本書紀)』와 함께 일본에서 가장 오래된 역사서이다.

식이니 헤아려보면 팔백만이 될지도 모르겠다.

현대인의 감각으로는 이해하기 어렵지만, 예를 들면 고대 일본인은 벼락을 신의 분노라고 느꼈다. 그래서 벼락이 많은 지역에는 지금도 벼락 신을 모시는 신사가 남아있다.

일본인은 모든 자연에서 신을 찾아내어 숭배하고, 자신이 사는 지역에 대한 신앙을 가지고 살았다.

나아가 외국에서 들어온 다른 종교의 신도 일본 신의 동료로 받아들이고, 얼마든지 새로운 신이 생길 수 있다고 생각했다. 그래서 신은 계속해서 만들어지고 경배의 대상이 되었으며, 시대에 따라 인기가 있는 '유행 신'이 나타나기도 했다.

이렇게 모든 것이 다 신이 될 수 있었으니 다양한 신을 모시는 신사가 있고 신에 대해 감사를 바치는 행사인 '마쓰리'가 연중 개최되는 것이다.

일본인은 신사를 보는 것만으로도 마음이 안정된다고 말한다. 신사의 사(社)는 신이 내려오는 장소, 혹은 신을 받들어 모시는 곳을 의미한다.

196

현재 일본 전국에는 10만 개 이상의 신사가 있다.[10] 이세 진구(伊勢神宮)나 메이지 진구(明治神宮)처럼 일본을 대표하는 신사도 있고, 도심의 빌딩 옥상, 뒷골목, 주택가, 산속까지 일본의 어디에나 신사는 존재한다. 불리는 이름도 모시는 신에 따라 다양한데, 일반적으로는 황실과 관련된 신을 모시는 신사를 구(宮), 격식 높고 규모가 큰 신사를 다이

---

10 일본 문화청의 2016년 『종교연감』을 보면 문화청에 종교법인으로 등록된 신사는 84,956개이다. 말사가 백여개 되는 법인도 있으니 실제로는 이 수치의 1.5배~2배의 신사가 있다고 볼 수 있다.

샤(大社)라고 부른다.

일본인이 믿는 대표적인 신을 소개하면 다음과 같다. 이 신들을 모시는 신사는 전국 각지에 존재한다.

이나리(稲荷)

일본의 신사 중에 가장 많은 것이 이나리 신사이다. 가장 유명한 곳은 총본사인 교토의 후시미 이나리 신사이다. 원래는 농업의 신이었지만 지금은 산업의 신, 특히 상업 번창의 신으로 모셔지고 있다.

교토 후시미 이나리 신사의 도리이

이나리 신사 입구에는 붉게 칠한 도리이(鳥居)[11]가 연이어 늘어서 있는데 붉은색은 생명의 활력을 상징하고 재액을 막아주는 색이라 알려져 있다. 또 여우상이 놓여 있는 곳도 많은데 이것은 벼가 익을 무렵 마을에 내려오는 여우를 신이 보낸 사자로 생각했던 것과 관련이 있다. 신의 모습은 하얀 여우를 타고 있는 수염 기른 남자나 볏단을 들고 긴 머리를 늘어뜨린 여자 등 다양한 모습으로 묘사된다.

---

11 일본 신사의 경내로 들어가는 입구를 나타내는 문. 두 개의 원통형 기둥 위에 직사각형의 들보가 가로로 2개 얹혀 있는 것이 특징이다.

하치만(八幡)

하치만 신사의 '야부사메' 의식

하치만 신앙은 무사의 대두로 급속히 퍼져나가 전국 각지에 약 25,000개의 하치만 신사가 있다. 오진(応神) 천황과 그의 어머니인 진구(神功) 왕후, 히메가미(比売神)의 세 신을 모시며 전쟁의 신, 무공의 신으로 받들어진다. 그래서 달리는 말 위에서 과녁을 쏘아 맞히는 '야부사메(流鏑馬)' 의식을 하는 곳이 많다. 현재는 특히 운동 관련에 영험한 것으로 알려져 인기가 높다.

텐진(天神)

헤이안 시대[12]의 귀족, 스가와라노 미치자네(菅原道真)를 모시는 신사로 알려져 있다. 스가와라노 미치자네는 문장 박사[13]의 집안에서 태어나 최연소로 국가시험을 통과해 관직에 나간 뛰어난 학자였다. 고위 관료의 길을 걸었지만, 정적의 모함으로 규슈의 다자이후(太宰府)로 좌천되어 억울하게 죽음을 맞이했다. 미치자네가 죽은 후 교토에는 천재지변이 끊이지 않고 정적은 벼락을 맞아 죽었다. 이후에도 가뭄, 홍수,

---

12 794년~1185년.
13 율령제의 대학 학과인 문장과의 최고 교관. 시문과 역사를 가르쳤다.

역병이 계속되자 미치자네의 원혼이 일으킨 일이라고 생각한 사람들이 교토의 키타노(北野)에 미치자네의 영을 모셨다. 이것이 키타노 텐만구의 시작이다. 미치자네가 생전에 학문에 위대한 업적을 남긴 것에서 '학문

학문의 신을 모시는 키타노 텐만구

의 신'으로 받들어진다. 텐만구(天満宮), 텐진사(天神社), 스가와라 신사(菅原神社), 키타노 신사(北野神社) 등의 이름이 붙은 신사는 전부 텐진 신을 모시는 신사이다.

야사카(八坂)

야사카 신사의 신은 스사노오노 미코토(素戔嗚尊)이다. 야사카 신사는 교토의 기온 마쓰리로 유명하다. 기온 마쓰리는 헤이안 시대에 역병을 물리치기 위해 궁정에서 행했던 것이 최초이다. 당시에는 인도의 기온쇼자(祇園精舍)의 수호신인 고즈 텐노(牛頭天王)를 모셨는데, 나중에 신화에 등장하는 스사노오노 미코토를 고즈 텐노와 동일시하게 되었다.

야사카 신사를 '텐노'라고 부르는 것은 이 때문이다. 전국 각지의 야사카 신사는 그 지역에 역병이 유행했을 때 지어진 것이 많다. 여름에 지내는 텐노 마쓰리는 공물로 오이를 바치는 경우가 많은데, 고즈 텐

교토 야사카 신사의 기온 마쓰리

노가 오이밭에 몸을 숨겨 나쁜 신들을 피했다는 이야기에서 유래한다.

스와 다이샤의 온바시라 마쓰리

스와 신사의 총본사는 나가노현 시나노 스와에 있는 스와 다이샤(諏訪大社)이다. 스와 다이샤에는 상사(上社)와 하사(下社)가 있고, 상사에는 본궁(本宮)과 전궁(前宮), 하사에는 춘궁(春宮)과 추궁(秋宮)이 있다. 상사와 하사의 네 기둥을 7년마다 다시 세우는 온바시라 마쓰리(御柱際) 의식이 유명하다. 스와 신사에서 모시는 신은 일본 신화에 나오는 다케미나가타노 카미(建御名方神)이며 스와 지역에 농경과 양봉을 전한 것에서 농경의 신으로 받들어지고 있다.

일본인은 왜 마쓰리에 열광할까?

시메나와(しめ縄)는 신을 맞이하는 신성한 장소를 나타내는 표식이
다. 집안에 가미다나(神棚)라 불리는 신단을 모시는 집도 많다.

마쓰리라고 하면 화려한 의식을 떠올리는 사람이 많겠지만, 일본인
에게는 연중행사가 다 마쓰리이다. 부처님 오신 날(히나 마쓰리), 칠석 행
사(타나바타 마쓰리)도 마쓰리이고 설날과 추석도 전부 다 신을 모시기 위
한 의식이다.

신이 오는 신성한 장소라는 표시인 시메나와(しめ縄)를 문에 걸고, 집
안에 가미다나(神棚)라 불리는 신단을 모신 집도 많다.

각 지역에는 그 지역의 수호신이 있으며, 일 년 내내 정기적으로 마
쓰리가 열린다. 유서 깊은 신사의 마쓰리에는 전국에서 수많은 관광객
이 몰려든다. 어떻게 보면 일본인의 일생이 신과 관련되어 있다고 할
수 있다.

일본인이 마쓰리를 찾는 것은 효험을 기대하기 때문이지만, 단순히
그 이유만으로 전국의 마쓰리가 유지될 수 있을까?

일본인은 마쓰리란 단어만 들어도 추억도 떠오르고 가슴이 두근거
린다고 한다. 그러고 보니 일본의 마쓰리를 처음 봤을 때의 충격을 잊
을 수 없다. 거리 전체가 흥분과 열기로 달아올라 있었다.

일본인은 왜 마쓰리를 찾아다니고, 마쓰리에 열광하는 것일까?

일본인의 전통적 세계관을 나타내는 말에 '하레'와 '케'가 있다. 옛날부터 일본인은 일상생활을 하는 날을 '케(褻)'의 날이라 부르고, 신사의 제례나 절의 법회, 설날과 절기의 연중행사, 관혼상제가 있는 날을 '하레(晴れ)'의 날이라 말했다.

하레의 날에는 일상에서 빠져나와 특별한 하루를 보냈다. 옷도 일상복과 다른 것을 입고 음식도 신성하다고 믿는 팥밥이나 떡을 먹었고, 술을 마시고 서로 축하했다.

지금도 하레의 날에 입는 특별한 옷이란 뜻으로 하레기(晴れ着), 하레스가타(晴れ姿), 하레 부타이(晴れ舞台) 같은 단어를 사용하고 있다.

반면에 '케'는 평소의 생활을 말하는데, 케의 반복으로 일상생활에 지친 상태를 '케'가 말랐다는 뜻으로 '케가레(気枯れ)'라고 불렀다. 죽음이나 병, 출산은 모두 '케가레'에 해당한다.

일본에서는 신화의 시대부터 '케가레'를 기피해서 신에게 가까이 갈수 있도록 목욕재계를 하고 액막이를 해왔다.

마쓰리의 중심은 신을 즐겁게 하는 것이다. 일본인들은 그렇게 해야 신에게서 생명력을 나눠 받을 수 있다고 생각했다.

마쓰리의 성격은 계절마다 다른데 우선 봄과 가을의 마쓰리는 풍작 기원과 감사제의 성격을 지닌다.

봄은 벼를 심는 계절로 일본인들에게는 '시작'을 의미한다. 대표적인 마쓰리로는 풍작을 기원하는 '타우에 마쓰리(모심기 축제)'가 있으며, 전국적인 축제로 전국 각지에서 열린다. 실제로 모를 심는 축제와 모심는 모습을 시연하는 축제가 있는데, 대표적인 것이 오사카 스미요시의 모심기 축제와 나라 현의 '온다 마쓰리'이다.[14]

---

14 일본에서 고대로부터 행해진 제사로서 벼의 수확을 경축하고 이듬해의 풍년을 기원하는 의식이다.

스미요시 모심기 축제　　　　　　　　오사카의 텐진 마쓰리

　　모심기 축제와 짝을 이루는 가을 축제는 벼를 베는 시기에 열리는 '니이나메사이(新嘗祭)'이다. 쌀을 무사히 수확하게 된 것을 신께 감사드리며 수확한 곡식을 바치는 축제로서 공휴일인 11월 23일 '근로 감사의 날'에 많이 열린다. 그중에서도 미에 현 이세 시의 이세 진구에서 열리는 '니이나메사이'와 '칸나메사이'는 장엄한 축제로 유명하다.

　　여름 마쓰리는 역병과 벌레 퇴치, 태풍 예방의 성격이 강하다. 도시의 여름 마쓰리는 역병을 물리치는 것을 목적으로 한 것이 많다.

　　대표적인 것인 교토의 '기온 마쓰리', 오사카의 '텐진 마쓰리'이다. 교토와 왕래가 잦았던 지역도 역병 때문에 고생이 많았기 때문에 기온 마쓰리를 모방한 독자적인 축제를 만들어내었다.

　　농촌에서는 병충해를 쫓는 행사나 태풍 피해를 방지하는 목적으로 마쓰리를 했다. 병충해 퇴치의 대표적인 축제는 아오모리의 '네부타 마쓰리'이며, 태풍 예방의 대표적인 축제는 후쿠야마 현의 '오와라 바람의 축제'이다.

　　또 일본의 여름이라면 '오봉(음력 7월 15일경)'을 빠트릴 수 없다. 돌아가신 분의 영혼을 불러들여 공양하는 행사가 전국 각지에서 열리는데,

군무인 '봉 오도리'와 조상의 영혼을 저승으로 보내기 위해 불을 피우는 '오쿠리비'라는 불교 의식도 한다. 그중에서도 교토의 오쿠리비 행사가 가장 유명하다.

겨울 마쓰리는 정화의 성격이 강하다.
오카야마 현의 하다카 마쓰리

겨울에 열리는 마쓰리는 봄맞이와 지역 경제 살리기의 성격이 강하다. 농한기인 겨울은 매서운 추위에 견디면서 정신을 다잡는 계절로 '케가레'를 없애는 '정화'의 성격을 띠는 나체 축제와 불 축제가 열린다. 나체 축제로 유명한 것은 오카야마 현의 '하다카 마쓰리'이며 불 축제는 나가노 현의 '도소진 마쓰리'가 유명하다.

관광객을 모으기 위한 목적으로 열리는 마쓰리도 있는데, 가장 유명한 것이 삿포로 시의 '삿포로 유키 마쓰리'이다.

이렇게 일본에서는 일 년 내내 다양한 마쓰리가 전국 각지에서 열린다. 본래의 전통적인 축제도 있고, 지역 이벤트의 성격을 가지는 마쓰리도 있다.

마쓰리 의식은 정진 결제, 맞이하는 의식, 만남, 연회의 네 단계로 성립된다.

축제가 여러 형태인 것처럼 보이는 것은 그런 축제 의식 전체 중에서 일정 부분만을 들어내어서 강조하고 있기 때문이다.

예를 들어 정진 결제는 그중에서 신을 맞이하기 전에 몸을 정갈히 하는 것인데 그것을 특별하게 강조한 것이 '하다카 마쓰리'이다.

신에게 공물을 바치는 의식은 지바 현 가토리 신궁에서 열리는 '대

향제'가 유명하다. 신을 기쁘게 하기 위한 의식은 춤, 연극 같은 다채로운 예능으로 분화해서 일본 전국의 다양한 축제를 낳았다.

전국 각지의 마쓰리는 다양하지만, 성격은 같다. 신을 '모신다'라는 의미로 신을 받아들이고, 대접하여 기쁘게 해드리고 신과 일체감을 나눠 가지는 것이다.

일본인에게 하레의 날인 마쓰리는 생명의 힘을 불어 넣어주고 활력있는 일상을 돌려놓는 날이다. 기력이 없거나 힘들 때 마쓰리(하레)를 찾아가면 일상생활을 할 수 있는 힘(케)를 돌려받을 수 있다.

케→케가레→하레→케의 순환 방식으로 활력있는 일상생활을 만들어 가는 것이다.

일본인이 일 년 내내 마쓰리를 찾아다니고 즐기는 것은 신에 대한 감사와 함께 활력을 충전시키는 일이기 때문이다.

일본인에게 마쓰리란 무엇일까?

큰 축제를 구경하는 것은 누구에게나 신나는 일이다. 축제의 열기를 즐기고, 자신이 사는 지역의 전통적 축제에 참여하는 것은 더 할 수 없이 즐거운 일이다.

그러나 일본인이 마쓰리에서 경험하는 것은 더 다양하다.

마쓰리가 끝나면 일정 기간을 거쳐 엄숙한 의식과 함께 바로 다음 마쓰리 준비가 시작된다. 의식은 전승되어 온 양식과 순서로 시작하고,

그다음은 철저한 준비와 연습의 반복이다. 이 단계에서 이전 세대에서 다음 세대로, 숙련자에게서 초심자에게로 전통적 가치가 전해진다.

준비 단계에서 중요한 것은 참가하는 사람이 좋아하든 그렇지 않든 상관없이 마쓰리를 위해 역할을 분담하고 협력 체제로 임한다는 것이다. 평소에는 만날 일이 없는 사람들과 공동의 목적을 위해 의사소통하고 협력해서 준비 작업을 해나가는 동안에 새로운 관계성과 친밀감이 생겨난다.

마쓰리 당일은 '하레' 그 자체이다. 모든 사람이 심신의 에너지와 감정을 한꺼번에 최고조로 발산시킨다. 관객은 마쓰리를 행하는 사람에게 자신을 투영하고 감정을 공유한다. 모두가 신성한 심정, 내면에서 끓어오르는 순수한 감동과 엄청난 에너지를 나눠 가지면서 일체화되어 간다.

2011년 3월 11일에 일어난 동일본 대지진은 도호쿠 지방에 광범위한 피해를 입혔다. 파괴되어 돌아갈 수 없는 없어진 고향을 그리워하는 도호쿠 주민의 모습을 보면서, 일본인은 '고향'의 소중함을 다시 느꼈다고 한다.

지진 직후 봄의 꽃놀이 시즌이 돌아왔지만, 자숙의 분위기가 전국으로 퍼져나가, 여름 마쓰리, 불꽃 축제 등을 중지하는 지방도 있었다.

지진 피해지인 도호쿠 지방에서도 마쓰리 개최를 두고 의견이 분분했다. 집을 잃고 원조를 받으며 사는 상황인데 왜 마쓰리를 열려고 하는 것인지 궁금했다.

도대체 일본인에게 마쓰리란 무엇일까 하는 소박한 의문이 들었다.

그러던 중에 도호쿠 각지의 마쓰리 시기보다 이른 7월 16일, 17일에 도호쿠 6현의 대표적인 마쓰리를 모은 롯콘사이(六魂祭)가 개최되었다.

마쓰리는 일본인의 유대를 확인하고 상처를 위로하는 역할을 한다.
2011년에 지진 피해지인 도호쿠 지방에서 개최된 롯콘사이.

도호쿠의 진혼과 부흥을 기원하는 마쓰리였다.

주최 측의 우려와 달리, 현장 경비 인원이 부족해 일부 기획이 중지될 정도로 많은 사람이 찾아왔다. 롯콘사이 직후 NHK에서 「시리즈 도호쿠 대지진, 도호쿠 여름 마쓰리」라는 제목으로 특별 방송을 제작했다.[15] 부제는 '유대와 진혼'이었다. 도호쿠 지방 사람들이 어떤 마음으로 마쓰리를 준비했고 마쓰리에 바라는 것은 무엇인가 하는 관점에서 만든 방송이었다.

당시 실행위원장인 센다이(仙台) 시 시장의 개회사는 '도호쿠의 여름

---

15 2011년 8월 7일 방송.

축제에는 옛날부터 도호쿠 사람의 기도와 영혼이 깃들어 있습니다'라는 말로 시작되었다. 롯콘사이는 대지진에 상처 입은 도호쿠 사람을 위로하는 역할을 했다.

지진 피해 지역인 도호쿠 지방에는 4,000여 개의 민속 예능이 전승되어 내려오고 있다. 현재 마쓰리를 비롯한 일본의 전통 예능은 문화청의 문화재 보호와 농림수산청이 주도하는 지역 활성화라는 두 가지 면에서 보존, 계승되고 있다.

외국인에게는 즐거운 축제로 보일 뿐이지만, 일본인은 마쓰리를 통해 전통 예능에 대한 흥미를 느끼고, 이웃과 같이 연습하며 세대를 넘어선 소통을 하기도 한다.

그래서 마쓰리에 참가한 경험은 그 지역에 대한 애착으로 이어진다. 일본인의 애향심, 애국심은 이런 식으로 자연스럽게 길러진다.

일본의 다양한 마쓰리는 일본인이 자신의 정체성을 배우고 확인하고 계승하는 자리인 것이다.

아이치 현의 모모타로 신사
일본의 옛날이야기에 나오는
모모타로를 신으로 모신 신사이다.

나가노 현 빈보가미 신사
가난을 가져오는 신을 모신 신사.
신목(神木)을 발로 차고 때리면서
참배를 한다.

와카야마현 아와지마 신사
인형을 공양하는 것으로 유명한 신
사이다

오사카시 나니와 야사카 신사
사자 얼굴을 한 전각이 있는 것으로
유명하다.

209

교토 미카미 신사
머리카락 건강을 기원해 세워진 신사.
탈모로 고민하는 사람들에게 인기이다.

교토 덴덴궁
전기의 신을 모신다. 전자 제품의 잔
고장을 막아준다.

일본의 마쓰리

1월 6일 -도쿄 하루미(東京晴海), 소방 마쓰리

1월 9일-11일 -오사카(大阪)의 이마미야 신사(今宮神社), 도오카에비스(十日戎)

1월 15일 -나라(奈良)의 와카쿠사야마(若草山), 산불제

1월 17일 -아키타시(秋田市)의 미요시 신사(三吉 神), 본텐 마쓰리(梵天祭リ)

2월 5일-11일 -삿포로(札幌), 유키(雪) 마쓰리

2월 3일 혹은 4일 -나라의 가스가다이샤(春日大社), 만등롱(万燈籠)

2월 3일 혹은 4일 -전국적으로 세쓰분(節分)

3월 3일 -전국적으로 히나 마쓰리(雛祭リ)-인형제

3월12일 -나라의 도다이지(東大寺), 물긷기

4월 8일 -전국적으로 절에서 하나 마쓰리(佛陀誕生祭リ)

4월 14일-15일 -다카야마(高山)의 히에 신사(日枝神社), 다카야마 마쓰리

4월 13일-17일 -닛코(日光)후타라산 신사(二荒山神社), 야요이(彌生) 마쓰리

5월 3일-4일 -후쿠오카 시(福岡市)의 하카타(博多), 하카타돈타쿠

5월 15일 -교토(京都)의 시모카모 신사(下鴨神社), 카미카모(上賀茂) 신사,
        아오이(葵) 마쓰리

5월 제3 일요일 -교토의 구루마사 신사(車折神社), 미후네(三船) 마쓰리

6월 9일-17일 -도쿄의 히에 신사(日枝神社), 산노(山王) 마쓰리

6월 14일 -오사카의 스미요시다이샤(住吉大社) 모심기 마쓰리

7월 1일-15일 -후쿠오카 시, 하카타야마가사 마쓰리

7월 7일 -전국적으로 다나바타(七夕)(일부지역에서는 8월중에 실시)

7월 13일-16일 -전국적으로 오본(お盆) 마쓰리 (일부지역에서는 8월중에 실시)

7월 14일 -와카야마(和歌山)의 나치카쓰우라(那智勝浦), 나치불 마쓰리

7월 중순경 -히로시마(広島)의 미야지마(宮島), 이쓰쿠시마 신사 (厳島神社)마쓰리

7월 16일-17일 -교토 야사카(八坂) 신사, 기온(祇園) 마쓰리

7월 24일-25일 -후쿠시마(福島) 하라마치(原町), 히바리가오카의 말(馬) 마쓰리

7월 24일-25일 -오사카의 텐만구(天満宮), 텐진(天神) 마쓰리

8월 1일–7일 –아오모리(青森), 네부타(ねぶた) 마쓰리

8월 3일–6일 –아키다(秋田), 간토(干燈) 마쓰리

8월 6일–8일 –센다이(仙台), 다나바타(七夕) 마쓰리

8월 12일–15일 –도쿠시마(徳島) 아와오도리(阿波踊り) 마쓰리

8월 16일 –교토, 다이몬지 오쿠리비(大文字送り火)

9월 14일–16일 –가마쿠라(鎌倉), 야부사메 (流鏑馬) 마쓰리

10월 7일–9일 –나가사키(長崎), 오쿤지(おくんち) 마쓰리

10월 9일–10일 –다카야마의 하치만구(八幡宮), 다카야마 마쓰리

10월 11일–13일 –도쿄의 혼몬지(本門寺) , 오에시키(御会式) 마쓰리

10월 17일 –닛코의 도쇼구(東照宮), 가을 마쓰리

10월 22일 –교토의 헤이안진구(平安神宮), 지다이(時代) 마쓰리

11월 닭 날 –아사쿠사 오도리 신사(鷲神社) 도리노 이치

12월 17일 –나라의 가스가다이샤, 와카미야온 마쓰리(若宮おん祭り)

12월 31일 –교토의 야사카신사, 오케라 마이리(おけら参り)

일본 전국 마쓰리 지도

春夏秋冬
全国お祭りMAP

＊写真をクリックすると
お祭りの解説が
ご覧になれます。

秋田竿燈まつり
（秋田県秋田市）

なまはげ（秋田県
男鹿市）

青森ねぶた祭
（青森県青森市）

さっぽろ雪まつり
（北海道札幌市）

あばれ祭
（石川県能登町）

チャグチャグ馬コ
（岩手県盛岡市・滝沢村）

越中おわら風の盆
（富山県富山市八尾町）

高岡御車山祭
（富山県高岡市）

御柱祭
（長野県
諏訪市）

道祖神祭り（長野県
野沢温泉村）

山形花笠まつり
（山形県山形市）

仙台七夕まつり
（宮城県仙台市）

秩父夜まつり
（埼玉県秩父市）

灘のけんか祭り
（兵庫県姫路市）

裸祭り（会陽）
（岡山県岡山市）

西宮戎開門
神事（兵庫県
西宮市）

成田山節分会（豆まき）
（千葉県成田市）

壬生の花田植
（広島県北広島町）

神田祭（東京都
千代田区）

管絃祭（広島県
廿日市市宮島町）

三社祭（東京
都台東区）

山王祭（東京都
千代田区）

先帝祭（山口県下関市）

遠州新居の手筒
花火（静岡県湖西
市新居町）

博多祇園山笠
（福岡市博多区）

お水取り
（東大寺二月堂
修二会）（奈良県
奈良市）

伊勢神宮式年遷宮（三重県伊勢市）

よさこい祭り
（高知県
高知市）

伊勢神宮神嘗祭・新嘗祭
（三重県伊勢市）

精霊流し
（長崎県長崎市）

葵祭（京都府
京都市）

祇園祭（京都府京都市）

長崎くんち
（長崎県長崎市）

阿波踊り（徳島県
徳島市）

天神祭（大阪府
大阪市北区）

時代祭（京都府
京都市）

御田植神事
（大阪府大阪市
住吉区）

京都五山
送り火（京都
府京都市）

高千穂の
夜神楽（宮崎県
高千穂町）

岸和田だんじり祭り
（大阪府岸和田市）

那覇大綱挽
（沖縄県那覇市）

糸満ハーレー
（沖縄県糸満市）

季節　春　夏　秋　冬

お祭り分類　□稲作に関連する行事（※豊作［お田植え］・豊漁祈願、虫送り・台風除け、収穫感謝祭等）
□疫病退散祈願　□その他神事　□仏教行事（お盆・法要等）　□その他（無宗教・町おこしイベント）

일본인은 왜
종교가 없다고 말할까?
'종교 같은 것'에 관심이 많은 일본인

일본인은 종교에 대해 이야기하는 것을 부담스러워한다. 그것을 감안하고 용기를 내어 종교가 무엇인지 물어보면 대부분 '종교가 없다'라고 말한다. 로이터 통신의 기사에 따르면 일본은 인구의 반이 '무종교'

인 세계 4위의 무종교 국가라고 한다.[1] 또 아사히 신문의 조사를 보면 '신의 존재를 일상적으로 느끼는가'에 대한 설문에 전체의 75%가 신을 의지한다고 대답했지만, 종교를 믿는다고 답한 사람은 16%에 불과했다.[2]

그렇지만 일본인은 일 년 내내 종교적인 의식 속에서 살아가고 있는 것처럼 보인다. 아이가 태어나면 신사에 가고 성인식 날에도 신사를 찾는다. 조상의 기일에는 향을 올리고 성불을 기원하고 매년 성묘를 한다. 개인적인 바람이 있을 때는 부적을 사고 기도를 드린다. 결혼식은 교회에서 장례식은 절에서 지내는 것이 일반적이다.

일본에는 종교 시설도 많다. 사원이 약 8만 5천 개, 신사가 약 8만 8천 개로 둘을 합하면 일본 국내의 편의점 수의 약 3배나 된다.[3] 신흥 종교도 다양하고 지금도 새로운 종교가 탄생하는 나라가 일본이다. 종교학자나 문화 연구자들은 일본을 신의 박물관이라고 말하기도 한다.

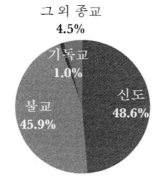

문부과학성이 종교법인을 대상으로 한 종교 통계조사[4]를 보면 일본의 종교 신도 수는 신도(神道)가 약 9,200만 명, 불교가 약 8,700만 명, 기독교가 약 200만 명, 그 외 900만 명, 합계 1억 9천만 명으로 일본 전체 인구보다 7,000만 명이 더 많다.

214

---

1 「'무종교'가 세계 제3세력, 일본에서는 인구의 반수가 무종교」, http://jp.reuters.com/article/oddlyEnoughNews/ idJPTYE8BI02P20121219
2 朝日新聞, 2015년 6월 20일.
3 문화청 『종교연감』 2016년. 수치는 2015년 12월 31일 기준이다.
4 『종교연감』 2016년.

그런데 왜 일본인은 자신이 '무종교'라고 말하는 걸까? 일본인에게 종교란 무엇일까?

일본 종교의 역사와 특징

종교는 사회를 받치는 정신적 기반으로 문화와 가치관의 상징 같은 것이다. 그런 의미에서 문화의 차이는 종교의 차이이기도 하다.

일본 종교의 역사는 다수의 종교적 전통이 상호 영향을 미쳐 온 과정이라고 할 수 있다. 근대 소설가 아쿠다가와 류노스케(芥川龍之介)는 소설 『신들의 미소』에서 일본은 옛날부터 팔백만의 신을 숭배하는 특별한 종교관을 가지고 있어서 부처도 예수도 일본에 오면 모두 신 중 한 사람으로 취급받는다고 말했다.[5]

아쿠다가와가 말하는 '뭐든지 바꿔서 일본에 맞게 만드는 힘', 이것은 '신불 습합(神仏習合)'이라는 용어로 대표되는 일본 종교의 가장 큰 특징이기도 하다.

'습합'이란 서로 다른 교의와 교리를 결합 또는 절충시키는 것을 일컫는 말이다. 일본 역사를 보면 농경민족인 일본인이 가지고 있던 자연을 신으로 보고 기원하는 의식이 사회적 관습이 되어온 것을 알 수

215

---

5 『芥川龍之介全集6』, 筑摩書房, 1986년.

있다.

이러한 자연에 대한 숭배가 나중에 '신도'라고 불리는 종교 형태로 진행하는데, 이런 일본 전래의 신과 불교가 융합한 것을 '신불 습합'이라 부른다. 예를 들면 일본인은 신도의 신을 일본에 나타난 부처님으로 받아들이거나, 부처님을 팔백만 신 중의 한 명으로 이해해 왔다.[6] 그래서 어떤 의미에서는 두 개의 종교가 일본에 존재하는 것이 아니라, 신도가 불교와 합해져 일체가 된 토착 신앙이 있다고 보는 쪽이 자연스럽다.

그 외에도 일본 사회에서 중요한 역할을 해온 종교는 유교와 도교가 있다. 유교의 가르침은 윤리관과 정치 철학에 중대한 영향을 끼쳤다. 도교의 영향력은 유교보다 크지 않았지만, 중국 달력의 사용과 방위, 역학 등 민간 신앙 속에 살아 있었다.

우선 일본의 각 종교의 역사와 그 특징에 대해서 살펴보자.

신도(神道)

신도는 일본 고유의 자연 종교이며 토착 신앙으로, 자연과 자연현상 속에 팔백만의 신이 있다고 믿는 다신교이다. 자연과 신을 한 몸으로 인식하고 신을 모시는 신성한 장소인 신사에서 신과 인간을 이

---

6 본지수적설(本地垂迹説)과 역본지수적설(逆本地垂迹説)이다. 본지수적설은 본지 즉 인도의 부처가 일본에서 신의 모습으로 나타난 것이고 역본지수적설은 일본의 신이 중심이고 부처는 신들 중에 하나라는 주장이다.

어주는 제사를 지낸다. 신도
(神道)라는 말은 '신들의 도'로
번역된다. 첫 번째 한자는 신
의 신성한 힘을 의미한다.

신이라는 말은 하나의 신
을 가리키는 예도 있고 무수
한 신을 나타내는 예도 있는
데, 신은 생활 일부가 되어 다양한 형태를 가졌다.

일본에서는 벼농사가 시작되면서 나중에 신도의 일부가 되는 농
경 의식과 제사(마쓰리)가 발달했다. 6세기경에 불교가 일본에 들어오
면 이런 토착 신앙과 의식이 신도로 정리되어 하나의 종교 양식이 되
었다.

이렇게 신도는 고대 일본의 기원을 찾아볼 수 있는 종교이지만,
명칭은 '신교'가 아니라 '신도'이다.

신도는 신사 신도, 교파 신도, 민속 신도로 나눌 수 있는데 주류
를 이루는 것은 신사 신도이다. 신사 신도는 신사를 중심으로 하는
종교이다. 교파 신도는 근대 이후에 만들어진 교단을 말하며 민간
신도는 생활 속에 관습으로 남아있는 신앙이다.

신도는 창시자가 없고, 불교의 경전이나 기독교의 성서 같은 명확
한 교리도 없다. 『고지키(古事記)』, 『니혼쇼키(日本書紀)』 같은 역사서에 실
린 신화를 규범으로 삼라만상에 신이 있다고 생각하고 제사를 중시
하며, 깨끗하고, 밝고, 정직한 것을 덕목으로 한다. 이런 신도의 가
르침은 신사와 마쓰리를 통해 전해져 왔다.

신사에는 '우지코(氏子)'라는 신앙자 조직이 있어 국가나 지역 사회의

결속에 깊이 관련되었다. 신사는 '우지가미(氏神)'라고 불리는 경우가 많다. '우지가미'는 원래는 공동체의 조상신을 말했지만, 점차 특정 지역의 수호신을 의미하게 되었다.

문화청 『종교연감』을 보면 현재의 신도 관련 종교 법인의 99% 이상이 신사 신도이다. 신사에서 모시는 신은 창조신, 자연, 농업, 기후, 동식물, 사람 등 다채롭다.

자연의 신은 성스러운 돌이나 나무, 산과 그 외의 모든 자연현상에 깃들어 있고, 밭의 신은 모심기나 수확 시기에 모신다. 살아있는 신이란 살아있는 인간 신을 말한다. 서양적 의미의 신과 가장 비슷한 신은 창조신이며, 그들을 이끄는 것은 신도의 중심 신사인 이세 진구에 모셔진 아마테라스 오미카미라고 불리는 여신이다.

신도는 본질적으로 혈연 신, 지연 신, 현세 이익 신을 믿는 신앙이기 때문에 내면적인 구제와 도덕 문제는 주로 불교에 의지했다.

이렇게 원래의 신도는 신화에 등장하는 신처럼 지연, 혈연과 연결된 공동체를 지키는 것이 목적이었지만, 메이지 시대[7]가 되면 신도의 성격이 변한다.

메이지 정부는 천황 중심의 제정일치를 추진하기 위해 전국의 신사를 국가의 관리하에 두고 종교의 국가 조직화를 진행했다. 신사의 지위를 정하는 사격제도(社格制度)를 실시하고 신불 분리와 함께 전국 각지의 신사에 천황의 조상신인 황통신(皇統神)을 모시게 했다.

이로 인해 메이지 이후의 신도는 원래의 민중 신앙과 다른 성격을 가지게 되었다. 일본이 군국주의의 길로 들어서면서 신도는 '국가 신도'

218

---

7 1868년의 메이지 유신 이후 1912년 7월 30일 메이지 천황이 죽을 때까지 44년간이다.

신관과 신녀

가 되어 전승을 기원하는 역할을 담당했고, 국민정신 통합을 위해 이용되었다.

1945년의 패전 후 신도와 군국주의의 결합을 이유로 국가 신도는 폐지되지만, 전쟁 협력으로 인한 신뢰도 저하와 도시화로 인한 공동체의식 약화로 '우지가미'로서 신사의 역할은 줄어들었다.

그러나 지금도 신도와 신사는 일본인의 삶 속에 자리 잡고 지역 문화를 통합하는 기능을 가지며 지역 주민을 결속시키는 역할을 담당하고 있다.

『종교연감』을 보면 현재 일본 내에 88,000여 개의 신사가 등록되어 있고 신자 수는 약 9,200만 명이라고 한다. 이 수치를 믿는다면 일본 성인의 대부분이 신도 신자인 것이 된다.

불교

일본 불교의 특징은 여러 종파와 다양한 신앙 형태를 가지지만 서

쇼토쿠 태자

시텐노지

호류지

로 반목하지 않고 같이 존재한다는 것이다.

기원전 5세기경에 인도에서 발달한 불교는 2세기부터 3세기에 중국 전역에 퍼지고, 일본에는 6세기 중반에 백제에서 전파되었다.

일본의 불교의 기틀을 마련한 쇼토쿠 태자(聖德太子, 574~622)는 일본 불교의 창시자로 일컬어진다. 호류지(法隆寺)와 시텐노지(四天王寺) 등의 사원을 건립하였다.

일본의 불교를 역사적으로 살펴보면 우선 나라 시대[8]에는 '남도 6종'이라 불리는 법상종, 구사종, 삼륜종, 성실종, 율종, 화엄종 등이 당나라에서 들어와 널리 알려졌다.

나라 시대의 불교는 '진호 국가'[9]의 성격을 가지고 있었다. 그러나 일반인들은 대부분 불교의 영향을 받지 않았고 불교와 신도가 병존하는 상황이 계속되었다.

---

8 710년~794년, 나라에 수도를 정한 시대로, '일본'이라는 국호가 처음으로 사용된 시대이다.
9 교법(教法)으로 나라를 지키는 일.

헤이안 시대[10]에는 견당사와 함께 당으로 건너가 불교를 배운 승려들이 많았다. 이 시대의 불교는 사이쵸(最澄, 767~822)의 천태종과 쿠가이(空海, 774~835)의 진언종이 있다.

천태종은 법화경과 밀교를 중심으로 개조(開祖)한 종파로 교리와 독자적인 명상을 중시했다. 진언종은 인도의 밀교를 이어받은 것으로 진언을 읊거나, 대일여래(大日如來)를 중심으로 주위에 많은 부처가 그려진 만다라 앞에서 명상하면 성불한다고 강조했다.

가마쿠라 시대[11]에도 많은 종파가 생겨났다. 우선 호넨(法然, 1133~1212)의 정토종, 신란(親鸞, 1173~1262)의 정토신종, 잇펜(一編, 1239~1289)의 시종이 있었다. 모두 염불을 중심으로 한 종파였다. 가마쿠라 초기는 정치의 실권이 귀족에서 무사로 옮겨간 전환기로, 천재지변, 기아, 전란이 끊이지 않았다. 당시 사람들은 '말법'이 도래했다고 생각해 '나무아미타불'이라는 염불만으로 누구나 구원을 받고 극락 왕생할 수 있는 염불불교에 빠져들었다. 불교가 귀족뿐 아니라 일반 서민에게까지 널리 퍼지자 전국에 많은 사원이 건립되었다.

221

또 에이사이(榮西, 1141~1215)가 임제종의 선(禪)을, 도겐(道元, 1200~1253)이 조동종의 선을 중국에서 가져와 일본에 전했다. 모두 좌선이 중심인 선종이지만, 임제종은 수행자가 주어진 문제(선문답)를 가지고 깨달음을 얻는 것을 목표로 하고, 조동종은 좌선하는 동안 깨달음의 경지에 이른다는 특징이 있었다. 선은 자기단련과 명상을 강조하는 점이 선호되어 당시의 지배계급인 무사들에게 널리 보급되었다.

---

10 나라에서 헤이안쿄로 천도한 794년부터 다이라 씨가 멸망한 1185년까지 약 400년간을 말한다.
11 1185년~1333년, 가마쿠라에 설치된 바쿠후가 정치의 중심이 된 시기이다.

가마쿠라 불교의 대미를 장식한 것은 니치렌(日蓮, 1222~1282)의 일연 종이었다. 일연은 '나무묘법연화경'이라고 말하는 것만으로 보살이 될 수 있고 안녕을 얻을 수 있다고 주장했다.

무로마치 시대[12] 이후 에도 시대까지 새로운 종파는 거의 나오지 않았다.

에도 시대에 도쿠가와 바쿠후는 백성 통제와 기독교 배척을 위해 가톨릭을 금지하고, 신분과 관계없이 누구나 불교 신도(단가)로 등록하도록 강요했다. 이로 인해 불교 신자는 대폭 늘었지만 살아있는 종교로서 불교의 활력은 쇠퇴했다. 현재 일본인 대부분이 어느 절의 단가이며 죽으면 불교식으로 장례를 치르는 것은 바로 이 때문이다.

메이지 시대 초에 반 불교 감정이 퍼지면서 '단가 등록제'는 없어졌지만, 그 배후에는 신사에서 불교의 색채를 없애고 신도(神道)를 국가종교로 만들려는 정부의 정책이 있었다.

현재 약 270개의 불교 교단이 존재하며 그중에서 가장 큰 종단은 조동종으로 약 만 4천 개의 사원을 두고 있다. 일본 전체의 사원은 약 7만 5천 개이며 승려 수는 18만 명, 신도 수는 9천만 명으로 추정된다.

222

기독교

일본의 기독교 역사는 세 시기로 나눌 수 있다. 16세기 중반에 시

---

12 무로마치 바쿠후가 일본을 통치하던 시기로, 아시카가 다카우지가 바쿠후를 세운 1336년부터 1573년까지를 가리킨다.

작된 전도기, 19세기 중반부터 200년간 계속된 쇄국이 끝나고 기독교가 다시 허용되었을 때, 그리고 2차 대전 후의 시기이다.

일본 최초의 교회
교토 난반지(南蛮寺)

최초의 전도사인 예수교 선교사 프란시스코 사비에르가 가고시마에 도착한 것은 1549년 8월이었다. 당시 각지의 다이묘(영주)가 최신 지식과 기술을 가진 유럽인들을 환영하였기 때문에 기독교는 비교적 쉽게 전파되었다.

당시의 세력가인 오다 노부나가(織田信長)는 사비에르의 포교 활동을 허락하고, 1576년에 일본 최초의 교회를 세울 때 도움을 주었다. 천하 통일을 이룬 도요토미 히데요시(豊臣秀吉)도 처음에는 기독교를 인정했다.

다이묘 중에는 새로운 사상인 기독교를 깊이 신앙한 사람도 있었는데, 그들은 크리스천 다이묘라고 불렀다. 규슈를 중심으로 1579년까지 여섯 명의 다이묘가 개종했고, 10만 명의 기독교인이 생겼지만, 몇몇 사건을 계기로 권력자들이 기독교를 피하게 되었다. 히데요시도 규슈에서 기독교의 영향력이 확대되는 것을 두려워해 기독교 탄압으로 정책을 바꾸고, 1597년에 나가사키에서 26명을 처형했다.

1600년에 사실상 일본의 통치자가 된 도쿠가와 이에야스(德川家康)는 처음에 선교사의 활동을 인정했지만, 신분 질서와 봉건 체제 유지에 유해하다는 판단으로 1614년에 기독교를 금하고 선교사를 외국으로 추방했다.

에도 바쿠후의 쇄국 정책으로 선교사들이 추방당하고 일반 외국인들도 입국할 수 없게 되자 일본의 기독교는 쇠퇴하게 되었다. 이 시점에 일본에는 30만 명 이상의 기독교 교인이 있었는데, 그중 3천 명이 처형되고 다수가 박해를 받고 종교를 버렸다. 그 외 많은 사람은 신앙을 숨기고 주변의 눈을 피해 기독교를 믿었다.

에도 바쿠후와 무역을 계속하고 있던 네덜란드는 바쿠후의 기독교 금지 정책을 존중했기 때문에 에도 바쿠후 말까지 일본에 기독교가 퍼지는 일은 없었다.

일본이 개국하자 1859년에 외국인 선교사가 다시 일본을 찾아왔지만, 자유롭게 포교할 수 있게 된 것은 1873년부터였다.

그 사이 3만 명 이상의 '숨은 기독교인'이 이름을 밝히고 나섰는데, 그들은 200년 이상 계속된 박해에도 비밀리에 모여 신앙을 지키고 있었다.

이 시기부터 가톨릭과 프로테스탄트 양 종파의 선교사들은 활발히 포교를 시작했다. 개종자의 수는 비교적 적었지만, 기독교는 교육과 노동운동에 영향력을 발휘했다.

그러나 1930년대 이후에 국가주의가 고양되고, 애국이란 명목으로 신사참배가 강제되자 기독교를 믿는 것이 곤란해졌다. 종전 직후의 기독교 활동은 미군의 지원을 받았지만 거기서 얻은 것은 별로 없었다.

지금은 기독교식 결혼식의 인기가 높아지면서 기독교에 대한 관심이 확대되고 있는 것처럼 보이기도 하지만, 기독교의 신을 믿으면 신도(神道)나 일본 불교의 유연한 다신론을 부정하지 않으면 안 된다고 생각하는 일본인이 많아서 신자 수는 좀처럼 증가하지 않는다.

현재 일본의 기독교 신자는 프로테스탄트 43만 명, 가톨릭 95만

후미에(踏み絵)

숨은 기독교인(가쿠레 기리스탄)들은 막부의 감시를 피하기 위해 부처상이나 미륵상 뒤에 십자가를 새겼다.

교인을 색출하기 위해 예수와 마리아상을 밟게 했다.

명으로, 일본 총인구의 1%에 미치지 못한다.

일본인은 왜 '종교가 없다'라고 말할까?

아사히 신문사의 조사를 보면 일본인은 행복에 감사할 때, 자연의 아름다움과 신비를 느낄 때, 의지할 곳이 필요할 때 신의 존재를 의식한다고 한다.[13] 장례식이나 기일에 영혼에 대한 종교적 의식을 하는 것

---

13 아사히 신문, 2015년 6월 20일.

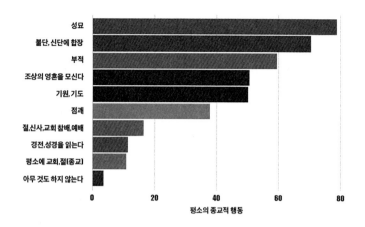

성묘

불단, 신단에 합장

부적

조상의 영혼을 모신다

기원, 기도

점괘

절, 신사, 교회 참배, 예배

경전, 성경을 읽는다

평소에 교회, 절(종교)

아무 것도 하지 않는다

0   20   40   60   80

평소의 종교적 행동

은 불교 신자가 아니라도 습관적으로 행하고 있다.

또 대부분 일본인은 연중행사나 인생의 특정한 시기에 신사나 절을 방문한다. 연중행사에는 절과 신사의 마쓰리, 새해 참배, 추석의 성묘 등이 포함된다. 인생의 특정한 시기를 축하하는 의식으로는 태어난 아이의 첫 신사참배, 어린이의 액막이 의식인 시치고산,[14] 신전 결혼식, 불교의 장례식이 있다.

2006년에 제일생명 경제연구소가 실시한 '일상생활의 종교적 행동과 의식 조사'를 보면 전체의 50%가 불단을, 34.3%가 신단을 집에 보유하고 있고, 종교적인 연중행사를 일상생활 속에 받아들이고 있다.[15]

ISSP(국제 비교 조사 그룹)의 여론조사를 보면,[16] 자신이 믿고 있는 종교

---

14 매년 11월 15일, 3, 7세 된 여자 아이와 3, 5세 된 남자 아이를 신사에 데리고 가서 수호신에게 지금까지 아이들을 잘 보살펴준 데 대해 감사를 드리며 장래의 축복을 기원하는 행사.

15 group.dai-ichi-life.co.jp. 새해 참배는 전체의 76.4%, 성묘는 61.8%, 초파일 61.8% 등의 결과가 나왔다.

16 ISSP 에는 일본을 비롯해 유럽을 중심으로 현재 44개의 나라와 지역이 참가한다. 매년 공

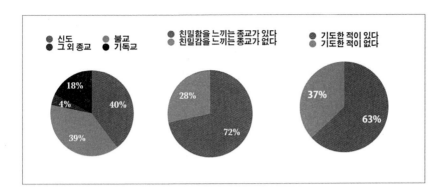

● 신도 ● 불교
● 그 외 종교 ● 기독교

● 친밀함을 느끼는 종교가 있다
● 친밀감을 느끼는 종교가 없다

● 기도한 적이 있다
● 기도한 적이 없다

18%
4%
40%
39%

28%
72%

37%
63%

를 포함해 친숙한 종교가 있는가 하는 질문에 일본인의 약 71%가 '친숙한 종교가 있다'라고 했다. 중대한 문제가 생겼을 때 신이나 부처님에게 기도한 적이 있냐는 질문에도 약 63%가 있다고 답을 했다.

그러나 그동안의 다양한 국민 설문 조사에서는 '어떤 신앙 혹은 종교를 가지고 있거나 믿고 있다'라고 답한 사람이 20~30%라는 결과가 나와 있다.

이렇게 일본인은 신앙을 묻는 말에 '무종교'라고 대답하는 것에 거부감이 없다. 일본인은 왜 자신의 행위를 종교적인 것으로 인식하지 못하고 스스로 무종교를 표방하고 있는 것일까?

이에 대해 종교학자인 아마 도시마로(阿満利麿)는 종교를 창시 종교와 자연 종교로 분류하는 종교학의 이론을 채용해 일본인의 무종교 관을 설명했다.[17] 현대의 일본인은 특정 인물이 특정 교리를 설파하고 그것을 믿는 사람이 모여서 성립한 창시 종교를 선호하지 않기 때문에 새

통 주제를 정해 조사, 분석한다. 일본에서는 1993년부터 NHK가 회원으로 참가하고 있다. 조사 데이터는 다음을 참조했다. http://www.gesis.org/en/services/data/ survey-data/issp

17 『日本人はなぜ無宗教なのか』, ちくま新書, 1996년 10월.

해 참배나 성묘처럼 풍속이나 습관이 되어버린 종교는 종교가 아니라고 생각한다. 그래서 자신의 종교를 무종교라고 말하지만, 사실 그것은 자연 종교라고 불리는 것으로 일본인은 '무종교라는 이름의 종교'를 가지는 자연 종교 신자라는 것이다.

또 시마다 히로미(島田裕巳)는 일본인이 '종교'라는 말에서 떠올리는 것은 매주 일요일 교회에 가는 크리스천이나 하루에 다섯 번의 예배를 올리는 이슬람교도의 모습이라고 지적한다.[18] 대부분 일본인은 자신은 그 정도로 종교에 대해 진지하지 않으며 여러 개의 종교를 받아들이고 있는 것에 열등감을 느끼기 때문에 자신의 입장을 자조해서 무종교라고 표현하고 있다는 것이다. 그리고 한편으로는 종교로 인한 분쟁이나 테러가 일어나는 것을 보고 일본인은 자신이 무종교라는 것에 자긍심을 가지기도 하는데, 무종교는 하나의 종교만을 절대시하는 배타적인 자세가 아니라는 것이다.

이 두 논리에 공통하는 것은 일본인이 '무종교'라는 말로 자신의 종교를 나타내고 있다는 주장이다.

그렇다면 일본인에게 '종교'란 무엇을 의미하는 것일까?

종교라는 단어를 지금의 의미로 사용하게 된 것은 메이지 시대에 영어 'religion'의 번역어로 채택하고 나서이다.

메이지 정부는 서구와의 교류를 위해 1873년에 기독교 금지를 풀고 기독교를 설명하는 용어로 기독교와 불교를 일괄해서 '종교'라는 말을 사용했다. 신도는 국가 신도로 종교가 아닌 '국가 제사'로 분리했기 때문에 종교의 범주에 넣지 않았다. 그래서 일본인은 기독교나 불교, 특

228

---

18 『無宗教こそ日本人の宗教である』, 角川新書, 2009년 1월.

히 '기독교=종교'라고 생각하는 경향이 있다.

또 신불 습합의 종교적 전통으로 일본인에게는 불교와 신도 둘 다 신앙의 대상이었다. 도시화가 진행되면서 특정 절이나 신사에 가지고 있던 가족적인 유대를 잃었지만, 일본인은 자연스럽게 일상에서 참배를 가고 기도를 드리고 부적을 사는 등의 종교적 행위를 하고 있다.

그런 일본인에게 종교에 관해 묻는 것은 '기독교 신자'인지 묻는 말로 들리거나, 불교와 신도 중 하나를 선택하라는 의미로 받아들여질 수 있다.

그런 의미에서 일본인이 말하는 '무종교'라는 것은 기독교인이 아니라는 뜻이거나 하나로 선택할 수 없는 신앙을 의미하기도 한다.

그리고 일본인은 의외로 '종교'라는 단어에 친밀감을 느끼지 못한다.

심리학자인 카네코 사토루의 조사는 일본인이 종교라는 말에 부정적인 이미지를 연상한다는 것을 잘 보여준다.[19]

'종교에 들어간다'라는 일본어 표현이 있다. 한국어로는 '믿음을 가지게 되었다' 정도로 번역될 것 같은데 일본어로 말하면 일반적인 종교가 아닌 어떤 특정 종교 집단이나 신흥 종교를 연상시키는 문장이 되어 버린다. 1995년의 옴 진리교 사건 이후에 종교를 믿는다고 답하는 사람의

229

부정적 이미지	긍정적 이미지
수상하다	의지처
비과학적	구원
현실도피	행복
어둡다	천국(극락)
노인	포옹
돈벌이	
신흥 종교	
사기	

종교의 이미지

19 金子曉嗣, 「日本における近代的価値観と宗教意識」, 『都市文化研究』, 2003년.

비율이 30%대에서 20%대로 떨어진 것도 이와 무관하지 않다.

일본인에게 종교라는 말은 경계심을 불러일으키는 단어이기도 하다. 그러니 종교가 없다고 말하는 일본인이 많을 수밖에 없다.

종교 위에 존재하는 국가 신도

그렇다면 기독교는 왜 일본에 뿌리내리지 못했을까 하는 의문이 생긴다. 결론부터 말하면 천황을 신성시하는 정책으로 인해 천황이 기독교 포교를 저지하는 힘을 가진 강력한 신앙의 대상이 되었기 때문이다.

메이지 정부는 천황을 일본인의 신앙 대상으로 하는 국가 신도를 만들어 서구 열강에 뒤지지 않는 근대 국가 형성을 목표로 했다.

국가 신도는 에도 시대에 만들어진 '국체 사상'을 근거로 신사 이외의 장소, 즉 국민에게 친숙한 학교, 국민 행사, 언론을 통해 국민에게 침투되었다.

앞에서 살펴본 것처럼 민간의 신도는 형태가 없는 민속 종교였다. 그것을 고신도(古神道)라고 부른다. 천황을 중심으로 한 황실 신도는 7세기에서 8세기경에 국가 의례와 법체계가 정비되면서 기초가 확립되었지만, 중세 일본은 불교가 우세한 위치에 있었기 때문에 지역의 생활과는 거의 연관이 없었다. 이것을 국가 중심으로 하려고 한 것이 국체 사상인데, 에도 말기에 고양되어 메이지 일본의 기본이념이 되었다.

국체 사상은 일본의 국토와 국민의 원소유자인 천황을 정점으로 정치가 행해져야 한다는 제정일치 사상이다. '국체'는 국가의 정치체제를 의미하지만, 일본에서는 '역사의 시작에서부터 만세일계의 신성한 국가체제'라는 특별한 의미가 있다. 그리고 이런 국가 체제 때문에 일본은 세계 다른 나라를 이길 수 있다는 신념을 나타낸다.

메이지 정부는 서구 제국이 기독교 전도를 사명으로 식민지를 정당화한 것처럼 국가 신도로 제국주의 체

메이지 시대 이후 일본은 국가 신도로 제국주의 체제를 만들었다.

제를 만들어 갈려고 생각했다. 그래서 황실의 조상신인 아마테라스 오미카미를 최고신으로 신사를 재편하고 신불 분리로 사원을 파괴하는 극단적인 조치를 단행했다. 위반하는 사람은 투옥되었고 천황을 위해 목숨을 바칠 것이 강요되었다.

1945년까지 일본의 학교에서는 '교육칙어'를 시행했다. 교육칙어란 1890년에 메이지 천황이 교육의 근본정신에 대해 국민에게 하사한 가르침의 말이다. 초등학교는 이 성스러운 가르침을 가르치는 장소가 되었다.

패전 때까지 수십 년간 일본인은 아마테라스 오미카미를 모시는 이세 진구나 천황을 숭배하는 야스쿠니 신사와 메이지 진구에 참배해야

만 했다. 모든 일본인은 천황의 사진과 교육칙어에 고개를 숙였다. 이것이 국가 신도라고 불리는 것이다.

이 시기에 일본인 대부분이 학교 교육을 통해 국가 신도에 익숙해졌다. 전전(戰前)의 경축일은 거의 천황과 관련된 날이었고, 천황 숭상이 국가 신도의 중요한 역할이었다.

2차 대전 중 일본 정부는 천황을 존중하는 신도(神道)는 일본인의 습속이지 종교가 아니라고 했다. 그래서 불교를 믿든 기독교를 믿든 상관없이 신사와 학교의 의례에 참가하게 되었다. 국가 신도는 모든 종교적인 것의 위에 있었다.

2차 대전 후 GHQ(연합국 총사령부)는 일본을 무모한 전쟁으로 내몬 군국주의나 초국가주의가 종교와 깊이 관련되어 있다고 생각해, 정교분리가 불충분하다고 파악했다. 그래서 1946년 1월 1일 소화 천황의 '인간 선언'이 선포되었다.

이것으로 국가 신도는 해체된 것으로 보였지만, 전후에는 민간단체가 된 신사 조직이 국가 신도 운동의 중요한 담당자가 되었다. 전쟁 전에 비하면 약하지만, '신국'의 신앙을 계승한 국가 신도는 지금도 역시 많은 지지자를 얻고 있다.

2016년 1월 신사의 경내에 개헌을 요구하는 서명 용지가 놓여 있었다는 것이 언론을 통해 알려졌다. 아베 신조 총리가 신년 시정 방침 연설에서 개헌에 대한 의욕을 나타낸 것에 호응한 행동이었다. 각 신사가 '아름다운 헌법을 만드는 국민의 모임' 운동의 일환으로 실정에 맞춰 서명을 모았다고 했다. 그런데 2014년 10월에 발족한 이 모임의 대

표 발기인에 신사 본청의 총장이 들어 있었다.[20]

산케이 신문 기사 '신도 부흥의 징조'

현재 신사 본청의 정치 단체인 '신도 의원 정치 연맹'에는 중의원, 참의원 합해서 303명의 의원이 속해 있고, 아베 총리를 비롯해 내각 각료의 80%가 회원이다. 이런 상황을 볼 때 대부분 신사가 아베 내각과 연동해서 개헌 운동을 하고 있다고 보이는 측면이 있다.

2016년 1월 1일의 산케이 신문에는 '신도 부흥의 징조'란 제목의 기사가 실렸다. GHQ의 국가 신도 폐지가 '일본인을 신에게서 멀어지게 했다'라는 요지의 기사였다.

2017년 4월에는 교육칙어를 학생들에게 가르칠 수 있다는 각의 결정이 채택되었다. 이렇게 국가 신도 부활의 조짐은 이미 나타나고 있다. 그런 의미에서 1945년 이후에도 일본의 국가 신도는 존속해 왔다고 볼 수 있다.

233

---

20 도쿄 신문, 2016년 1월 23일.

종교 같은 것이 필요한 젊은 세대

2013년의 이세 진구의 천궁 행사에는 1,420만 명이 방문했다.

일본인은 무종교라고 말할 정도로 '종교'라는 말에 친밀감이 없지만, 한편으로 '종교 같은 것'에는 익숙함을 느낀다. 동아시아에서는 '도'라는 말이 '종교'에 해당하는 말로 생각된다. 17, 8세기의 일본에서는 불교도 유교도 사람에게는 도를 가르치는 것이었다. 일본의 젊은이 사이에서 무사도가 인기이다. 무엇 때문에 사는가 하는 것의 실마리가 무사도에 있다고 생각하기 때문이다. 끊임없이 죽음을 의식하는 것은 일본인에게는 중요한 요소이다.

이렇게 일본인은 종교 그 자체에 거리를 느끼는 사람도 '도'에는 연관되어 있다. 도쿄대학의 종교학과 학생도 예술, 다도, 합기도, 궁도, 무도 등을 통하여 종교학과에 들어온 사람이 많다고 한다. 그들은 도를 통해 마음의 평안을 기원한다. 친근한 것을 통해 정신적 가치를 익히는 것은 일본문화의 한 특징이기도 하다.

물질적으로 풍요한 삶을 사는 현대의 젊은이가 종교 같은 것에 흥미를 느끼는 것도 같은 이유이다.

2016년의 '신어 유행어 대상'은 '카미테루(神ってる)', 신이 강림했다는 뜻의 신조어였다. 프로 야구에서 연속 9회 말 끝내기 홈런을 친 선수에게 감독이 던진 말이다. 애니메이션의 장소를 방문하는 '성지 순례', 영적인 힘을 가진 장소를 가리키는 '파워 스팟' 같은 말도 언론에 매일 등장한다.

2013년의 이세 진구의 천궁(遷宮) 행사가 있었을 때, 1,420만 명이 방문해 사상 최대의 방문객 수를 기록했다. 방문객의 다수가 젊은 세대였다.

돈이 들지 않는다는 경제적인 이유가 작용한 때문이라는 분석이 나와 있지만, 젊은 세대가 종교나 종교 같은 것에 관심을 두게 된 것은 갑자기 나타난 현상이 아니다.

전후의 일본 종교의 주역은 젊은 세대였다. 새로운 종교가 나타나고, 새로운 종교 현상이 주목을 모았을 때 관심을 가지는 것은 그 시대의 젊은이였다.

전후에 생겨난 수많은 신흥 종교는 빈곤과 병, 전쟁의 고통에서 해방시킬 것을 약속했다. 신흥 종교의 기반은 신도, 불교, 유교, 도교, 민간 신앙, 샤머니즘이라는 기존에 존재하는 광범위한 전통이었으며, 교주는 살아있는 신으로 숭배받았다.

1950년대 중반부터 1970년대 초의 경제 성장 시기에 신흥 종교인 창가 학회[21]에 들어간 것은 지방에서 도시로 올라온 젊은이였다. 그들은 종교에 안정된 사회 기반을 구하고 있었다.

1973년 이후 세계 종말론에 관심이 높아지자 초능력을 주장하는 신흥종교가 등장하기 시작했다. 도시에서 태어난 젊은이들이 '초능력'에 대한 관심으로 소위 '신 신종교'[22]라고 불린 옴 진리교,[23] 행복의 과

---

21 불교계 신흥 종교. 192개 국가·지역(2012년 1월 현재)에 회원을 두고 있으며, 일본 내 회원 수는 827만 세대이다.

22 일본의 종교사회학자들은 19세기 이후 나타난 변모된 종교를 '신종교'로, 1970년대부터 기존의 신종교와 구분되는 또 다른 변형된 종교를 '신 신종교'로 구분한다.

23 1995년 3월에 도쿄 지하철에서 일어난 사린 사건 이후로 신자를 강력하게 통제하는 일부 신

야스쿠니 신사의 연간 참
배객은 600만 명 이상으
로 매년 증가하고 있다.

학 등의 종교에 빠져들었다.

이들 신흥 종교의 매력은 정신적인 지지대를 잃어버린 사람들에게
대가족 제도와 지역 사회, 전통적인 종교를 통해 얻을 수 있었던 공동
체 의식을 준다는 점이었다.

이후 일본에서는 다양한 종교가 생겨나 '종교 붐'이라 불리게 되었
다. 그중에서 옴 진리교의 경우는 이십 대의 젊은이가 신도의 압도적
다수를 차지했다.

일본에서 종교는 사회와 국가와 밀접한 관계에 있었다. 자민당은
신사 본청, 공명당은 창가 학회가 없으면 선거에서 이길 수 없다는 말
이 있다. 창가 학회와 국가 신도의 공표 신자 수는 각각 827만 세대와
9,000만 명이다. 그래서 일본의 총리가 야스쿠니 신사를 참배하고 야

흥 종교의 위험한 측면에 대해서 상세한 조사가 이루어지고 있다. 12명이 사망하고 1000명
이상의 사람이 부상한 이 사건은 컬트 종교집단인 옴 진리교가 저질렀다.

스쿠니의 의미를 강조하는 것은 심각한 일이 아닐 수 없다. 만일 야스쿠니가 국가의 공식 의례시설이라면, 국민을 종교적인 천황 숭상으로 밀어붙인 전전(戰前) 체제에 가까워지는 것을 의미하기 때문이다.

근대 일본의 지배적인 가치관은 국가, 사회, 조직, 집단에 대한 귀속 의식과 충성이었다. 국가에 대한 귀속의식은 애향심을 바탕으로 '애국심'과 '국가주의'가 되어 전후 일본의 부흥을 뒷받침했다.

2009년에 실시한 NHK의 종교 조사를 보면 젊은 사람일수록 '종교적인 것'에 대한 관심이 높다고 한다. 옴 진리교 사건 이후 일본의 신흥 종교는 힘을 잃고 있지만, 최근의 젊은이들은 영적인 힘을 주는 장소에 대한 관심을 통해 오래된 종교적 전통에 신선함을 느끼고 빠져들고 있다.

야스쿠니 신사의 연간 참배객은 600만 명 이상으로 매년 증가하고 있고 최근에는 젊은 참배객이 많아지고 있다. '일본인이라면 한 번쯤은 와봐야 한다'고 생각하는 젊은이들이 많아진 것일까?

'혐한', '인터넷 우익'이라는 말이 낯설지 않은 요즘, '무종교'를 표방하는 일본 젊은 세대의 신사 참배와 전통에 관한 관심이 예사롭지 않아 보인다.

일본 헌법 제20조의 '종교의 자유'

신교(종교)의 자유는 누구에게나 보장한다.
어떤 종교단체도 국가에서 특권을 받아, 정치적 권력을 행사해서는 안 된다.
국가 및 기관은 종교 교육 혹은 그 외 어떤 종교적 활동도 해서는 안 된다.

4장

사무라이가

되고 싶은

일본인

사진/ English Wikipedia, Origin source unknown

사무라이는
왜 사라지지 않을까?
사무라이에서 SAMURAI로

일본 언론에는 '사무라이'라는 단어가 자주 등장한다. 2006년 독일 월드컵 때 일본 축구 대표팀에 붙여진 캐치프레이즈는 '사무라이 블루 2006'였고, 일본 야구 대표팀은 '사무라이 저팬'으로 불린다. 일본의 애니메이션과 영화, 드라마에서도 사무라이 캐릭터는 매력적인 존재로 그려지고, 일본의 젊은이는 '일본인은 사무라이'라는 말을 별생각 없이 내뱉는다.

메이지 유신 이후 일본은 스스로 무사라는 신분 자체를 폐지하고 근대의 막을 열었다. 사무라이라고 불리던 집단이 없어진 지 150여 년이 지난 지금, 일본인은 왜 자신을 '사무라이'라고 칭하고 있는 것일까?

일본의 사무라이에 대해 알아보고 현대에 부활한 사무라이의 모습을 통해 현대 일본인의 의식을 들여다본다.

'사무라이'는 어떤 사람이었을까?

문인 정권(조정)이 존재했던 동아시아의 다른 국가들과 달리 일본은 1200년 이후 카마쿠라, 무로마치, 에도 바쿠후라는 무인 정권이 이어지고, 무인이 국정 전반에 실권을 장악하고 있었다. 어떻게 보면 일본의 역사는 무사라는 사회적 신분이 확립되고 소멸해가는 과정이라고 볼 수 있다.

그런데도 무사가 어떤 존재인지에 대한 정의는 의외로 명확하지 않다. 무사라고 불리는 사람과 그 집단을 가리키는 용어도 시대에 따라 편차가 있고 다양하다. 그들은 '병(兵)', '용사(勇士)', '무자(武者)', '무사(武士)', '사무라이(侍)' 등으로 불렸지만, 이런 말들이 반드시 무사 일반을 가리키는 의미로 사용된 것은 아니었다. 무사는 우리가 생각하는 이상으로 복잡한 역사적 존재였다.

우리에게 익숙한 '사무라이(侍)'라는 말은 나라 시대[1]의 '사모라우'가 어원이다. '사모라우'는 접두어 '사'와 '모라우(候)'로 이루어진 말로 원래의 뜻인 '상대의 모습을 가만히 살핀다'에서 '귀인의 옆에서 모시면서 모습을 살피고 명령을 내리는 것을 기다린다'라는 의미로 사용되었다.

사무라이의 역사는 헤이안 시대[2]에 신분이 높은 사람을 모시고 주변 경호를 하는 사람을 '사무라이(侍)'라고 부르게 된 것에서 시작된다. 이 시대에 사무라이라고 불리던 사람들은 무사 중에서도 비교적 신분이 높은 사람들이었다.

이후 무로마치 시대[3]가 되면 쇼군 아시카가(足利) 일족을 따르는 상급 무사를 주로 사무라이라고 불렀다. 여기서 말하는 상급무사란 기마 전투를 할 자격이 있는 신분을 가리킨다.

무로마치 바쿠후가 멸망하고 전국시대(戦国時代)[4]가 되면 전쟁에서 공을 세운 병사도 사무라이라 불리게 되는데, 기름 장수에서 영주(다이묘)로 출세한 사이토 도잔(斎藤道三)과 농민의 아들로 태어나 천하 통일을 이룬 도요토미 히데요시(豊臣秀吉)가 대표적인 인물이다.

243

지위와 관계없이 무사 전반을 '사무라이'로 부르게 된 것은 사농공상의 신분제도가 확립된 에도 시대부터이다. 에도 시대 무사는 주군에게 월급을 받는 관료의 성격이 강했다.

---

1 710년~794년, 나라에 수도를 정한 시대로, '일본'이라는 국호가 처음으로 사용되었다.
2 794년~1185년, 교토에 세워진 헤이안쿄가 정치의 중심이었기 때문에 헤이안 시대라고 한다.
3 아시카가 다카우지가 바쿠후를 세운 뒤의 무가 정권 시대로, 지방 분권적인 봉건제를 실시하고 쇼군이 통치하였다.
4 일본 무로마치 시대(室町時代) 말기, 중앙정부의 권위가 약해져 지역 영주들이 할거하며 서로 다투던 시대.

'SAMURAI SPIRIT'으로 불리는 무사도는 무사 계급의 '바람직한 모습'으로서의 윤리와 도덕 규범과 및 가치 기준을 나타낸 것이었다.

무사도는 크게 '무도(武道)'로서 무사도와 '사도(士道)'로서 무사도로 나눌 수 있는데, '무도'로서의 무사도는 무사가 탄생한 헤이안 시대부터 가마쿠라, 무로마치 시대를 거쳐 전국시대까지 가훈의 형태로 전해져 내려왔다.

내용은 적을 살상, 제압하는 기술 등으로 주로 실제 전투에서 살아남는 법에 관한 것이었다.

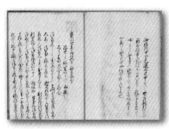

정식 명칭은 『하가쿠레 기키가키(葉隱聞書)』이다. 사진은 사가(佐賀) 대학 소장본이다.

야마모도 쓰네토모의 『하가쿠레(葉隱)』는 무도를 계승해 무사의 덕목으로 정리한 것으로 유명하다. '무사도라는 것은 죽는 일에서부터 발견된다'라는 구절로 시작하는 이 책은 당시에는 금서(禁書)로 존재를 아는 사람이 많지 않았지만 메이지 시대 이후 니토베 이나조(新渡戸稲造)를 통해 알려지게 된다.

반면에 '사도'로서의 무사도는 새로운 지배계급의 윤리로서 체계화된 것이었다. '사(士)'는 '덕이 있는 사람'을 의미하는 말로, '사도'는 인격적으로 뛰어나고, 국민의 규범이 되는 존재가 되는 것을 목표로 했다.

'사도'로서의 무사도를 선도한 인물은 에도 시대 유학자인 야마가 소코(山鹿素行)였다. 야마가는 무사의 이상적인 모습을 유교의 도덕 사상에서 찾았다. 그가 주창한 무사도는 무사를 사회 전체를 책임지는 위정자로 정당화한 것으로 윤리 도덕이라는 과정을 중시하는 성격이 강했다. 야마가의 영향으로 이후 무사도는 체계적인 사상으로 발전되어 갔다.

'무사도'의 용례는 『하가쿠레(葉隱)』에서 찾을 수 있지만, 에도 시대에는 무사도 대신 '사도'라는 용어가 일반적이었다.

에도 시대에 대중문화가 꽃피기 시작하자, 무사의 규범인 '사도'는 서민에게도 영향을 끼치게 되는데, 그 역할을 담당한 것은 죠루리, 가부키, 요세, 요미혼 등으로 불리는 대중오락과 예능이었다.

당시의 소설과 연극은 대부분 무사 이야기를 다루고 있었고, 부모들은 잠자리에서 역사 속에 등장하는 무사들, 요시츠네, 벤케이, 노부나가, 히데요시, 주신구라의 이야기를 아이에게 들려주었다.

이런 시대 분위기 속에 서민 사이에서도 거리의 치안을 담당하는 협객이 나타났고, 사나이다운 모습을 보여주는 오야분(親分)은 거리의 리더로 인정받았다. 오야분과 코분(子分)의 관계는 주군과 무사의 관계와 비슷했다.

이렇게 사무라이는 12세기 이후 근세의 끝(에도 시대)까지 일본 사회의 중심적인 존재로 위치했다.

사무라이 해체와 메이지 무사도

1868년의 대정봉환[5]으로 700년 동안 계속된 무사의 시대가 막을

5 1867년 11월 9일 에도 바쿠후의 마지막 정이대장군이었던 도쿠가와 요시노부(德川慶喜)가

내리고 메이지 시대가 시작되자, 신정부는 왕정복고를 명분으로 천황을 중심으로 한 중앙집권 국가를 추진했다. 정부는 각 지역에 남아 있는 영지(번) 정리를 우선으로 생각해서 행정 구역을 현으로 바꾸는 '폐번치현'을 실시하고 각 현에 직접 현령을 파견했다. 이것은 지금까지의 봉건적 토지 지배 방식을 근본적으로 부정하는 개혁이었다. 이로 인해 당시 200만 명 이상 존재했던 번사(藩士. 각 번에 소속된 무사)들은 대량 해고를 당하게 되었다.

정부는 계속해서 에도 시대의 신분제도를 폐지하고, 다이묘인 귀족(公家)과 무사를 '화족(華族)'으로, 일반 무사를 '사족(士族)', 농민과 도시 서민을 '평민'으로 바꾸었다. 천황을 중심으로 한 중앙집권 국가를 건설하기 위해 천황 이외의 모든 신분을 평등하게 만든 것이다. 주거와 직업의 제한을 폐지하고, 평민이 성을 가지는 것, 화족, 사족과 결혼하는 것도 허용했다. 그리고 폐번으로 직장을 잃은 사족에게 지급하는 급여 제도를 없애, 무사(사족)의 경제적 특권을 박탈했다.

1876년 3월에 시행된 '폐도령(廢刀令)'으로 무사는 자신의 상징인 칼을 빼앗겼고, 뒤이은 '징병령'으로 '전투 참가 자격'이라는 무사의 특권마저 사라져 버렸다. 근대적인 군대를 가지고 싶었던 정부에게 칼을 든 무사는 구시대의 유물일 뿐이었다.

정부 정책에 불만을 가진 사족은 사이고 다카모리(西鄉隆盛)를 중심으로 결집해 반기를 들었다. 메이지 유신의 일등공신이던 사이고 타카모리는 자신이 주장한 '정한론'이 받아들여지지 않자 결국 1877년 2월 15일 가고시마에서 반란을 일으켰다. 이것이 일본의 마지막 내전이라

메이지 천황에게 통치권 반납을 선언한 사건으로 260여 년간 이어온 에도 바쿠후의 종언을 의미하기도 한다.

불리는 '세이난 전쟁(西南戰爭)'으로 전투는 6개월간 계속되었다.

9월 24일 정부군의 총공세로 궁지에 몰린 사이고 다카모리는 자결을 택했다. 이로써 사무라이는 역사의 중심에서 영원히 사라지게 된다.

이렇게 메이지 정부는 중앙집권 국가 체재로 개혁해 가는 과정에서 사무라이를 해체했고, 그 결과 무사라는 계급은 사라졌다.

그러나 '무사도'라는 말은 무사가 사라지고 난 이후에 국가주의자와 기독교인을 통해 일반에 알려지게 된다. 이들은 무사도를 '군인 정신(1882년, 군인칙유)'이나 '국민이 지켜야 할 도덕(1890년, 교육칙어)'으로 변용시켜 사용했는데, 이것을 '메이지 무사도'라고 한다.

국가주의자는 국가에 충성하는 국민을 만들기 위해 무사도를 이용했다. 가장 대표적인 인물은 이노우에 데쓰지로(井上哲次郎)이다.

그는 1905년에 출판한 『무사도 총서』에서 러일전쟁, 청일전쟁의 승리는 일본 전통의 무사도에 의한 것이며, 천황에 대한 절대적인 충성이야말로 국가를 위한 것이라고 주장했다. 군인칙유는 이런 황도적(皇道的) 무사관이 응축된 것이라 할 수 있다.

한편 일부 기독교인들은 무사도를 서양의 기독교에 필적할 수 있는 일본적 도덕이라고 주장했다.

니토베 이나조는 일본의 무사도를 서양에 알린 사람으로 유명하다. 그는 1899년에 영문으로 출간한 『BUSHIDO, the Soul of Japan』에서 무사도는 유교와 불교의 장점을 계승하지만 서양

니토베 이나조가 왜곡한 무사도 정신은 서양의 일본 인식에 큰 영향을 끼쳤다.

기사도의 장점과 조지 버클리[6]나 피히테[7]의 이상주의와도 통하는 점이 있다고 주장하고, 일본인에게는 '무사도'라는 훌륭한 도덕적 전통이 있다는 것을 강조했다.

니토베의 주장은 무사도를 과장하고 왜곡한 부분이 많았지만, 서구 사회는 동아시아의 작은 나라에 불과했던 일본이 청일전쟁과 러일전쟁에서 승리한 이유를 니토베의 책에서 찾고자 했다.

이 책으로 서구 사회는 '일본=사무라이', '사무라이=무사도'라는 인식을 가지게 되었다.

시대	무사도의 변천	관련 사항
헤이안 시대 794년		
카마쿠라/ 무로마치 1192년 / 1399년	원래의 무사도	
전국시대		
에도 시대 1603년	에도 시대의 무사도	사도-야마가 소코 무도-『하가쿠레』
메이지(明治) 1868년	메이지 무사도	군인칙유(1882) 교육칙어(1890) 청일전쟁(1894) 『무사도』간행(1899) 러일전쟁(1904~1905)
다이쇼(大正) 1912년		진주만 공격(1941)
쇼와(昭和) 1926년 1945년	전후의 무사도	종전

248

6 조지 버클리(George Berkeley, 1767~1845), 아일랜드 계 영국 철학자이자 주교.
7 피히테(Johann Gottlieb Fichte, 1762~1814), 독일 관념론 철학자.

사무라이(侍)에서 Samurai로

　지진, 온천, 아니메, 스시 등 현대 일본의 모습은 다양하지만, 'Samurai', 'Bushido'라는 말은 여전히 일본을 상징하는 말로 사용되고 있다. 사무라이는 지금도 일본인을 표현하는 아이콘이며 사무라이 정신, 즉 무사도는 현대 일본인의 정신적 규범으로 인기를 얻고 있다.

　각자가 생각하는 사무라이를 떠올려보자. NHK 대하 드라마에 등장하는 무장의 모습과, 검을 휘두르며 싸우는 장면을 떠올리는 사람이 많을 것이다. 생각나는 대상은 다르겠지만, 주군과 자신의 명예를 위해서 할복도 두려워하지 않는다는 것이 우리가 가지고 있는 전형적인 사무라이의 이미지이다. 이것은 일본인도 마찬가지이다.

　그렇다면 이런 이미지는 어떻게 만들어지게 되었을까?

　앞에서 살펴봤듯이 메이지 정부는 천황의 정통성 확립과 국가 통치에 이용하기 위해 '사도'을 변용한 사상을 만들어 내었고, 그 대표적인 것이 니토베 이나조의 『무사도』였다.

NHK의 대하 드라마의 주인공은 주로 시대를 호령했던 무사들이다.

『무사도』는 니토베가 서양인에게 일본을 소개하기 위해 쓴 책으로, '서양 문화에 있는 것은 일본에도 있다', '서양에서 보면 이상해 보여도 나름대로 이유가 있다'는 식의 변명을 되풀이하며 일본을 미화한다.

니토베는 무사도를 벚꽃에 비유하며 무사의 덕목으로 의(義), 용(勇), 인(仁), 예(礼), 성(誠), 명예(名誉), 충의(忠義)를 이야기한다. 또 이 모든 덕목의 최상위에 있는 것은 충이며 충은 무사가 명예를 위해 행동하는 것이며 죽음도 두려워하지 않는 것이라고 설명하고, 47명의 의사(義士)를 예로 들었다.

이런 무사도의 덕목이 일본 전체의 '아름다운 이상'이 되어 '꽃은 벚꽃, 사람은 무사'라는 말과 함께 퍼져나가 일본인의 행동 규범이 되었고, 그래서 일본인의 도덕 수준 뛰어나다는 것이다. 나아가 무사도는 바로 '일본 정신(大和魂)', 일본 발전의 원동력이며 일본인만큼 애국심이 높은 민족은 없다고 주장한다.

사에키 신이치(佐伯真一)가 『무사도』는 니토베가 자기 머릿속에 있는 무사의 모습을 과장해서 만들어 낸 하나의 창작물이라고 지적한 것처럼,[8] 니토베가 그린 무사도는 전통적인 무사도와 다른 형태의 왜곡된 무사도이다.

그러나 청일전쟁에 승리한 일본에 관심이 많았던 서구 사회는 니토베의 책을 통해 일본을 이해하려고 했다. 러일전쟁 승리 이후 서구 사회는 '일본 정신=무사도'를 가진 일본을 예찬했다. 영국에서는 제2의 저패니즘(Japanism) 열풍이 불었고,[9] 일본을 편애한 미국 루스벨트 대통령은 러일전쟁 직후 서둘러 포츠머스 조약을 주도하여 한반도의 운명

8 『戰場の精神史』, NHK출판, 2004년.
9 「日露戰爭期の英国における武士道と柔術の流行」, 「阪大比較文学」, 橋本順光, 2010년.

을 결정해버렸다. 루스벨트 대통령이 니토베의
『무사도』를 읽고 감명받아 30권을 구입해 아이
들에게 나눠줬다는 일화는 유명하다.

2000년 여름 모리오카 시에서 『무사도』 간
행 100주년 행사가 개최되었다. 행사에 초대된
루스벨트의 후손은 '어떻게 니토베 선생이 일
본의 역사를 바꿨나'라는 제목으로 강연하고,
클린턴 대통령의 메시지를 전했다.

시어도어 루스벨트

> '우리나라의 루스벨트 대통령은 니토베 씨의 저작을 통해 일본을 이해할 수
> 있었고 노벨 평화상 수상에도 도움이 되었다고 말했습니다. 나는 여러분과
> 함께 그의 업적을 칭송합니다'

9. 11 테러 이후 2002년 2월에 일본을 방문한 부시 대통령은 일본
국회에서 '위대한 정치가이자 학자인 니토베 이나조는 일본과 미국을
이어주는 다리 역할을 하려고 했고 이제 그 다리는 만들어졌다'라고
말했다.[10]

이렇게 『무사도』는 지금도 일본인에게는 일본인이 우수하다고 믿고
싶은 욕망을 충족시켜주는 책으로, 외국인에게는 일본을 알려주는 책
으로 읽히고 있다. 그리고 우리가 가지고 있는 전형적인 사무라이 이
미지 역시 100여 년 전에 니토베가 만들어 낸 이미지의 범주를 벗어나
지 못하고 있다.

251

---

10 「武士道に関わった3人の大統領」, Electronic Journal 1229호, 2004년 3월 1일.

'주신구라'는 아코 무사들에
관한 이야기로 일본인이 생각
하는 가장 이상적인 사무라이
의 모습이다.

무사도의 변용과 확장
– 주신구라에서 라스트 사무라이까지

252

일본에서는 매년 12월 중순쯤이면 어김없이 '주신구라(忠臣蔵)'라는
이름이 붙은 영화와 드라마가 방영된다. '주신구라'는 아코 무사들에
관한 이야기로 일본인이 생각하는 가장 이상적인 사무라이의 모습
이다.

아코 사건의 경위는 이렇다. 1701년 3월 아코 번(赤穂藩) 성주 아사노
나가노리(浅野長矩)가 키라 요시나카(吉良義央)를 공격하는 사건이 일어났
다. 바쿠후는 아사노에게 할복을 명하고 아코 번을 해산하는 처분을
내렸지만 키라에게는 아무 처분도 내리지 않았다. 이에 아사노의 가신
인 오오이시 등 47명이 뜻을 모아 다음 해 12월 4일에 에도의 키라 요

시나카의 집으로 들어가 키라의 목을 베고 복수를 한 후 바쿠후의 명에 따라 할복을 했다.

니토베 이나조는 아코 사건을 충의와 명예를 존중하는 무사의 본보기로 들고 다음과 같이 평가했다.

「주신구라(忠臣蔵)」 이야기로 알려진 에도 시대 중기의 아코 무사 47인의 복수 이야기는 현대 일본에서도 많은 사람에게 감동을 주고 있다. 이 무사들의 주군인 아사노 영주 나가노리가 할복을 명 받았을 때 항소할 수 있는 상급 법정이 존재하지 않았기 때문에 충분한 조사를 받지 못한 채 목숨을 잃게 되었다. 그래서 충의 넘치는 그의 가신들에게는 유일한 최고 법정이라 할 수 있는 복수(아다우치) 외에는 방법이 없었다. 복수를 마친 47인의 무사는 일반적인 규칙에 따라 유죄가 되어 할복을 명령 받았다. 그러나 일반 대중은 그들에게 다른 판단을 내렸다. 그들이 중요하게 생각한 무사의 명예, 주군에 대한 충성심은 민중이 그들에게 '의사(義士)'라는 칭호를 내리게 했다. (『武士道』)

또 일본의 역사교과서에서는 아코 사건을 다음과 같이 기술한다.

아코 무사의 인기가 높은 것은 주군에 대한 충의를 다하기 위해 자신의 목숨을 버린 그 행동이 금전만능이라 생각되던 겐로쿠(元禄) 시대[11]에 옛날의 무사도(무사의 도덕)를 사람들에게 떠올리게 했기 때문이다. 아코 사건은 그 후 '주신구라'로 가부키와 영화의 제재가 되어 지금에 이르기까지 일본인의 마음에 깊은 감명을 주는 이야기가 되었다. (「つくる会」, 신판)

---

11 1688년에서 1704년의 시기. 상업 경제가 급격히 성장했으며 오사카, 도쿄를 중심으로 도시 문화가 발전했다.

역사 교과서의 기술도 니토베의 평가와 별반 다르지 않다. 그렇다면 무사의 '복수(아다우치)'와 '충의', '사람들의 평판'은 사실이었을까?

우선 '복수'에 대해 살펴보자. 백과사전을 보면 '아다우치'란 '주군, 부모, 남편 등이 살해당했을 때 그 가신, 자식, 처가 살해자를 죽이고 복수를 하는 것'이며, 에도 시대에는 일반적으로 아다우치가 인정되었다고 나온다.

그러나 실제로 '아다우치'가 허가된 예를 살펴보면 살해당한 사람에게 아무런 과실이 없고 살해한 자가 행방불명 등으로 공적(公的)인 처벌을 받을 수 없는 경우에만 허가되었고,[12] 개인이 공적 권력을 대신해 복수를 위해 타인을 살해하는 것은 위법이었다.

그러니 당시의 법적 근거로 볼 때 아코 가신들의 복수는 타당한 행동이 아니며 바쿠후의 처분에 대한 불복종의 측면이 있다.

또 무사의 할복은 명예로운 죽음이라는 인식이 있지만, 사건이 일어났던 당시에는 할복이 무사에게 내려지는 형벌로 정착되어 있었다.[13]

그럼 니토베가 강조하는 아코 무사의 '충의'는 어떨까?

당시 아코 번의 무사 수는 총 300명으로 처음에 '아다우치'를 약속한 무사는 120명이었다. 그런데 그들 중 47명만이 '아다우치'에 참가했으니 약속을 저버린 사람이 60% 이상인 셈이다. 그들은 왜 '충의'를 외면하고 중도 이탈을 했을까?

254

---

12 谷口眞子, 『武士道考-喧嘩·敵討·無礼打ち』, 角川叢書, 2007년.

13 에도 초기에 순사(殉死)가 유행이었다. 주군이 사망하면 가신이 주군을 따라 할복하는 관례를 따라, 가신이 할복을 하면 다시 측근이 할복하는 식으로 거의 아무 관계없는 하급 무사까지 할복을 하는 일이 유행처럼 번져나갔기 때문에 바쿠후는 무사의 할복을 금지시켰다. 이후 참수 대신 할복이 무사에게 내려지는 처형으로 정착했다.

당시의 로닌(浪人, 주군을 잃은 무사)은 자유의 몸으로 얼마든지 새로운 주군을 섬길 수 있었다. 이탈자 대부분이 녹봉이 높은 편이었는데, 미래의 주군에게 불충이 될 우려가 있는 길을 피하고 현실적인 선택을 한 것이라고 볼 수 있겠다.[14]

반면에 '아다우치'에 참가한 무사 중에는 정식으로 녹봉을 받지 못한 수습 무사가 많았다. 주군을 직접 섬기지도 않았던 수습 무사들이 왜 더 적극적으로 참가했을까?

사실 '아다우치'는 화제성이 충분해서 세상에 이름을 알리고 임관을 할 수 있는 지름길이기도 했다. 운이 좋으면 처벌을 면하고 '충사(忠士)'의 명예를 얻을 수 있었다. 실제로 복수에 성공하고 임관(任官)한 예도 있었다.[15]

그러니 아코 사건 이면에 '충의'를 표방한 개인의 명예욕, 출세욕도 존재했다고 할 수 있고, '아다우치' 또한 '구직'을 위한 현실적인 선택으로 볼 수 있다.

그렇다면 당시의 평판은 사실이었을까?

당시 기록을 보면 무사 사회는 아코 무사들의 행동에 동정적인 반응을 보이고 있었다. 전쟁이 없는 시대에 사무라이로 살아가는 것에 대해 고민이 많았던 이들에게 전국시대 무사의 모습을 떠올리게 하는 대담한 복수극은 동경의 대상이기도 했다. 바쿠후 법을 위반한 그들의 행위는 범죄였지만 무용(武勇)으로 자신을 알릴 기회를 얻은 아코 무사를 부러워하는 사람도 많았다.

---

14 谷口眞子, 『武士道考-喧嘩·敵討·礼打ち』, 角川叢書, 2007년.

15 아코 사건 1년 전 '카메야마 아다우치'에 성공한 형제의 근무처를 찾아주기 위해 관리가 나섰다는 기록이 남아있고, 30년 전에 있었던 '죠루리자카 아다우치'의 당사자도 복수를 하고 나중에 임관에 성공했다.

아코 사건이 일어난 지 47년 후에는 닌교 조루리 의 걸작인 '가나데혼
주신구라'가 탄생했고, 이후 외전, 패러디 작품과 함께 다양한 주신구라
작품이 만들어졌다.

아코 무사를 칭송한 것은 서민들도 마찬가지였지만 복수 자체를
'충의'로 인식한 것이 아니었던 것 같다.

이에 대해 문예 평론가인 마루타니 사이이치(丸谷才一)는 당시 에도에
서는 소가 형제의 복수극[16]을 다룬 연극(가부키)이 매년 상연되고 있었는
데, 에도 서민들이 아코 사건을 소가의 복수극과 같은 맥락으로 받아
들이고 있었다고 보았다. 연극 내용은 부친의 복수와 동시에 부친의
적을 두둔하는 쇼군을 주적으로 두고 이의를 제기하고, 저주하는 것
이었다고 한다.

그의 견해를 따르면 바쿠후의 악정에 대한 반감이 높았던 에도 서
민들이 바쿠후의 결정에 반기를 든 아코 무사의 행위를 바쿠후에 대한
'아다우치'로 받아들이고 갈채를 보낸 것이 된다. 세상을 떠들썩하게 한
아코 사건이 바로 희곡으로 만들어지자, 정치를 비판한다는 이유로 바

---

16 1193년 음력5월 28일, 미나모토 요리토모(源賴朝)가 개최한 후지산 사냥 때 소가 스케나리
(曾我祐成)와 토키무네(時致) 형제가 아버지의 원수인 쿠도 스케츠네(工藤祐経)를 주살한
사건을 말한다. 관련자 3명이 모두 쇼군 미나모토(源) 가의 가신이어서 당시 파문이 컸다.

쿠후가 상연을 중지시킨 것에서도 당시 분위기를 짐작할 수 있다.

그러니 칭송할 적당한 말을 찾을 수가 없었기 때문에 무사도의 '충의'라는 단어를 사용한 것일 수도 있다.

바쿠후의 상연 금지 정책에도 불구하고 당시의 작가들은 이 사건의 주제만 남기고 등장인물은 바꿔서 다양한 예능으로 만들어 냈다. 사건이 일어난 지 47년 후에는 닌교 조루리(人形浄瑠璃)[17]의 걸작인 '가나데혼 주신구라(仮名手本忠臣蔵)'가 탄생했고, 이후 외전, 패러디 작품과 함께 다양한 주신구라 작품이 만들어졌다.

그러나 에도 서민에게 사랑받았던 '주신구라'는 충의를 다룬 이야기가 아니라 여러 등장인물의 삶과 사랑을 그린 것이었다.

'주신구라'가 '충의'라는 관점에서 주목받은 것은 국가에 충성을 다하는 국민을 만들기 위해 무사도가 적극적으로 이용되었던 메이지 시대부터였다.

'주신구라'는 충의의 상징으로 복수와 할복을 강조한 형태로 변용되어 연극과 영화로 만들어졌고, 1913년에는 10편 이상의 영화가 제작되었다. 이후 지금까지 '주신구라'는 '충의'를 상징하는 무사 이야기로 변용된 채 재생되고 있다.

'주신구라'가 나타내는 이상적인 사무라이의 표상은 영웅적인 야쿠자 이야기로 변하기도 하고, 전설 속의 무사가 되기도 하면서 영화, 애니메이션, 만화, 게임 등에 적용되었다.

---

17 일본 전통의 인형극. 인형이란 뜻의 '닌교'와 이야기체 음악인 '조루리'가 합쳐진 말. 등신대의 인형을 세 명이 함께 조종하는 것이 특징이다.

일본에서는 매년 새로운
'주신구라' 작품이 등장
한다

미야모토 무사시의 이야기
를 그린 만화 『베가본드』

바쿠후 말기의 혼란상을 상징하는 무사 조직 신센구미[18]는 역사적 사실과는 무관한 다양한 사무라이 캐릭터로 창작되었다. 전설 속 무사인 미야모토 무사시[19]는 만화 『베가본드』를 통해 고독한 영웅으로 탄생했다.

2003년 톰 크루즈 주연의 영화 '라스트 사무라이'가 개봉했을 때 일본인들은 사리사욕을 배척하고 강인한 정신력으로 싸운 무사들과 일본의 전통과 문화를 죽음으로 지킨 무사도에 깊은 감명을 받았다. 그리고 일본 정신(무사도)이 사라지고 배금주의와 이기주의가 만연한 현대 일본에 탄식을 금하지 못했다.

영화 '라스트 사무라이'는 역사를 그린 픽션으로, 1876년~1877년 사이에 일어난 사무라이 반란사건(세이난 전쟁)을 다루고 있다.

반란의 원인은 특권 상실과 정부 인사에 대한 불만에 있었지만, 영화는 주인공 '카츠모토'를 일본의 전통과 무사도 정신을 목숨으로 지켜낸 영웅으로 그려내고 있다. 19세기 초 서구사회가 니토베의 책을 통해 보았

---

18 에도 시대 말기인 1863년에 조직된 무사 집단. 1864년 6월 5일 조슈번, 도사 번의 존왕양이파를 습격한 사건으로 유명해진다.
19 단 한 번도 패한 적이 없다는 전설적인 검술가. 에도 초기의 인물로 알려져 있다.

영화 「라스트 사무라이」
톰 크루즈가 미국에서 건너와 일본의 마지막 사무라이 '사카모토'의 무사도에 큰 감명을 받는 퇴직 군인 알그렌 역을 연기했다.

던 사무라이에 대한 환상의 재현이다.

그리고 일본인은 미국인이 그려낸 이상적인 '마지막 사무라이'의 모습을 통해 멸사봉공(滅私奉公)하는 희생적인 무사의 후예인 자신의 모습에 도취했다.

무사들이 사라진 시대에 만들어진 왜곡된 '무사도'는 사무라이에 대한 존경이라는 형태로 현대 일본인의 마음속에 뿌리내리고 있다.

현대 스포츠의 세계에도 사무라이라 불리는 선수가 엄연히 존재한다.

일본인은 메이저 리그에서 뛰어난 활약상을 보이는 야구 선수 이치로에게 검의 달인 미야모토 무사시를 떠올리고, 자신을 사무라이라 칭하는 육상선수 다메스에 다이의 모습에서 사무라이의 기백을 발견한다. 그들은 '일본이 전쟁하면 나는 일본을 위해 싸우겠다'라고 말한 축구 선수 라모스를 칭찬하며 '현대의 사무라이'라고 부른다. 귀화로 나타낸 애국심을 인정한 것이다.

'SAMURAI SPIRIT'은 이제 '애국심', '근성', '정신력'을 나타내는 말로 사용되고, 일본의 젊은이는 스스로를 사무라이라 부르며 자랑스

일본인이 보는   달리는 철학자라   브라질에서 온
이치로의 이미지.   불리는 다메스에   사무라이, 라모스

러워 한다.

사무라이는 사라지지 않았다. 앞으로도 새로운 사무라이의 이미지
는 일본인의 환상 속에서 재생, 확산될 것이다.

미군기지는 왜
오키나와에 모여 있을까?

류큐 왕국과 '우치난츄'

　'오키나와(沖縄)'라는 말을 들으면 가장 먼저 무엇이 떠오를까. 대부분 에메랄드빛 바다와 아름다운 산호초로 유명한 천혜의 관광지를 연상하지 않을까 싶다.

그러나 오키나와는 일본 내 미군 시설의 74%가 주둔하는 기지의 섬이며 미군의 범죄가 끊이지 않는 곳이기도 하다.

오키나와 현의 범죄 통계 자료를 보면 1972년부터 2015년까지 5,910건의 범죄가 발생했고[1] 그중 흉악 범죄도 574건에 이른다. 2016년 4월에도 길을 가던 20세 여성이 전직 해병대원에게 이유 없이 살해당하는 사건이 일어났다.[2]

오키나와 현의 미군기지는 현(県) 면적의 약 10%이고, 오키나와 본섬만 보면 섬의 5분의 1이 기지이다. 동아시아 최대의 미군기지가 있는 가데나 쵸(嘉手納町)[3]는 면적의 83%가 미군 시설로 펜스가 끝없이 이어져 있어 오키나와 안에 기지가 있는 것이 아니라 기지 안에 오키나와가 있는 것 같은 기분이 들기도 한다.

왜 일본의 미군기지는 오키나와에 모여 있을까?

류큐와 오키나와

오래전 중국인들은 오키나와를 '류큐(琉球)'라고 불렀다. '류(琉)'는 유리처럼 밝게 빛난다는 뜻으로 '류큐'는 '밝게 빛나는 구슬 같은 섬'이라

---

1 오키나와 현경(県警) 홈페이지. police.pref.okinawa.jp
2 2016년 5월 19일 琉球新聞 호외.
3 쵸는 시(市)나 구(區)를 구성하는 한 구획. 우리 나라의 동(洞)에 해당.

는 의미이다. 동쪽 끝에 불로장수의 선인이 사는 봉래도(유토피아)가 있다고 믿었던 중국인들에게 류큐 섬은 밝게 빛나는 섬이었다.

이 축복받은 땅에는 무기를 가지지 않고 평화를 사랑하던 류큐 민족(우치난츄)'이 살고 있었다.[4] 그들은 조선, 중국, 일본, 동남아시아 각국과 국제 무역을 하던 해상민족으로 1879년 일본 정부에 의해 오키나와 현으로 강제 편입될 때까지 독자의 전통과 문화를 지키고 있었다. 일본인이며, 일본인이 아닌 류큐 민족의 삶과 역사를 살펴보자.

류큐 왕국

중국 동쪽으로 일본과 대만 사이에 징검다리처럼 놓인 류큐 열도는 동서 약 1,000km, 남북 약 400km를 잇는 160여 개의 섬으로 이루어져 있다.

류큐 열도에 본격적인 농경 산업과 철기, 요업 등의 생산이 시작된 것은 10세기경으로 사람

류큐 왕국의 문화 유산
구스쿠와 슈리성

들은 농사에 적합한 내륙의 평지에 정착해서 마을을 이루었고, 생활

---

4 1857년 중국 황제의 사절로 방문한 주황의 보고서에는 「류큐 사람은 전쟁과 군사에 대해 논하는 것을 아주 싫어 한다」는 기록이 보이고, Basil Hall의 저서 『자바, 중국, 대류큐 항해기』(1840년)에도 류큐에는 무기가 없고 류큐왕국은 한 번도 전쟁을 한 적이 없다는 기술이 있다.

이 윤택해지면서 마을 공동체가 생겨났다. 각 마을은 수호신을 모시는 성역이 있었는데, 신이 있는 성스런 장소는 높은 나무가 되기도 하고 바위나 물이 흐르는 곳이 되기도 했다. 신에게 바치는 기도는 류큐 예능이 되어 고대 가요를 탄생시키고 부족의 문화생활을 풍요롭게 했다.

12세기 말에서 13세기에 걸쳐 류큐 각 지역에는 부와 권력을 갖춘 '아지(按司)'라고 불리는 지역 호족이 나타났다. 족장의 성격을 지닌 공동체의 수장인 아지는 성채인 '구스쿠'를 구축해 주변 지역을 지배하고, 다른 지역의 아지와 세력 투쟁을 벌였다.

그 결과 14세기경에 거대한 구스쿠를 구축한 남산, 중산, 북산의 세 왕국이 출현했다. 이 시대의 류큐는 중국제품을 대량으로 수입해 인근 국가에 수출하고, 일본과 동아시아의 제품을 조달해 중국에 보내는 등 중계 무역국의 길을 개척하고 있었다.

류큐 왕국은 15세기 초에 이 세 왕국의 통일로 탄생했다.

이후 류큐 왕국은 무역으로 큰 이익을 남기며 독자의 문화를 발전시켰다. 봉래도를 만들겠다는 류큐 왕국의 기백은 '만국 진량의 종'의 명문(銘文)[5]에 잘 나타나 있다.

류큐 왕국은 남해의 아름다운 땅에 위치해 삼한(三韓)의 빼어난 점을 모두 취하고 중국과 일본을 순치보거(脣齒輔車)[6]로 삼아 서로 의지하고 있다. 그 중

---

5 458년에 주조된 동종이다. 문화재 정식 명칭은 구 슈리성 정전 종(舊首里城正殿鐘)이다. 1978년에 일본 정부는 만국진량의 종을 중요문화재로 지정하고 진품은 오키나와 현립 박물관에 소장하고 슈리성에는 복제품을 걸어두었다.
6 입술과 이, 그리고 광대뼈와 잇몸의 관계. 서로 의지하는 밀접한 관계를 비유한 말.

간에 불쑥 솟아오른 봉래도(蓬萊島), 배를 타고 만국의 가교로 이국의 산물과 보물이 나라에 넘친다. (이하 생략, 원문은 한문)

류큐의 호족은 허리에 칼 대신에 부채 한 자루를 꽂았다. 부채는 대화를 통한 평화외교의 상징이었다. 그들은 먼바다 저편에는 '니라이 카나이(신이 머무는 낙원)'가 있다고 믿었고, 바다를 통해 류큐를 방문하는 모든 사람을 따뜻하게 환영했다.

천성적으로 평화를 사랑하던 류큐 민족은 마을의 안녕과 번영을 기원하는 서사문학인 '쿼나', 섬 노래인 류카(琉歌)와 류큐 음악, 고전무용, 류큐 공예 등 개성이 풍부한 예술과 문화를 꽃피웠다.

동아시아를 무대로 활약하던 류큐 왕국의 독립성은 1609년 사쓰마(지금의 가고시마 현)의 류큐 침입으로 심각하게 훼손되었다.

류큐 왕국을 정복한 사쓰마 번은 아마미 제도[7]를 직할 식민지로 종속시키고 오키나와 섬 이남은 류큐의 지배를 인정하는 이중 정책을 취했다. 중국과의 무역을 지속시키기 위해 류큐 왕국을 유지한 것이다. 이후 270년간 류큐 왕국은 중국과 일본과의 미묘한 국제 관계 속에 존재하게 되었다.

19세기 초, 서구 열강이 아시아에 진출하자 류큐 왕국은 영국, 프랑스, 네덜란드와 조약을 체결했다. 1854년에는 페리 함대를 내세운 미국의 요구로 '류미(琉美) 우호 조약'을 조인했다. 이 시기까지 류큐 왕국은 독립국으로 인정받고 있었다.

265

---

7 가고시마 현 남부 오시마 군에 해당된다. 일본에서는 아마미 군도라고 표기한다. 현재는 오키나와 현에 속해 있지는 않으나, 원래는 류큐 왕국이었다.

류큐의 마지막 국왕
쇼다이 왕(尚泰王)
사진 출처/wikipedia

1868년의 메이지 유신으로 근대 국가가 된 일본은 류큐 왕국을 일본에 흡수할 필요가 있다고 생각했다. 일본 정부의 의도를 알아챈 류큐 왕국은 합병을 거부했지만, 일본은 1879년 9월, 경찰과 군대를 동원해 소위 '류큐 처분'을 강행했다. 처분의 근거는 천황의 명령에 대한 불복종으로, 중국과의 외교 금지와 연호(메이지) 사용 명령을 따르지 않았다는 것이었다.

500여 년의 긴 역사를 가진 류큐 왕국이 류큐 번으로, 그리고 오키나와 현으로 변해가는 과정은 강제적인 국가 해체, 민족 문화 멸망의 과정이었다.

오키나와 현

이렇게 류큐 왕국은 일본의 첫 식민지가 되었다. 강권과 협박으로 이룬 '류큐 처분'은 일본이 제국주의의 길로 들어선 것을 의미하는 사건이었다.

'류큐 처분' 직후 류큐의 지배층은 일본에 대해 소극적인 저항을 시

류큐어를 사용하는 학생의 목에 방언 패를 걸어 수치심을 느끼게 했다. 다른 아이가 적발될 때까지 이 패를 목에 걸고 있어야 했다.

도했지만 메이지 정부는 '구관 온존 정책'[8]을 취하는 동시에 반일 저항 지배계급을 엄격하게 진압하는 양면책을 구사했다.

그리고 본격적인 황민화 교육으로 류큐 언어와 일상생활의 모든 풍습을 금지하고, 민족 문화에 대한 멸시를 조장해 류큐 민족에게 열등감을 심어주었다.

학교에서는 '방언 패'라는 벌칙을 만들어 학생들에게 일본어 사용을 강요했다.[9] 류큐 전통연극의 대사도 일본어를 쓰도록 명령하고, 류큐 역사를 가르치는 것에 반대해 류큐 역사 연구자를 박해했다.

1910년대에 일자리를 찾아 오키나와에서 일본 본토로 건너가는 사람이 많아졌다. 오키나와 주민의 본토 이주는 바로 차별로 연결되었다.

1920년 전후 관서 지방의 공장에 등장한 '사람 구함. 단, 조선인, 류큐인 사절'이라는 간판이 상징하는 것처럼 류큐 민족의 신체적 특징, 언어, 이름 등 모든 것이 차별의 표적이었다.

---

8 舊慣溫存. 지배계급에 처분 이전의 권력을 인정하는 정책.

9 류큐어를 사용하는 학생의 목에 걸어 수치심을 느끼게 한 나무판. 패를 벗기 위해서는 류큐어를 사용하는 다른 학생을 찾아내야만 했다.

1903년 오사카 만국 박람회의 '학술 인류관'에서 홋카이도,
대만, 조선, 류큐 등 총 32명의 남녀를 전시했다.

이런 상황 속에서 민족의식은 긍정과 부정 사이를 오가며 때로는
비굴할 만큼 자신들의 문화를 비하하고 또 때로는 이상한 자기애(自己
愛)에 빠지기도 했다.

일본인처럼 되는 것이 근대화의 지름길이라고 생각하는 사람도 나
타났다.

오키나와 민속학의 아버지라 불리는 이하 후유(伊波普猷)는 류큐와
일본은 본래 한 뿌리에서 나왔다는 '일류동조론(日琉同祖論)'을 내세워 류
큐 민족이 자신의 정체성을 잃어버리지 않고 일본 국민으로 동화할 수
있는 이론을 제공했다.

오키나와 최초의 신문인 류큐 신보의 주필인 오타 쵸후(太田朝敷)는
기침까지도 일본인과 똑같이 하라고 역설했다.

오키나와 지식인의 입장은 소위 '인류관 사건'에 대한 오타의 발언
에 잘 나타난다. 인류관 사건은 1903년의 오사카 만국 박람회의 '학

미군 상륙과 포로 수용소
(오키나와 공문서관 제공 사진)

술 인류관'에 홋카이도, 대만, 조선, 류큐 등 총 32명의 남녀를 전시한 사건이었다. 이 사건에 대한 류큐 신보의 반론은 '일본제국 국민인 오키나와 현민을 대만 오랑캐나 홋카이도 아이누와 함께 전시한 것은 모욕'이라는 것이었다.[10] 이렇게 류큐 민족은 자신을 일본인이라 생각하고 스스로 일본인이 되고자 했다.

269

일본의 황국 신민화 정책은 1945년의 오키나와 전투의 비극으로 이어졌다.

2차 세계대전 중 일본 정부는 류큐 말을 사용하는 것을 간첩 행위로 간주하고, '그래도 너희들이 일본 국민인가'라는 문구를 만들어 류큐 민족을 전쟁 협력으로 내몰았다. 류큐 민족은 차별받지 않는 '일본인'이 되기 위해 천황에게 충성을 바쳤고, 이 상황이 오키나와를 가장

---

10 太田朝敷, 「人類館を中止せしめよ」, 琉球新報, 1903년 4월 11일.

비극적인 전장으로 만들었다.

　1945년 4월 1일, 미군 55만 명이 오키나와 본섬에 상륙했다. 전쟁 동안 현 전체 인구의 25%에 달하는 13만 명의 오키나와 인이 목숨을 잃었다. 민간인 사망자 수가 94,000명이었다.[11] 민간인 사망자 수가 많은 것은 천황의 옥쇄(玉碎)[12] 명령이 내려졌기 때문이다.

　1945년 8월, 일본이 연합군에 항복하자 일본을 점령한 미국은 오키나와 현 및 아마미 제도를 신탁 통치로 군정하에 두었다. '류큐'라는 호칭도 다시 공식적으로 사용했다.

　이제 오키나와 인은 일본인이 아닌 '일본 국적을 가진 류큐 사람'으로 미군이 통치하는 '류큐'에 남겨지게 되었다.

미군령 류큐

270

　종전 후 살아남은 오키나와 주민은 난민이 되어 포로수용소에 수용되었다. 전염병으로 죽는 사람도 많았고 미군의 오키나와 여성 관련 성범죄도 속출했다. 어느새 오키나와는 일본에 '잊힌 섬'이 되어 있었다.

　소련의 관계 악화와 중국 공산당 정권 수립으로 오키나와의 전략

---

11 오키나와 현 원호과의 자료를 보면 1944년 2월의 현 인구는 491,912명, 전후 1946년 1월 인구는 315,775명이었다. 오키나와 전의 전몰자는 미군 포함 200,656명으로 오키나와 출신의 군인이 28,228명, 민간인이 94,000명이다.

12 단어 자체의 의미로는 옥처럼 아름답게 부서진다는 뜻으로, 대의나 충절을 위한 깨끗한 죽음을 일컫지만, 쇼와 천황이 전 국민을 제국주의 침략전쟁에 동원하기 위해 사용한 일억옥쇄(一億玉碎), 일억특공(一億特攻)을 의미한다.

적 중요성이 부상하자, 1949년 5월 미국은 오키나와 본섬을 '태평양 요새'로 만들 방침을 정하고 장기적인 기지 건설을 추진했다. 이 시기에 천황의 메시지가 연합군 총사령부에 전달되었다.

총사령관 맥아더[13]에게 보고된 메시지의 내용은 다음과 같다.

> 천황은 미국이 오키나와를 비롯해 류큐 열도를 계속 군사 점령할 것을 희망한다. 천황의 의견에 의하면 이 점령은 미국의 이익도 되고 일본을 지키는 일도 된다. 이런 정책은 소련의 위협에 대비하고 동시에 일본 국내의 치안 유지를 위해서도 중요해서 국민의 승인을 얻을 수 있을 것이다. 천황이 생각하기에는 미국에 의한 오키나와 군사 점령은 주권은 일본에 남기고 25년에서 50년 내지 혹은 그 이상의 기간 대여하는 것이 바람직하다.[14]

1951년 9월 8일, '샌프란시스코 조약' 조인으로 북위 29도 이남의 아마미, 오키나와 제도를 일본에서 떼어내는 것이 국제적으로 결정되었다. 다음 해인 1952년 4월 28일, 조약의 발효로 일본은 독립국의 주권을 회복했고, 오키나와는 반영구적으로 미군의 점령하에 놓이게 되었다.

미군이 본격적인 기지 건설을 위해 '총검과 불도저'로 토지 수용을

강화 조약을 알리는 신문 기사

271

---

13 Douglas MacArthur. 제2차 세계대전 연합군 점령기에 전후의 일본을 통치했으며, 6·25전쟁 초기 유엔군 최고 사령관직을 맡아 인천상륙작전을 지휘했다.

14 進藤 榮一, 「分割された領土」, 『世界』, 岩波現代文庫, 1979년 9월.

시작하자[15] 미 군정 초기에 일어났던 류큐 독립운동의 불씨는 '기지 반대 운동'으로 전환되었다.

류큐 정부는 토지 문제 해결을 위해 미국으로 건너가 직접 교섭을 시도했지만, 조사를 위해 오키나와에 들어온 조사단은 미군기지의 절대적 소유권을 확보하기 위한 토지 수용은 어쩔 수 없는 일이라는 결론을 내렸다.[16]

주민의 의견을 완전히 무시한 보고서 내용은 섬 전체의 저항 운동으로 번져 나갔다.

미군의 군사 통치를 반대하는 오키나와의 기지 반대 운동은, 미군 범죄의 증가, 반복되는 기지 피해, 미국의 베트남전 전면 개입을 계기로 '일본 복귀', '조국 복귀 운동'으로 발전해갔다.

류큐 처분이 '일류 동조론'을 만들어 낸 것처럼 미 군정 지배가 '일본'이라는 조국을 만들어 낸 것이다.

오키나와 주민은 일본은 오키나와에 있어 조국이니, 조국에 복귀하는 것으로 자신의 모호한 지위를 해결할 수가 있다고 생각했다. 일본인이 되기 위해 지불한 과거 1세기의 노력을 헛수고로 만들고 싶지 않다는 감정도 강했다.

오키나와 문제는 일본 본토에서도 큰 주목을 받았다.[17] 1965년에

---

15 미군의 강제적인 토지 수용을 표현하는 말이다. 미군은 저항하는 주민을 총검으로 위협하고 가재 도구를 챙겨나올 틈도 없을 정도로 강제적으로 불도저를 사용해 집과 농지를 갈아 엎었다.

16 1955년 프라이스 의원을 위원장으로 조사단이 파견되지만, 1956년 6월에 하원 군사 위원회에 제출된 조사 결과('프라이스 권고')는 오키나와 주민의 기대에 반하는 내용이었다.

17 전후 일본을 비추는 거울로 오키나와의 수난의 역사와 현재에 관심을 가진 본토의 지식인, 나카노 요시오(中野好夫), 키노시타 쥰지(木下順二), 오오에 켄자부로(大江健三郎), 시마오 토시오(島尾敏男), 타니가와 켄이치(谷河健一), 나가즈미 야스아키(永積安明) 등이 오키나와에 대한 평론과 작품을 발표했다.

오키나와를 방문한 사토 에이사쿠(佐藤栄作) 총리는 '오키나와의 조국 복귀가 실현되지 않는 한 전쟁은 끝나지 않는다'라고 발표하고 시정권의 반환 교섭에 나섰다.

그러나 오키나와가 꿈꾸던 '복귀'와 미일 간에 협의가 이뤄진 '반환'은 의미가 달랐다. 오키나와는 기지의 완전 철수를 기대했지만 미일 정부는 기지를 안정적으로 유지하는 것을 전제로 한 반환을 협의했다.

1972년 5월 15일, 오키나와는 그들의 바람대로 일본의 헌법 아래로 복귀했다. 복귀 후 오키나와 본섬에는 자위대가 배치되었

복귀를 축하하는 현수막이 걸린 오키나와 거리

도쿄에서 열린 오키나와 반환 기념 식전(사진/도쿄 신문)

다. 본토와의 사회적, 경제적 격차를 줄이기 위해 일본 정부는 오키나와에 거대한 보조금을 투입했지만, 오키나와는 여전히 '세 개의 K', 즉 기지, 관광, 공공사업에만 의존하고 있다. 아직도 미군기지 면적의 약 74%가 일본 국토 면적의 0.6%에 지나지 않는 오키나와에 집중해 있으며, 미군에 의해 재산, 생명이 위협받는 현실도 변하지 않았다.

복귀에 대한 실망은 류큐 민족에게 일본인이 아닌 오키나와 주민의 민족성을 성찰할 기회를 주었다. 일본인이 되려고 하면 할수록 류큐 민족인 자신이 새롭게 발견되는 상황, 여기에 오키나와의 고뇌가 있다.

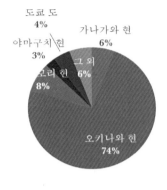

일본 국내 미군 시설 면적 구성비
(오키나와 현 기지 대책 자료과)

미군 후텐마 기지

기지의 섬 오키나와

2017년 5월 15일로 오키나와 현이 일본에 복귀한 지 45년이 되었다.

복귀 후 일본 정부는 본토와의 경제적 격차를 해소하기 위해 10년 주기로 오키나와 경제 계획을 책정했다. 1975년에 국제 해양 박람회가, 1987년에 전국 체육대회가,[18] 2000년에는 G8 정상회담이 오키나와에서 개최되었다.

그러나 오키나와 타임스와 류큐 방송이 2012년 1월 본토 복귀 40주년을 맞아 실시한 여론 조사 결과를 보면 '본토 사람과 오키나와 사

274

---

18 매년 각 지역을 순회하며 개최되는 국민체육대회(약칭 국체, 国体)가 1987년 가을 '카이호 우 국체'(海邦国体)를 테마로 오키나와에서 개최되었다.

람에게 다른 점이 있다고 느낍니까?'라는 질문에 '느낀다'라고 대답한 사람이 72%였다.[19] 1996년의 NHK 전국 조사에서 '다른 현(県) 사람과 다른 특징이 있습니까?'라는 질문에 '있다'라고 답한 사람의 비율과 같은 수치이다.

박람회와 정상 회담이 개최되고 '류큐 왕국 관련 유산'이 세계 문화 유산에 등록되는 등 공전의 오키나와 붐으로 연간 600만 명의 관광객이 방문하고 있지만, 지난 16년 동안 오키나와 주민이 느끼는 위화감은 전혀 바뀌지 않은 것이다.

1995년 9월 미군 3명이 12살 소녀를 납치해 집단 강간한 사건이 발생해 일본뿐 아니라 세계에 큰 충격을 주었다. 사건 후 경찰은 미군에 용의자의 신병 인도를 요구했지만, 미군은 미일 지위협정에 따라 인도를 거부했다.

범인을 조사도 할 수 없다는 사실에 격분한 당시의 오타 마사히데(大田昌秀) 지사는 정부에 '미일 지위협정'의 개정을 요구했지만 외무상 고노 요헤이(河野洋平)는 매년 일어나는 미군 범죄의 하나로 생각해 오키나와 현의 요청을 일축했다.

같은 시기에 미 태평양 사령관이 '차를 빌릴 돈이 있으면 차라리 여자를 사라'라는 발언을 했다는 것이 알려지면서 오키나와 전체가 반발하기 시작했다.

1995년 10월 21일, 오키나와

1995년 궐기대회
사진/http://rca.open.ed.jp/history/photo

---

19 '현민(県民) 의식 조사', 2012년 1월 3일 발표.

현은 여성 인권, 미일 지위협정의 불평등 문제를 강조하고 기지 축소와 '미일 지위협정' 개선 등을 요구하며[20] 85,000여 명이 참가한 대규모 궐기대회를 열었다.

대회에 참석한 오타 지사는 일본 총면적의 0.6%에 지나지 않는 오키나와에 미군용 시설의 74%가 집중한 현상은 '차별'이라고 고발하고, 기지 강제 사용 절차의 일환인 '지사 대리 서명'을 거부했다.[21]

이 사건을 계기로 미군기지 반대 운동이 확산하자 1995년 11월 미일 정부는 10개 시설 약 5,002헥타르의 정리 통합과 축소 계획을 발표했다. 그러나 후텐마(普天間) 비행장 반환을 비롯해 거의 모든 시설의 오키나와 현내(縣內) 이전 설치가 조건이었다. '오키나와의 아픔을

전 국민이 나눠 가져야 한다'고 공언해 왔지만 오키나와 현에 미군기지를 계속 유지하겠다는 자세는 바뀌지 않았던 것이다.

오키나와 국제대학
헬기 추락 사건 보도

그러나 오키나와 주민의 생각은 달라서, 1996년 9월 8일의 주민 투표에서는 미군기지의 정리 축소와 지위협정 개선을 요구하는 비율이 89.1%에 달했다.

2004년 8월 13일 오후 2시경 후텐마 비행장에 파견된 미 해병대 소속 헬기가 오키나와 국제대학 본관 건물에

---

20 지위협정은 1951년의 구 행정 협정의 내용을 그대로 유지하고 있다.

21 당시 무라야마 총리가 오타 지사를 상대로 직무 집행을 명령하는 소송을 일으켰다. 정부와 현의 법정 투쟁은 최고 재판 법정까지 올라가 결국 지사측이 패소하지만, 기지의 존재가 주민의 생명과 재산을 위협하고 있는 실태를 알린 의의는 크다.

추락해 폭발하는 대형 사고가 있었다.

사고 후 미군은 현장을 통제하고 대학 구내를 일방적으로 점거했다. 발생 다음 날 오키나와 현 경찰은 미군에 합동 검사 실시를 요구했지만, 미군은 3일간 대학을 점거하고 출입을 제한한 채 현장 수습을 강행했다. 그리고 사고 발생 9일 후부터 동종 헬기의 비행을 다시 시작했다.

오키나와 본섬 중부의 기노완(宜野湾) 시 중심에 위치한 미군 후텐마 비행장은 비행장을 시찰한 미국 국방성 장관이 '세계에서 가장 위험한 비행장'이라고 인정한 곳이다.

총면적은 460헥타르로 시 면적의 25%를 차지하고 있다. 비행장 주변에 초등학교 9개, 중학교 5개, 고등학교 4개, 대학이 1개 있고, 병원과 보육원 등 복지 시설이 위치하고 있다. 주거 밀집 지역에 있지만, 하루 150회에서 300회의 이착륙과 비행 연습이 일상적으로 행해지고 있다.

후텐마 비행장 소속의 헬기와 군용기 사고는 72년 일본 복귀 이후 사고가 일어난 2004년까지 88건으로 그중 헬기 사고는 72건이었다. 일본 복귀 후 오키나와에서 일어난 미 군용기 사고의 19%가 후텐마 기지에서 일어났다.

이렇게 오키나와에서는 매일같이 기지로 인한 사건 사고가 끊이지 않는다. 현 경찰의 발표 자료를 보면 미군의 흉악 범죄는 1972년 5월 15일부터 2015년 말까지 574건이 발생했고 741명이 적발되었다. 내용은 살인이 26건 34명, 강도가 394건 548명, 강간이 129건 147명, 방화가 25건 12명이었다.[22] 오키나와 현 전체의 미 군용기 사고는 1972

---

22 琉球新聞, 2017년 5월 20일.

년부터 2016년까지 676건이 발생했다.[23] 항공기 소음, 포격 연습으로 인한 화재도 발생하고 있다.

미군 범죄의 기소 비율은 평균 17%이며,[24] '미일 지위협정'에 의해 재판 없이 본국으로 송환해 버리는 경우가 많다.

사건이 일어날 때마다 미일 정부는 재발 방지와 엄중 단속을 약속해왔지만, 오키나와 면적의 약 10%를 차지하는 미군기지를 둘러싼 문제는 지금도 여전히 계속되고 있다.

흔들리는 오키나와

다음 사진은 2017년 5월 15일 '본토 복귀의 날'을 맞아 오키나와 주민이 벌인 '5.15 평화 행진' 모습이다.

현장에는 기지 이설 반대를 외치며 행진하는 2,000여 명의 참가자와 스피커를 단 우익 단체 차량에 경찰까지 동원되었다. 이것이 류큐 민족이 살던 평화의 섬 오키나와의 현재 모습이다.

기지 이설 문제는 1996년 4월에 있었던 미일 정부의 후텐마 기지 이설에 대한 합의에서 시작되었다. 당시 미 해병대 기지가 있는 나고(名

---

23 朝日新聞, 2016년 9월 22일.

24 琉球新聞, 2009년 5월 16일과 2017년 6월 1일자 기사. 2016년의 기소 비율은 16.9%다.

護) 시 헤노코가 가장 유력한 후보지로 떠올랐다.

　1997년 12월 21일, 나고 시는 기지 건설 찬반을 묻는 주민투표를 해 기지 건설 반대의 뜻을 밝혔지만, 3일 뒤에 시장이 기지 수용을 표명하고 시장직을 사임하는 사태가 발생했다.

　이때부터 기지 이설은 오키나와를 흔드는 큰 쟁점이 되어 선거 때마다 기지 반대와 기지 허용을 내세운 선거전이 되풀이되었다.

　1998년 11월 선거에서 기지 반대를 강경하게 주장해온 오타 지사가 낙선했다. 신임 지사가 기지 이설 결정을 내리면서 헤노코 이설 문제는 일단락되는 것처럼 보였지만, 2004년 헬기 추락 사건 이후 기지 문제는 다시 정치 이슈로 부상했다.

　2009년 9월 민주당의 하토야마(鳩山由紀夫) 정권이 시작되자 헤노코 문제는 다시 국내 정치의 뜨거운 감자가 되었다.

　하토야마 총리가 후텐마 기지를 현 바깥으로 옮겨야 한다고 줄곧 주장해 왔기 때문에 오키나와에서는 기지 반대파와 허용파가 한마음으로 현외(県外) 이설을 고대하고 있었다.

279

오키나와 현 선거 결과	
2006년 오키나와 현 지사 선거	기지 건설 허용파 당선
2008년 오키나와 현의회	헤노코 기지 반대 결의
2008년 오키나와 현 의원 선거	헤노코 이설 반대파 승리
2009년 중의원 선거	헤노코 이설 반대파 승리
2010년 나고 시 시장 선거	헤노코 이설 반대파 승리
2010년 나고 시 의회 의원 선거	헤노코 이설 반대파 승리

그러나 기대를 저버리고 하토야마 수상이 헤노코 이설을 추진하자 오키나와 주민은 강력하게 기지 이전에 반대했다.

2013년 오키나와 지사 나카이마 히로카즈(仲井眞弘多)가 주민 의사와는 상관없이 일방적으로 매립공사를 허가하는 사태가 발생했다.

기지 문제는 최대의 위기를 맞게 되었지만, 주민들은 '올 오키나

와'[25]를 내걸고 다시 단결해 지사 선거와 주민투표 등 모든 민주적 의사 결정에서 기지 설립 반대파를 지지하는 운동을 벌였다.

그 결과 2014년 지사 선거에서 헤노코 이설 반대파인 오나가 다케시(翁長雄志)가 당선되었다. 지금은 지사, 현의회, 시장, 시의회까지 전부 기지 반대파가 차지하고 있다.

25 'all okinawa', 후텐마 기지의 헤노코 이설 반대파의 모임. 2015년 12월 결성되었다.

오나가 지사는 2015년 지자체장 직권으로 2014년부터 시작된 헤노코 앞바다 매립 공사의 공사 승인을 취소해 버렸다. 그러자 일본 정부는 '취소 조치가 위법'이라며 소송을 시작했고, 이후 2년간의 법정공방을 벌였다.

2016년 12월 20일의 최종심에서 오키나와 현의 패소가 결정되었지만, 후텐마와 헤노코를 넘어서 오키나와와 일본, 더 나아가 동아시아에서 미군기지를 정리 축소해야 한다는 오키나와의 투쟁은 계속되고 있다.

아사히 신문사의 전국 여론 조사에서 후텐마 기지의 헤노코 이설에 대해 찬성 36% 반대 34%의 응답 결과가 나왔다.[26] 한 달 전에 실시한 오키나와 주민을 대상으로 한 설문에는 찬성이 22%, 반대가 66%였다.

또 오키나와의 미군기지가 줄지 않는 이유가 오키나와 차별 때문이라는 의견에 대해서도 전국 조사의 26%가, 오키나와 주민의 49%가 '그렇게 생각한다'라는 답을 했다. 이렇게 본토에 사는 일본인과 오키나와 주민 사이에는 분명한 인식의 차이가 존재한다.

이런 현상은 오키나와 내부에서도 나타나는데, 2017년 NHK 여론 조사에서는 복귀 후에 태어난 세대와 이전 세대의 미군기지에 대한 인식이 다르고, 젊은 층일수록 기지 문제보다 소득을 더 중요하게 생각한다는 결과가 나왔다. 기지의 피해가 심한 지역과 그렇지 않은 지역에서도 의견 차이가 나타났다.[27]

한편 기지 이전을 둘러싼 오키나와와 일본 정부의 공방이 거듭되고

281

---

26 아사히 신문 디지털, 2014년 1월 28일.
27 「クローズアップ現代」의 2017년 5월 15일 방송에서 '복귀 45년의 오키나와' 조사 결과가 상

오키나와 문제가 언론에 노출되는 횟수가 많아지자 오키나와에 대한 비방도 늘어났다.

공개 전부터 악성 댓글에 시달린 영화 「인어를 만날 수 있는 날」.
'오키나와 헤이트'라 불리는 이런 행동이 최근 증가하고 있다.

2016년 2월 21일 오키나와 대학생 14명이 모여 만든 영화 「인어를 만날 수 있는 날」[28]이 전국 개봉을 했다. 기지가 있는 오키나와에서 태어나고 자라서 기지에 대한 찬반이 명확하지 않은 젊은 세대의 모습을 그려내어 기지 반대 운동의 다른 면을 보여줬다는 평을 받은 영화였다. 그런데 영화가 공개되기 전부터 사람들의 악성 댓글이 이어졌다. 댓글은 '반일', '매국', '일본에서 나가라'는 내용이 많았다. 소위 '오키나와 헤이트'라 불리는 이런 행동이 최근 증가하고 있다. 이들은 기지에 반대하는 오키나와의 모습을 일본에 대한 공갈, 협박으로 받아들인다.

오키나와는 류큐 합병, 전후의 미군 통치, 일본 복귀로 이어지는 '오키나와 차별'의 연장선 위에 위치한다.

일본 정부가 오키나와를 어떻게 생각하는지는 2012년의 방위 대신 모리모토 사토시(森本敏)의 발언에 잘 드러난다. 그는 오키나와에 해병대가 주둔하는 이유에 대해 '군사적으로는 오키나와가 아니라도 괜찮지만, 정치적으로는 오키나와가 최적지'라 말하고, 이유는 '허용될 수

세히 소개되었다
28 오키나와 출신의 나카무라 류고(仲村颯悟) 감독의 영화로 2014년에 제작되었다. 원제는 「人魚に会える日」.

있는 곳'이 오키나와밖에 없기 때문이라고 설명했다.[29]

그러나 앞에서 살펴본 것처럼 오키나와 주민은 전후 72년간 기본적으로 기지 반대를 표명해왔다.

그렇다면 누가 '허용'을 한다는 것일까? 오키나와 사람이 아니라면 허용하는 주체는 일본인이라는 말이 된다. '일본이 허용하면 된다', '미군기지는 오키나와만의 문제'라는 차별적인 생각을 당연하게 여기는 것, 이것이 현재의 '오키나와 차별'의 모습이다.

'오키나와 헤이트'도 이런 차별 의식에서 생겨난 것이다. 차별은 일상적으로 일어나고 있다. 2016년 10월 20일에도 오키나와 본섬 북부의 타카에(高江)에서 자위대 기동대원이 착륙장 건설을 반대하는 주민을 '토인(土人)'이라고 경멸해 물의를 빚었다.

'류큐 처분' 이후의 일본의 오키나와 지배에는 '자발적 동화'라는 내면적 원인이 존재한다. 류큐 민족이 체험한 차별의 역사는 류큐 문화와 전통에 대한 부정의 역사이기도 했다.

그러나 이제 오키나와는 자신의 문화에 자긍심을 느끼고 본토에 대해 일정한 거리를 두려고 하는 태도를 보인다. 오키나와가 일본과 다른 역사를 가졌고 문화와 신앙도 다르다는 '차이 의식'을 가지기 시작한 것이다. 무엇보다 이런 변화는 '미군기지'라는 물리적 차별에 대한 자각에 의한 것이다.

류큐 신보에서 실시한 2016년의 의식 조사를 보면 독립을 포함해 오키나와의 자치 권한을 강화해야 한다는 의견이 35.5%로 전체의 3분의 1을 넘었고 오키나와 주민인 것에 긍지를 느낀다고 답한 사람이

283

---

29 琉球新聞, 2012년 12월 26일.

앞으로 오키나와를
어떻게 해야 한다고 생각합니까?

2011년 조사
특별구(자치구 등)
현행대로
61.8%　15.3　18.1
독립 4.7
모른다

2017년 조사
오키나와 단독 주, 자치 현 등
현행대로
46.1%　17.9　14.0　18.0
연방제　독립 2.6
1.3
그 외

86.3%, 오키나와의 문화, 예술을 자랑스럽게 생각하는 사람은 95.6%나 되었다.[30]

오키나와 주민에게 당신은 누구냐고 물으면 그들은 '오키나와 사람이며 일본인' 혹은 '일본인이며 오키나와 사람'이라고 대답한다.

오키나와가 일본에서 완전히 독립해야 한다고 생각하는 사람은 전체 인구의 3~5%에 지나지 않지만 그들은 자신을 오키나와 사람, '우치난츄'[31]라고 부르며 일본 본토의 일본인, '야마돈츄'과 구별하고 있다. 일본인이지만 일본인이 아닌 류큐 민족 우치난츄, 그들은 두 개의 정체성 사이에서 지금도 흔들리고 있다.

284

---

30 20세 이상 1,047명을 대상으로, 2016년 10월 5일~11월 25일까지 방문조사로 행해졌다.
ryukyushimpo.jp

31 류큐 말로 오키나와 사람이란 뜻이다.

일본은 왜 사과하지 않을까?

일본인과 전쟁

 패전 이후 제정된 일본의 평화 헌법은 평화주의를 내세워 전력(戰力)을 보유하지 않을 것을 선언했다. 그러나 시행 70주년을 맞은 2017년 5월 3일, 아베 신조 총리는 도쿄 올림픽이 열리는 2020년에 개정 헌법 시행을 목표로 한다고 공개적으로 밝혔다.[1] '자위대 합헌화가 내 시대의 사명'이라며 평화헌법의 핵심인 헌법 제9조[2]에 자위대와 관련된 내용을 추가하고 싶다고도 말했다.

그러고 보니 최근의 일본은 군국주의 부활 움직임이 가속하고 있고, 군비 증강뿐 아니라 패전 이후 폐지했던 총검술, 교육칙어 등의 군국주의 사상 교육을 학교 현장에서 대폭 강화하고 있다.[3]

이런 사회 분위기는 곳곳에서 찾아볼 수 있다. 일본 전국에 415개의 지점을 가진 한 비즈니스호텔은 객실에 '난징(南京) 대학살'과 일본군 위안부 강제 연행 사실을 부인하는 내용의 서적을 비치한 사실이 드러나 논란을 일으켰고, 한국에 두터운 팬층이 있는 작가 쓰쓰이 야스타카[4]는 위안부 소녀상에 대한 입에 담을 수 없는 망언을 SNS에 남겨 비난을 받았다. 또 최근의 일본 영화나 드라마에는 2차 대전의 전사자를 영웅으로 미화하는 작품이 많아지고 있다.[5]

국회의원들이 야스쿠니 신사에 당당하게 참배하러 가고, 총리가 자신들이 일으킨 전쟁이 '침략 전쟁'이라고 불리는 것에 의문을 제기하고,[6] 전쟁 책임을 둘러싼 각료들의 망언이 끊이지 않는 것이 지금의 일본이다.

---

1 産経新聞, 2017년 5월 3일자.

2 전쟁과 무력 행사를 영구히 포기하며 군대를 보유하지 않고 교전권도 인정하지 않는다.

3 '총검술 배우는 일본 중학생', 2017년 4월 6일, 서울신문.

4 筒井康隆. 일본의 대표적인 SF 작가. 국내에 소개된 소설로 『시간을 달리는 소녀』, 『최후의 끽연자』, 『속물도감』, 『가족팔경』, 『헐리웃 헐리웃』, 『나의 할아버지』 등이 있다.

5 나는 너를 위해서 죽으러 간다(2007)', '영원의 제로(2013)', '전함 무사시(2016)' 등은 전쟁의 참상을 그리고 있는 것처럼 보이지만 2차 대전의 특공을 찬미한 작품이다.

6 2013년 참의원 예산위원회에서 아베 신조(安倍晋三) 일본 총리는 일본 제국주의의 침략과 식민지배에 대해 사과한 '무라야마 담화'를 그대로 계승할 수는 없다고 밝히면서 '침략(aggression)'이란 표현에 문제가 있다고 주장했다.

이런 일본의 모습은 동맹국이던 독일이 나치의 범죄를 철저히 파헤치고 적극적인 전후 배상 정책을 시행하는 등 과거 잘못을 사죄하는 노력을 보여온 것과는 대조적이다.

일본의 정치인들은 왜 자신들의 전쟁을 미화하고 잘못을 인정하려 하지 않는 것일까?

일본인은 전쟁을 어떻게 생각하고 있었을까?

먼저 당시의 일본인이 군대와 전쟁을 어떻게 생각하고 있었는지 알아보자.

메이지 유신 이후 일본 정부는 국민 군대를 만들어 부국강병 정책을 시행하고자 했다.

근대적 국민을 만들려는 정부의 정책에 따라 입영하는 젊은이들은 군사 기술뿐 아니라 쓰기와 읽기를 비롯해 집단 동작, 위생 관념 등 사회인으로서 필요한 모든 상식을 군대에서 배웠다.

부자의 자식이든 가난한 농민의 자식이든, 대졸이든 문맹이든 징병검사를 받고 입대하면 모두 같은 병영에서 생활하고 같은 계급, 같은 대우를 받았다. 군대 내부의 차별은 계급에 의한 것이지 출신이나 학력에 의한 것은 아니었다.

그 결과 서민들 사이에서 차별이 적다는 이유로 군대를 평등한 사회로 인식하는 움직임이 생겼다.

사회에서 차별받아온 이들에게 군대는 자신의 실력으로 대접받을 수 있는 평등하고 매력적인 곳으로 비치기도 했다.

또 병역이나 군사 교련, 재향군인회 등의 조직을 통해 시민의 생활이나 지역 사회와 밀접한 관계를 유지하고 있었기 때문에 국민은 경찰보다 군대에 친근감을 가지고 있었다.

군대는 이렇게 학교나 직장으로 환영받았지만, 경찰은 관료적 색채가 짙고 국민을 감시하고 때로는 폭력을 행사하는 조직이라는 부정적 인식이 강했다. 그래서 경찰에 대항하는 세력으로 군대를 긍정적으로 평가하는 경향도 있었다.

다이쇼 시대[7]가 되면 군축, 반전의 영향과 다이쇼 데모크라시[8]에 의한 인권, 민주 의식의 신장으로 군대의 위치가 잠깐 흔들리기도 하지만, 직업을 제공해주고 사회적 지위를 높여주는 곳으로 여전히 가치를 인정받고 있었다.

2차 대전으로 향하고 있던 쇼와 시대[9] 전반기에 국민은 만주 사변[10]이 가져온 경기 확대를 환영했고, 군대는 경제 공황을 극복하게 해준 구세주로 평가받았다.

이후 전쟁이 장기화하면서 국민의 불만을 사기도 했지만, 진주만

288

7 일본 다이쇼 천황 시대(1912~1926)의 연호.

8 청일 전쟁부터 다이쇼 말과 쇼와 초기에 나타난 정치, 사회, 문화면에서 나타난 민주주의적 경향을 총칭하는 용어이다.

9 쇼와 시대는 20세기 일본의 연호의 하나로, 쇼와 천황의 통치에 해당하는 1926년 12월 25일부터 1989년 1월 7일까지를 가리킨다.

10 일본 제국이 1931년 9월 18일 류타오후 사건(柳條湖事件, 만주 철도 폭파 사건)을 조작해 일본 관동군이 만주를 중국 침략을 위한 전쟁의 병참 기지로 만들고 식민지화하기 위해 벌인 침략 전쟁.

공습의 성공으로 모든 불만은 사라졌다. 정치적인 선전과 교육의 영향이 컸다는 것은 말할 필요도 없겠지만, 메이지 시대 이후의 일본인은 군대가 대외 발전의 원동력이고, 군대가 강하면 일본이 풍요로워진다고 믿고 있었다.

권력을 휘두르는 군부와 군인들에 대한 반감도 있었지만 강한 군대에 협력하면 자신들의 생활이 향상될 거라는 기대가 더 강했다고 할 수 있다. 징병검사를 받고 합격해 군대밥을 먹지 않으면 남자로 인정받을 수 없다는 것이 당시 일본 사회의 일반적인 인식이었다.

당시의 사회 분위기에 대해 미국의 역사학자인 케네스 루오프는 일본의 애국주의적인 분위기를 지적하고 대중적인 내셔널리즘의 융성을 간과하고는 이 시대의 상황을 이해할 수 없다고 분석했다.[11]

이런 군부에 대한 절대적인 신뢰감이 군부에 협력하게 하고, 무리한 줄 알면서도 군의 지휘에 따르는 길을 선택하게 했다.

전쟁에 협조하는 것은 거스를 수 없는 명령이나 의무가 아니라 국민이 할 수 있는 선행이고, 군에 대한 신뢰가 있었기 때문에 군인도, 국민도 목숨을 버리는 행동을 싫어하지 않았다.

우리의 예상과 달리 일본인은 자발적으로 전쟁을 지지하고 있었다.

그렇다면 일본인은 얼마나 열광적으로 전쟁을 지지했을까?

『인간 실격』으로 유명한 다자이 오사무(太宰治)의 소설 『12월 8일』은 당시의 시대 분위기를 잘 보여주고 있는 작품이다. 제목인 12월 8일은 일본이 진주만 공습을 강행한 1941년 12월 8일을 의미한다. 일본이 일으킨 전쟁을 평범한 주부가 어떻게 생각하는지가 이 소설의 주제이

289

---

11 『紀元二千六百年消費と観光のナショナリズム 』, 朝日選書, ケネスルオフ, 2010년.

다자이 오사무(太宰治)의 소설 『12월 8일』은 당시의 시대 분위기를 잘 보여주고 있는 작품이다.

다. 전쟁이 일어난 것을 슬퍼하고 하루라도 빨리 전쟁이 끝나기를 바라고 있었을 거로 생각했다면 오산이다. 놀랍게도 소설은 전쟁이 시작한 것에 환호하며 기쁨에 넘친 주부의 모습을 그리고 있다. 아침밥을 준비하면서 라디오의 개전(開戰) 방송을 듣게 된 주부는 다음과 같이 반응한다.

> 달아 둔 덧문 틈 사이에서, 캄캄한 방에, 햇살이 쏟아져 들어오는 것처럼 강하고 선명하게 들렸다. 두 번 낭랑하게 반복했다. 그것을 가만히 듣는 동안에 나라는 인간은 변해버렸다. 강한 광선을 받고, 차가운 꽃잎을 한 장 가슴 속에 묻고 있는 기분. 일본도 오늘 아침부터 다른 일본이 된 것이다.

주부는 전쟁 소식에 감격하고 있다. 그리고 전쟁이 일어난 시대에 태어난 것에 보람을 느끼고 다행이라며 열렬한 지지를 나타내고 있었다. 도대체 무엇이 이 주부를 전쟁 찬미자로 만든 것일까?

신민(神民) 교육과 일본 정신 '야마토 다마시'

메이지 유신 이후 일본 정부는 빠르게 개혁을 단행해 정치적 기반을 마련하고, 서양 문명을 적극적으로 받아들여 근대화를 추진했다.

그러나 급속한 개화 정책으로 서양 사상이 확산하자 일본 민족의 개성을 잃어버리는 것 아니냐는 의혹이 생겨났고, 서양 문명이 국가의 존위를 위협하는 요인이 되고 있다는 인식도 나타났다. 서양식 근대화로 나갈 것인가, 전통의 복권을 목표로 할 것인가를 두고 노선 대립이 있었지만, 청일전쟁[12]의 승리로 일본은 제국주의의 길로 들어서게 되었다.

근대에 들어 처음 경험한 대외 전쟁으로 일본인은 '일본인'이라는 의식과 국민적 자각을 가지게 되었고, 지식인은 평화주의에서 제국주의로 태도를 바꾸게 되었다.

청일전쟁의 영웅이 일개 병사들이었다는 사실은 모든 국민에게 전승의 공훈을 나눠 가질 수 있다는 자부심을 느끼게 했다.[13]

전쟁터에서 용감하게 싸우다 전사한 병사의 이야기는 영웅담으로 만들어져 민중에 유포되었다.

---

12 1894~1895년 조선의 지배를 둘러싸고 중국(청)과 일본 간에 벌어진 전쟁.
13 나팔을 불다 전사한 병사와 전쟁터에서 용감하게 싸우다 전사한 수병의 이야기 등이 군국

'일본인'에 대한 자부는 중국에서의 승리가 가져다준 민족의식 고취로 더욱 강해졌고, 정부는 국가 통치뿐 아니라 국민 통일에도 천황제를 이용했다.

천황은 신민의 아버지이고, 신민은 천황의 자식이라는 논리로 천황은 정치적 권위와 정당성을 가질 뿐 아니라 국민 한 사람 한 사람의 내면을 지배하는 정신적이고 절대적인 존재가 되었다.

절대 천황제를 위해서는 철저한 교육이 필요했기 때문에 정부는 유교의 충효의 원리를 이용한 황실 숭배와 복종의 정신, 천황 중심의 가족주의적 국가관을 교육칙어[14]와 군인칙유[15]를 통해 국민에게 주입했다. 학교는 군에 대한 신뢰와 경외감, 멸사봉공과 순국의 정신을 심는 곳이며 좋은 병사를 만드는 교육장이었고, 학교 교육은 군사 교육의 전 단계였다.

그러나 아무리 서양 문명의 성과를 모방하고 도입해도 일본인은 서양인이 될 수 없다는 냉철한 현실을 깨닫게 되자, 이번에는 일본인의 우월성을 주장하는 민족정신 고취에 나섰다. 열등감 극복을 위해 민족정신의 우월성을 주장하게 된 것이다.

군부는 일본의 민족정신을 '무사도'에서 찾았지만, 이미 폐지된 신분 계급인 무사의 논리로 국민을 설득할 수는 없었기 때문에 '야마토 다마시(일본혼)'라는 새로운 호칭을 만들었다.

'야마토 다마시'의 개념은 무사도보다 애매하고 다의적이지만 그 때

292

미담(영웅담)으로 만들어져 민중에 유포되었다.

14 1980년에 발포한 메이지 천황의 칙어. 천황제 이데올로기를 국민에게 침투시키는 역활을 했다.

15 천황을 위해 목숨을 바치는 황군 건설을 목적으로 메이지 천황이 내린 칙어. 메이지 정부는 군인칙유를 암송하도록 했다.

문에 농민, 상인 등 일반인들에게 폭넓게 받아들여졌다. 야마토 다마시는 청일전쟁, 러일전쟁을 계기로 일본인 전체의 우월한 정신을 나타내는 말로 보급되어 일본민족의 정신적 정체성을 나타내는 말이 되어 갔다.

서양에 대한 열등감이 만들어 낸 '일등국 일본'의 발상은 일본이 아시아의 패자(覇者)라는 인식으로 발전해, 아시아 경멸 의식과 일본 불패의 신화를 만들었다.

'세계의 대국인 중국과 러시아를 무찌른 일본은 세계 최강 국가'이며 '아시아에서는 일본을 이길 자가 없다. 이것을 가능하게 한 것은 무사도에 기반을 둔 야마토 다마시이다'라는 발상이 일본 사회에 확대되었다.

이제 '일본 불패'의 의식은 군 내부의 자찬에 멈추지 않고 대중적 기반을 획득해 무적불패의 '신국(神國) 사상'이 되어 국가 전체로 퍼져나갔다. 국민 전체가 양보나 굴복, 패배를 받아들일 수 없는 체질이 되어 버린 것이다.

다이쇼 시대에서 쇼와 시대에 걸쳐 일본의 국제적 지위가 높아지고 동시에 외국의 압력이 강해지자, '야마토 다마시'는 국가주의의 토대가 되었다.

2011년에 방영된 NHK 스페셜 '일본은 왜 전쟁으로 나갔나'에서 군부나 정치가뿐 아니라 언론도 전쟁에 대한 국민감정에 책임이 있다는 견해가 나왔다.[16] 언론이 일본 정부의 행동에 박수갈채를 보내고 전쟁 예찬 보도를 계속 내보냈으며, 난징을 침략했을 때도 역사적인 쾌거라고 기뻐했다는 것이다.

이렇게 당시의 일본과 일본인은 일본 불패의 신화와 민족 우월감에 도취해 전쟁을 기다리고 전쟁에 열광하고 있었다.[17]

특공(가미카제)은 아름다운 것이다

전쟁으로 가장 많이 희생당한 것은 10대 후반과 20대 초반의 젊은 이로, 전쟁의 승패와 관계없이 천황을 위해 싸우다 죽는 것이 충의라고 교육받았던 청년들이

---

16 일본의 과거 전쟁의 원인을 규명해 간 방송으로 2011년 1월 9일부터 8월 15일까지 5회에 걸쳐 방영되었다.

17 진주만을 공습한 날의 일본인의 흥분과 환희는 작가, 지식인이 남긴 문장에 그대로 드러난다. 이토 세이, 다카무라 고타로, 히노 아시헤이, 나가요 요시로 등은 살아온 동안 이렇게 기쁘고 유쾌하고 경사스러운 일을 만나리라고는 생각지도 못했다며 열광했다.

루스 베네딕트는
『국화와 칼』에서 일
본의 문화는 체면
을 중시하는 '수치
의 문화'라고 규정
했다.

었다. '대의를 위해 죽는 것'은 승패나 성과에 상관없이 이상적인 일이
라는 논리는 낙화하는 벚꽃의 이미지를 군국 일본의 상징으로 삼은
것과 무관하지 않다.

당시의 전쟁 영웅담은 공을 세운 인물보다 국가나 부하를 위해 망
설이지 않고 목숨을 희생한 인물을 내세웠다.

그래서 당시의 일본인은 특공대로 죽는 것이 최고로 이상적인 삶의
모습이라고 생각했다. 천황에 대한 충의와 그것을 위해서 죽음도 두려
워하지 않는 강인한 의지와 자기희생을 받아들이는 각오가 무엇보다
인정받았다. 이런 일본인의 태도는 체면을 중시하는 일본의 문화와도
관련이 있다.

루스 베네딕트는 그의 저서 『국화와 칼』에서 일본의 문화는 체면을
중시하는 '수치의 문화'라고 규정했다.[18] 살아남아 부끄러우면 안 되는
'혐치(嫌恥)'의 문화이기 때문에 스스로 목숨을 끊는 용기를 인정하는
'자사(自死)의 미학'이 있다는 것이다.

---

18 미국의 문화 인류학자 루스 베네딕트(Ruth Fulton Benedict:1887~1948)가 쓴 일본연구
 서 고전으로, 문화 인류학적 방법론을 통해 일본문화의 원형을 탐구한 책이다.

일본인이 자랑스럽게 생각하는 '무사도'와 '야마토 다마시'도 이 '수치'와 '자사'의 문화 위에 존재한다고 할 수 있다.

사실 무사도가 체면을 중시하는 것은 당연한 일이다. 전투에는 항상 적이 존재하고, 무사라면 적의 눈에 부끄럽게 보이는 것만은 피하고 싶었을 것이다. 그래서 일본의 무사는 적이 인정하는 자신의 모습을 무엇보다 중시했다. 건강한 것보다 적에게 건강하게 보이는 것이 중요했고, 용감한 것보다 적에게 용감하게 보이는 것이 더 중요했다. 전국시대(戰国時代) 무사들이 화려하게 치장하고 전장에 나간 것도 같은 맥락에서 이해할 수 있다.

할복(切腹)은 무사 사회에서 책임을 지는 최고의 방법이었다. '자사'의 의식 뒤에는 죽은 자에게는 벌주지 않는다, 인간도 죽으면 모두 신이 된다고 믿는 문화적 풍토가 존재했다. 그래서 어떤 사정으로 자신의 이름을 더럽히는 사태가 생기면 스스로 죽어 수치스러움을 없앨 수 있었다. 수치를 없애는 방법이 확립된 것이다.

루스 베네딕트가 지적했듯이 일본에서는 타인을 살해하는 사건보다 자신을 살해하는 사건이 더 화제가 된다. 멋지게 배를 갈라 죽는 것은 그때까지의 모든 불명예를 보상하고도 남는 행위였다.

그리고 이런 '수치'와 '자사'의 문화 위에 충절과 충의를 존중하는 윤리관이 덧씌워졌다. 그 결과 일본인은 자결과 옥쇄(玉碎)[19]의 길을 자발적으로 선택하기 시작했다. 함장이 배와 운명을 같이하고 전투에서 진 지휘관이 자결하는 관례가 나타났다. 죽어서 주군에게 충성하는 행동을 한 사람은 국민적 영웅이 되었고, 보상으로 이름이 영원히 남겨졌다.

---

19 전 국민을 제국주의적 침략전쟁에 총동원하기 위해 사용하던 일억옥쇄(一億玉碎) 또는 일억특공(一億特攻)

나를 죽이고 집단과의 조화를 중시하는 일본식 집단주의가 만든 '수치'와 '자사'의 문화, 유교를 기반으로 한 메이지 이후의 '충군멸사'의 논리가 자기를 희생하는 자살 특공 작전을 만들고, 그것을 평가해주는 사회적 소지를 만들었다.

진주만 공습

'덧없음'과 '무상함'은 일본인의 미의식을 구성하는 중요한 요소로 일본인은 산화(散華)의 미학을 존중한다. 그래서 장기전을 좋아하지 않고, 전세가 불리하면 바로 돌격 공격을 감행한다. 일본군이 공격에 능하고 방어에 약하다는 말을 듣는 이유이다.

이런 체질은 감상적인 국민성과 관련 있다. 일본인은 힘이 약한 자가 압도적 우위의 상대와 맞설 때 강한 미의식을 느낀다. 상대에게 배를 갈라 보여주는 것이 일본식의 '떳떳함'이니, 이런 정서가 지배하는 사회에서는 무모하고 무의미한 싸움, 이기지 못하는 것을 알면서도 강한 상대에게 덤비는 의지가 '충의'이며 '영웅적'인 행위로 여겨질 수 있다. 다시 다자이 오사무의 소설 속 주부의 이야기를 들어 보자.

297

부엌에서 설거지하면서 여러 가지를 생각했다. 눈 색, 머리 색이 다르다는 것이 이렇게 적개심을 불러일으키는 것일까? 마구 두들겨 패고 싶다. 중국을 상대할 때와는 기분이 완전히 다르다. 정말 이 친숙하고 아름다운 일본의 땅을 짐승같이 무신경한 미국 군대가 어슬렁어슬렁 돌아다니는 것은 생각하는 것만으로도 견딜 수 없다.

어쩌면 일본인은 자신을 스스로 포기하는 정서에 취해 있었는지 모르겠다. 그들은 전쟁을 민족정신의 발로로 보고, 특공 대원의 죽음을 서양이라는 거슬리는 존재에게 일본인의 의지를 보여준 영웅적인 행동으로 이해했다. 자살 공격은 일본인이 정신력으로 서양에 지지 않는다는 증거라고 생각했다.

일본인이 진주만 공습을 충신들의 복수인 '주신구라(忠臣蔵)'[20]로 인식하고, 미국과의 전쟁을 민족 전쟁으로 칭하는 이유도 이 때문이다.

패전과 전쟁 책임

일본인의 대부분은 전쟁 책임이라는 말을 패전한 후에 처음 듣게 되었다. 앞에서 살펴본 것처럼 패전 이전의 일본 국민은 전쟁이나 식민지 획득은 국가가 당연히 하는 일이라는 전쟁관을 가지고 있었다. 그것이 어떤 종류의 전쟁이든 전쟁에 대한 책임을 묻는다는 것 자체를 예상하지 못했다.

그러나 패전 후 전쟁 책임이라는 말은 일본 전역으로 퍼져나갔다. 도쿄 재판, BC급 전범 재판, 공직 추방의 형태로 법적, 정치적, 행정적으로 일본인의 전쟁 책임을 묻는 움직임이 급속하게 진행되었고, 일본

---

20 1701~03년에 일어났던 47명의 떠돌이 무사들이 자신들의 주군을 자살로 몰고간 사람에 대해 2년을 기다려 원수를 갚았던 사건.

국내에서도 전쟁 중의 부정이나 인권 무시 행위, 전쟁 협력 발언 등의 정치적인 책임 추궁이 있었다.

그런데도 전후의 일본 사회는 전쟁의 침략성과 가해성을 충분하게 인식하지 못했다.

여기에는 여러 가지 이유가 존재하는데 우선 전쟁이 미국의 군사력으로 끝났다는 점을 들 수 있다. 그 결과 일본 제국주의의 식민지 지배라는 악행을 자각하지 못한 채 전후 일본이 시작되어 버렸다.

또 미국 주도로 진행된 전범 재판은 일본 지도층의 제국주의를 그대로 남겨두는 결과를 초래했다.

항복한 다음 달부터 전쟁범죄 용의자들에 대한 체포가 시작되었고, 1946년 5월 3일부터 '극동 국제 군사재판(도쿄 재판)'이 열렸지만, 미국, 영국, 프랑스, 소련 4개국이 공동으로 운영한 뉘른베르크 재판[21]과 달리 '도쿄 재판'은 일본을 실질적으로 단독 점령한 미국의 국익이 반영되기 쉬운 시스템이었다.

도쿄 재판에서 재판을 받은 것은 'A급 전범'[22]들로, 체포자는 100명 이상이었지만 실제로 기소되어 재판에 나간 사람은 태평양 전쟁의

도조 히데키(東條英機)

종전 후 극동 국제 군사재판에 회부되어 A급 전범으로 처형되었다

---

21 제2차 세계대전 후 미국·영국·프랑스·소련 4개국이 실행한 나치 독일에 대한 국제군사재판(International Military Trial at Nuremberg).

22 제2차 세계대전 후 연합국의 국제군사재판에서는 독일과 일본의 전쟁범죄자를 A급, B급, C급의 세 가지로 분류했다. 이 중에서 A급 전범은 국제조약을 위반하여 침략전쟁을 기획, 시작, 수행한 사람들을 말한다.

기시 노부스케는 미국의 대일정책 변경으로 재석방되어 총리까지 되는데, 그의 외손자가 현 총리 아베 신조이다.

개시를 결정한 도조 히데키(東條英機) 전 총리 등 28명뿐이었다.

피고들은 '평화에 대한 죄', '살인', '보통의 전쟁범죄 및 인도(人道)에 대한 죄' 등 세 가지 죄로 기소되었지만, 일본 통치를 위해 천황의 전쟁 책임은 추궁하지 않았다.[23]

판결은 재판이 시작된 후 2년 만인 1948년에야 선고되었는데, 28명의 피고 중에서 2명은 재판 중 병사하고, 1명은 정신병으로 소추를 면제받고, 나머지 25명은 공모하여 침략전쟁을 시작한 죄목으로 전원 유죄 판결을 받았다. 그중 7명에게 사형이 선고되어 다음 달 처형되었지만, 기시 노부스케(岸信介), 고다마 요시오(兒玉譽士夫) 등 A급 전범 용의자 19명은 불기소 처분을 받아 석방되었다.

---

23 패전 직후의 국제여론은 천황 및 천황제에 대해 극히 비판적이었다. 1945년 6월 미국에서 조사된 갤럽 여론조사에 의하면, 어떤 형태로든 천황을 처벌해야 한다는 의견이 60%에 달했고, 재판에 부쳐 유죄일 경우 처벌한다는 의견이 10%를 차지했다. 즉 70%의 미국 시민이 천황의 전쟁책임을 물어야 한다는 의견이었다. 그러나 종전 과정에서 천황의 위력을 실감한 미국은 점령 정책을 수월히 하기 위해서는 천황제를 폐지하는 것보다 천황제를 이용하는 것이 좋겠다는 정치적 판단을 했다. 다만 천황의 전쟁책임을 물어야 한다는 국제여론도 고려하지 않을 수 없었기 때문에 강구된 것이 일본은 일체의 전쟁을 포기하고 전력을 보유하지 않겠다는 것을 명기한 헌법 제9조이다.

제2차, 제3차 국제 사법재판이 예정되어 있었지만 세계정세가 냉전으로 이행하고, 이에 동반해 일본의 경제 부흥을 우선하는 미국의 대일정책 변경으로 재판의 조기 종결이 행해졌다. 이때 석방된 기시 노부스케는 그 후 총리까지 되는데, 그의 외손자가 현 총리 아베 신조이다.

일본에 관대했던 샌프란시스코 강화 조약도 일본인의 전쟁 책임 의식을 희박하게 했다.

가장 피해가 컸던 한국, 중국이 빠진 상황에서 무배상 정책을 취한 미국의 강한 압박으로 연합국 대부분은 배상 청구권을 포기했고, 일본은 배상 지불 요구에 응한 필리핀, 인도네시아, 미얀마, 베트남에서 배상을 경제 진출의 기회로 이용해 경제 대국으로 가는 발판으로 삼았다.

요시타 유타카가 지적한 것처럼 전후 일본인의 전쟁 책임 의식 속에는 일본이 일으킨 침략 전쟁의 희생자인 한국이나 중국은 존재하지 않았고,[24] 오히려 '일본인은 전쟁으로 힘들었다, 나쁜 것은 군대이고 우리는 속고 있었다'라는 피해의식이 압도적이었다.

301

그 결과 일본인은 침략전쟁의 가해자로서의 자각을 거의 가지지 않은 채 고도 경제 성장에만 전념해 왔다.

80년 이후 NHK는 '침략전쟁'에 대한 세 번의 여론조사를 했다.

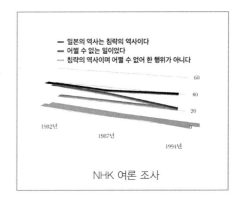

NHK 여론 조사

24 『日本人の戦争観, 戦後史のなかの変容』, 吉田裕, 岩波書店, 2005년 2월.

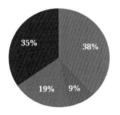

● 침략 전쟁   ● 자원 전쟁
● 잘 모르겠다   ● 어느 쪽이라 말할수없다
●둘다 침략 전쟁이 아니다
● 무응답

35%   38%

19%   9%

2006년 아사히 신문 조사

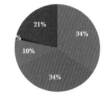

● 만주 사변, 2차 대전은 침략 전쟁이다   ● 만주 사변은 침략 전쟁, 2차 대전은 아니다
● 모르겠다

21%   34%

10%

34%

2015년 요미우리 신문 조사

● 잘못된 전쟁   ● 어쩔 수 없는 전쟁
● 모르겠다

● 사과가 충분하다   ● 불충분하다
● 사과할 필요가 없다

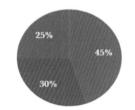

25%   45%

30%

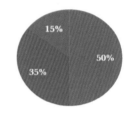

15%   50%

35%

2017년 마이니치 신문사

302

일본인의 전쟁에 대한 인식은 전후부터 현재에 이르기까지 큰 변화가 없다.

　결과는 '청일 전쟁에서 태평양 전쟁까지의 일본의 역사는 아시아 여러 나라에 대한 침략의 역사이다'라고 생각하는 사람의 비율이 51%(82년), 48%(87년), 52%(94년)였고, '자원이 빈약한 일본이 살기 위해 어쩔 수 없이 한 행위였다'라고 생각하는 사람이 45%(82년), 40%(87년), 32%(94년)였다. '침략의 역사이고 어쩔 수 없어서 저지른 행위가 아니다'라고 대답한 사람은 27%에 불과한 채로 변화가 없었다.

2006년의 아시아 태평양 전쟁에 대한 아사히 신문의 여론 조사에서는 '침략전쟁이었다'가 31%, '자위전쟁이었다'가 7%, '양면이 다 있다'가 45%, '잘 알 수 없다'가 15%였다.

　　또 2006년 6월의 마이니치 신문 여론 조사에서는 '침략전쟁으로 생각한다'가 40%, '침략이라고 생각하지 않는다'가 8%, '어느 쪽이라고도 말할 수 없다'가 45%였다.

　　그렇다면 최근의 여론 조사는 어떨까?

　　요미우리 신문사의 2015년 여론 조사에서는 2차 대전을 침략 전쟁이라고 답한 사람이 전체의 34.2%에 지나지 않았다.[25] 마이니치 신문이 패전 70년을 맞이해 시행한 2017년 전국 여론 조사를 보면 2차 대전이 잘못된 전쟁이었다고 대답한 사람은 47%에 불과하고, 피해국에 대한 사죄에 대한 설문에도 필요 없거나 충분하다고 답한 사람이 57%로 반수가 넘었다.[26]

　　여론 조사 결과는 일본인의 전쟁에 대한 인식이 전후부터 현재에 이르기까지 한결같으며, 그것이 우리의 생각과는 다르다는 것을 여실히 보여주고 있다.

303

　　어쩔 수 없는 전쟁이었다고 생각하는 인식에서는 전쟁 책임에 대한 자각이 생길 수 없다. 전쟁 책임에 대한 자각이 없으니 사과를 할 필요가 없다고 생각하는 것이다.

---

25 요미우리 신문, 2015년 10월 23일, '전쟁 책임'에 관한 여론 조사.
26 마이니치 신문, 2017년 8월 13일, 전후 70년 '잘못된 전쟁' 여론 조사.

『철완 아톰』의 제55회는 나라에서 쫓겨난 왕이 만든 세계 최강의 로봇 프루토가 자신이 최강자임을 증명하기 위해 세상의 로봇을 찾아내 파괴하는 내용이 담겨있다

국민의 잠재의식에 들어가지 못하는 규범은 어떤 교육이나 선전을 통해서도 정착하지 못한다. 제국주의 일본에서 국가와 주군을 위한 충의와 순국이 사회 규범이 될 수 있었던 것은 일본 국민의 생활 의식과 윤리, 문화가 바탕에 있었기 때문이었다.

바꾸어 말하면 교육 내용이 변하고, 전쟁 전과 같은 군국 교육이 이뤄지지 않는다고 해도 민족의 정서, 사회의식, 문화의 저류가 변하지 않는 한, 시대가 바뀌어도 다시 특공대 같은 자살 공격이 생겨날 가능성이 있다는 것이다.

데즈카 오사무의 만화 속 주인공 '아톰'을 모르는 사람은 없을 것이다. 1964년에서 65년에 걸쳐 연재된 『철완 아톰』의 제55회는 나라에서 쫓겨난 왕이 만든 세계 최강의 로봇 프루토가 자신이 최강자임을 증명하기 위해 세상의 로봇을 찾아내 파괴하는 내용이 담겨있다.

데즈카 오사무의 작품은 인간의 권력욕과 차별의식 때문에 미워하지 않는 상대와 싸울 수밖에 없는 로봇을 통해 전쟁에 대한 비판 정신을 그려내어 전후 일본 민주주의를 상징한다는 평을 받고 있다.

그렇다면 아톰의 최후는 어땠을까?

아톰은 지구를 구하기 위해 자폭 공격을 감행한다.
우리가 기억하지 못하는 아톰의 마지막 장면이다.

아톰의 최후를 기억하는 사람은 잘 없지만, 마지막 회에서 아톰은
태양을 향해 자폭 공격을 감행한다. 지구를 구하기 위해서다. 그러고
보니 만화 『우주 전함 야마토』도 같은 결말로 젊은 세대의 눈물을 끌
어냈다.

2000년 이후 일본에서는 전사자를 영웅으로 그리고 전쟁을 찬미
하는 드라마와 영화가 증가하고 있다. 국가와 사회의 위급한 사태를
자기희생적 행위로 구하려는 행동은 지금도 여전히 일본인을 감동시키
고 있다. '타자(他者) 지향', '염치(廉恥)', '자사(自死)'의 일본 문화는 언제든
지 자기희생의 찬미로 악용될 수 있다는 것이다.

'전쟁에 대한 생각에 영향을 주는 미디어'에 관해 묻는 여론 조사[27]

---

27 文研世論調査, '先の戦争と世代ギャップ', 2009년 9월.

에서 전쟁을 경험하지 않은 세대에서는 교과서, 수업, 만화, 애니메이션, 영화가 높은 비중을 차지했고, 전쟁을 경험한 세대에서는 실제 체험이 상대적으로 많은 비중을 차지했다. 최근 일본 학교 교육에서 '교육칙어'와 같은 사상교육이 강화되고 있는 점이 우려되는 이유이다.

아시아 태평양 전쟁은 침략전쟁이었지만 일본 사회는 여전히 침략 전쟁에 대한 가해자로서의 책임 의식이 결여되어 있다.

일본이 낳은 노벨 문학상 수상 작가 오에 겐자부로(大江健三郎)는 '일본 정부나 국민이 충분히 사죄했다고 보기 어렵다. 일본 국가가 사죄해야 한다'라고 일침을 가했다. 작가 무라카미 하루키도 과거 일본의 침략 전쟁에 대해 '진정성 있는 사과'를 해야 한다고 목소리를 높이고 있다.

일본 지식인의 역사 인식에 대한 발언들이 배타적 국가주의가 퍼지고 있는 현재의 일본 사회를 변화시킬 수 있기를 간절히 기원한다.

참
고
문
헌

柳田国男, 『不幸なる芸術·笑の本願』, 岩波文庫, 1979년.

赤松啓介, 『夜這いの民族学』, 明石書店, 1994년.

阿満利麿, 『日本人はなぜ 無宗教なのか』, ちくま新書, 1996년.

小松和彦, 『異界と日本人』, 角川選書, 2003년.

水木しげる, 『決定版日本妖怪大全 妖怪あの世神様』, 講談社, 2007년.

小谷野敦, 『日本売春史 遊行女婦からソープランドまで』, 新潮選書, 2007년.

土井隆義, 『友だち地獄, 「空気を読む」世代のサバイバル』, 筑摩書房, 2008년.

斎藤環, 『サブカルチャーと社会精神病理』, 日本評論社, 2010년.

柳田國男, 『日本の祭り』, 角川文庫, 2013년.

일본은 왜?
일본에 관한 12가지 질문

초판 발행일	2017년 9월 3일
초판 인쇄일	2017년 9월 3일
지은이	조 문 주
책임편집	gyugun
펴낸이	신 재 원
펴낸곳	좋은책
출판등록	제567-2015-000010호
주소	창원시 성산구 원이대로 883-2
홈페이지	https://www.jounbook.com
이메일	jounbook7@daum.net
ISBN	979-11-955070-5-4 03300(종이책)

이 책에 실린 모든 내용, 디자인, 이미지, 편집구성의 저작권은 좋은책과 저자에게 있으며 내용의 무단
전재와 복제를 금지합니다. 이 책 내용의 전부, 또는 일부를 사용하려면 반드시 저작권자의 동의를 받
아야 합니다.

이 도서의 국립중앙도서관 출판예정도서목록(CIP)은 서지정보유통지원시스템 홈페이지(http://seoji.nl.go.kr)와
국가자료공동목록시스템(http://www.nl.go.kr/kolisnet)에서 이용하실 수 있습니다.
(CIP제어번호 : CIP2017020835)